大学治理的理想与现实

DAXUE ZHILI DE LIXIANG YU XIANSHI

孙丽昕 著

广东高等教育出版社
Guangdong Higher Education Press
·广州·

图书在版编目（CIP）数据

大学治理的理想与现实/孙丽昕著. —广州：广东高等教育出版社，2019.5

ISBN 978-7-5361-6521-2

Ⅰ. ①大… Ⅱ. ①孙… Ⅲ. ①高等学校-学校管理-研究-中国 Ⅳ. ①G647

中国版本图书馆 CIP 数据核字（2019）第 120869 号

出版发行	广东高等教育出版社
	地址：广州市天河区林和西横路
	邮政编码：510500　电话：（020）87553335
	http://www.gdgjs.com.cn
印　　刷	广州市穗彩印务有限公司
开　　本	787毫米×1 092毫米　1/16
印　　张	12.75
字　　数	222千
版　　次	2019年5月第1版　2019年5月第1次印刷
定　　价	35.00元

前　　言

理想与现实之间，有时很近，有时很远。国有国之梦，民族有民族之梦，我们每个人也都怀着各种梦想与期待。理想是我们前行的灯塔，现实有可能击碎我们的梦想，也有可能让我们更加坚定实现梦想的步伐。大学治理的理想与现实也不外乎此。

大学治理，是我国高等教育改革的重要内容，也是世界高等教育发展的热门话题。党的十八届三中全会明确提出："全面深化改革的总目标是完善和发展中国特色社会主义制度，推进国家治理体系和治理能力现代化。"大学治理体系和治理能力的现代化也是国家治理现代化的重要组成部分。

经过20多年的高等教育改革，我国高等教育大众化实现了跨越式发展，整体规模与质量获得了显著性提高。自高考扩招以来，我国高等教育毛入学率逐年攀升。《国家教育事业发展"十三五"规划》提出，到2020年高等教育毛入学率预期达到50%的目标，这将使我国现有的高等教育质量问题更加严峻。在高等教育大众化时代，高等教育质量问题牵涉到高校培养的人才是否能够有效应对职业需求与挑战，而这又涉及人才培养的创造性问题，人才培养的创造性又涉及教师的教学方式、教学能力等问题。教师仍然并始终是高等教育发展的核心要素和根本力量。然而，为什么他们现在那么多大学教师并不热衷于教学而热衷于科研，为什么他们没有动力或不愿意改变传统的教学方式而仍热衷于照本宣科？

钱学森之问一直困扰着我们，国人对于诺贝尔奖情有独钟、难以释怀。中美贸易战的持续无时无刻不在拷问着国家的科技创新力。然而，目前大学科研创新能力仍然不能全面、切实支撑国家创新驱动发展战略的实施，这不得不令有识之士担忧和焦急万分。丁建洋分析指出："截止到2014年，日本大学已经培养了22位诺贝尔奖获得者，其中自然科学领域有19位……其中有13位科学家获得诺贝尔奖部分的研发工作是在国立大学完成的。'井喷性'地获得诺贝尔奖说明日本大学特别是国立大学经过一个多世纪的发展之后所蓄积的科学创新能力逐步迸发出来,形成了高层次科学创新能力,而其重要原因之一就是日本大学逐步建构了以学术权力为中心的现代大学治理制度。"①

我们不仅有着高等教育强国之梦,还有着建设更多世界一流大学的执念。20世纪90年代以来,我国政府先后实施了"211工程"和"985工程",使得我国有更多的大学在办学水平上有了极大的提升,并能够跻于世界一流大学之列;2015年,国务院印发《统筹推进世界一流大学和一流学科建设总体方案》,提出"双一流"建设目标。

"双一流"战略目标能否如期实现?教师的积极性从何而来?本科教育如何真正做到"四个回归"?如何真正激发大学科研创新能力?这些问题的破解,在实质上均可归结到大学治理问题的深层变革。对此,世界银行的一份题为《迎接世界级大学建设的挑战》的报告把"良好治理""人才汇集"和"充足资源"视为建设世界一流大学的三个基本前提条件。② 大学科研创新能力的培育与大学治理结构的适恰与否有着非常重要的关系。

大学是知识创造的前沿阵地,承担着培养创新型人才与助力国家创新驱动发展的重要使命与职责,而这一切的实现都离不开对大学治理问题的深层追问。没有一流的、高水平的大学治理,这一切可能终将归于妄谈。虽然很多省份所推出的各种高水平大学建设项目对大学内部治理改革多有强调,并提出相关目标,但是近年来仍然鲜有大学拿出动真格的改革举措。为何这些怀有美好初衷与愿望的政策无法真正落地,或在落地后被现实无情地改造?中国的大学治理应采取什么方式?是原有的理想出了问题,还是理想没有问题,但缺少实现理想的"大棒"?还是大学压根就不想进行任何治理方面的改革?

国内学者多有推崇西方大学的教授治校、教授治学及其他有关大学治理的方案,但这些方案真的适合中国的大学吗?陈平原教授曾指出,"今天谈

---

① 丁建洋. 学术权力的凝视:日本大学治理结构的历史演进与运行逻辑 [J]. 清华大学教育研究, 2016, 37 (1): 24-31.

② 施晓光. 一流大学治理:"双一流"建设所必需 [J]. 探索与争鸣, 2017 (8): 39-42.

论大学改革者，缺的不是'国际视野'，而是对'传统中国'以及'现代中国'的理解与尊重"，同时"大学不像工厂或超市，不可能标准化，必须服一方水土，才能有较大的发展空间。百年北大，其迷人之处，正在于她不是'办'在中国，而是'长'在中国——跟多灾多难而又不屈不挠的中华民族一起走过来，流血流泪，走弯路，吃苦头，当然也有扬眉吐气的时刻。你可以批评她的学术成就有限，但其深深介入历史进程，这一点不应该被嘲笑。如果有一天，我们把北大改造成为在西方学界广受好评，拥有若干诺贝尔奖获得者，但与当代中国政治、经济、文化、思想进程无关，那绝对不值得庆贺"。① 因此，有关中国大学的治理问题，我们仍需要站在中国大地上进行讨论。

中国大学为什么要治理？中国大学需要什么样的治理？中国大学治理的原动力在哪里？这一连串问题一直困扰着我。我希望能够尽自己的最大能力，探寻中国大学治理理想与现实之间的差距，更希望能够找到相应的解决之策。

大学治理是20世纪90年代以来学者们所热衷研究的并仍在持续研讨的一个命题，我相信这些参与讨论的学者对中国大学的治理是怀有理想的，而且这种理想是美好的、值得期待与尊重的。同时，每当教育管理者从国家层面提出有关大学治理改革的举措或有关制度时，我坚信他们对中国大学的治理也是怀有理想的，而且这种理想是以文件或规章制度的形式予以呈现，令人鼓舞、振奋的。在中国，总有那么一些大学校长敢于改革、勇于改革，这些大学治理实践者的大学治理理想毋庸置疑；对于那些在大学治理改革上还没有大刀阔斧的，或者犹豫不决的，或者小打小闹的大学校长，我仍然相信他们也是有大学治理理想的。理想是美好的，但再美好的理想也需要经过锤炼、打磨，才能变成现实，否则连"望梅止渴"的作用都会被耗尽。

本书的主要研究对象是大学，并不包括高职高专类院校、以成人教育和终身教育为主的开放大学等在内，虽然后者与前者之间有很多相似之处。本书共分六章，第一章为文献综述，简要对现有关于大学治理的文献进行梳理；第二章和第三章分别是对我国大学治理的理想和现实从法律法规和政策文本到主要大学治理制度实际施行情况的分析；第四章对我国大学治理环境

---

① 陈平原. 大学何为 [M]. 北京：北京大学出版社，2016：5-6.

从大学治理环境的变迁、作为复杂机构的大学组织、成长在国家中的大学三个方面进行阐释；第五章简要分析了世界一流大学治理基本结构和特征，并从中总结对我国大学治理改革的启示；第六章则在前述五章分析论述的基础上，提出中国大学治理由理想到现实的可能路径。

孙丽昕

2018 年 12 月

目 录

第一章 文献综述 ……………………………………………… 1
一、对改革开放以来中国高等教育管理体制的反思 ………… 1
二、当下中国大学治理的主要问题 …………………………… 2
三、如何实现理想中的大学治理 ……………………………… 3
四、关于国外大学治理的研究 ………………………………… 5
五、现有研究的不足 …………………………………………… 7

第二章 我国大学治理的理想 ……………………………… 8
一、从"双一流"建设说起 …………………………………… 8
二、改革开放以来我国大学治理进程 ………………………… 10
三、结语 ………………………………………………………… 21

第三章 我国大学治理的现实 ……………………………… 27
一、华而不实的大学章程 ……………………………………… 27
二、治理权限"理还乱"的党委与校长 ……………………… 37
三、力量仍不充足的学术委员会 ……………………………… 47
四、有"形"无"行"的大学理事会 ………………………… 68
五、行政化色彩依然较浓的行政管理 ………………………… 71

六、教职工代表大会 …………………………………… 76
　　七、结语 ……………………………………………… 80

第四章　大学治理的环境 …………………………………… 84
　　一、大学治理环境的变迁 …………………………… 84
　　二、作为复杂机构的大学组织 ……………………… 93
　　三、成长在国家中的大学 …………………………… 95
　　四、结语 ……………………………………………… 104

第五章　世界一流大学治理的启示与借鉴 ………………… 110
　　一、世界一流大学治理的基本结构 ………………… 111
　　二、世界一流大学治理的特征 ……………………… 134
　　三、结语 ……………………………………………… 142

第六章　中国大学治理由理想到现实的可能路径 ………… 144
　　一、回归大学的大学治理 …………………………… 144
　　二、共治格局的构建 ………………………………… 149
　　三、路径设计时需要遵循的原则 …………………… 176
　　四、结语 ……………………………………………… 179

参考文献 ……………………………………………………… 181

后　记 ………………………………………………………… 193

第一章 文献综述

国内有关大学治理的研究，主要围绕如下几个方面进行。

一、对改革开放以来中国高等教育管理体制的反思

改革开放以来，中国高等教育管理体制发生了历史性的深刻变化。学者李从浩以改革开放以来党的六届全国代表大会和三次全国教育工作会议为时间段，将中国高等教育管理体制改革划分为四个阶段：第一阶段为我国高等教育体制改革的"酝酿、启动"阶段（从十一届三中全会召开到1985年第一次全国教育工作会议召开之前）；第二阶段为我国高等教育体制改革的"探索"阶段（从第一次全国教育工作会议发表《中共中央关于教育体制改革的决定》到1992年党的十四大明确提出"建立社会主义市场经济体制"的改革目标之前）；第三阶段为我国高等教育体制改革"全面深化"阶段（以党的十四大正式确立"建立社会主义市场经济体制"的改革目标和1994年第二次全国教育工作会议召开为标志至1997年党的十五大召开之前）；第四阶段为我国高等教育体制改革的"重点突破"阶段（以党的十五大和第三次全国教育工作会议为标志至2007年）。从四个阶段的改革来看，可以归纳出三点启示，即改革必须与时代发展趋势同步，改革必须遵循教育规律，改革必须循序渐进和全面推进。①

此外，各学者还从如下几个方面展开研究和反思。一是有关大学治理的政策演进与变迁。通过梳理1949年以来的政策变迁可发现，在我国大学发展中，政府的治理导向经历了从"政治绩效"到"学术绩效"演进的过程。

---

① 李从浩. 改革开放以来中国高等教育管理体制改革的回顾与启示［J］. 现代教育科学，2007（1）：121-123.

"学术绩效"治理导向的确是一种历史的进步,但这种治理导向的局限性也使我们必须正视其对大学发展的潜在威胁——大学发展的指标化、政策困顿的加剧以及公平价值的幻象。① 二是大学治理改革重点。张德祥、黄福涛认为1978—2009年,"在政策的引导和推动下,包括领导体制、人事管理制度、财务管理和分配制度及后勤服务制度在内的高等学校内部管理体制,成为这个治理变革的重点内容"②;当然,2009年之后中国大学治理改革的重点还包括大学治理结构。三是大学治理存在的根本问题。阎光才认为,从改革开放40年来中国高等教育发展的历程来看,"在政府、高校与社会三维中,过于强大的政府管制恐怕依旧是当下我国高等教育发展与改革中最为艰难但又亟待破解的难点议题"③。别敦荣、菲利普·阿特巴赫也认为,"从治理结构看,中国大学实行党政统一领导管理,党政机构是治理结构的核心,学术委员会等发挥补充作用;重心在学校,院系缺乏办学自主权……从利益相关者的作用看,……中国大学党政领导权力发挥主导作用,教师和学生等的影响微弱"④。

二、当下中国大学治理的主要问题

关于中国大学治理的主要问题,学者多有论述,观点有异有同,较为深刻的剖析以刘健和邹晓平的最新研究为代表。研究认为,目前大学治理中的权力关系错位导致制度设计失范;行政事权关系不当导致治理体系失能;大学文化不匹配导致治理行为失效;大学组织结构、权力关系、问责机制难以匹配治理制度,权力的大小与发展目标的重要程度关联性不强;由理念、目标认同、权利关系、学术伦理、管理惯例、校风等构成的大学文化无法支撑治理制度的与时俱进。所有这些,导致了大学治理体系的建立之难,大学治理能力现代化之难,也导致了不少"拿来"的治理制度失灵。⑤ 骆聘三和张

---

① 徐娟. 我国大学发展中政府治理导向的演进及审视 [J]. 高校教育管理, 2018, 12 (4): 66-72.

② 张德祥, 黄福涛. 大学治理: 权力运行制约与监督 [M]. 北京: 科学出版社, 2016: 7-8.

③ 阎光才. 高等教育治理体系与治理能力的现代化 [J]. 苏州大学学报(教育科学版), 2014 (3): 1-3.

④ 别敦荣, 菲利普·阿特巴赫. 中美大学治理对谈 [J]. 清华大学教育研究, 2016, 37 (4): 36-45.

⑤ 刘健, 邹晓平. 大学治理: 好制度何以失灵? [J]. 高教探索, 2017 (12): 11-15.

才君认为，由政府所包办的大学管理模式愈发显露出弊病：一是"唯国家意志与政府权力马首是瞻"成为大学运行及其管理的至高法则，大学实际上成了执行国家意志的工具；二是形成行政权力对学术权力的人为干预；三是容易滋长不正之风，特别是将知识与权力、金钱直接相连；四是严重制约现代大学制度的建立。①

刘尧也对大学内部治理的困境进行了详细分析，认为主要有八大困境，分别是：大学内部治理结构的认知困境、大学由人治到法治的转变困境、大学内部学术权力与行政权力的平衡困境、大学内部治理制度的落实困境、大学内部治理机构的重建困境、大学内部治理主体的确权困境、大学内部治理部门的运行困境和大学内部治理成效的监督困境。② 刘宝存和段世飞剖析了"双一流"背景下我国政府与大学关系的现实困境主要表现在：政府意志和行政权力占据主导地位，政府与大学的权利和义务关系没有得到厘清以及政府对大学办学资源配置不尽合理等。③

三、如何实现理想中的大学治理

在如何实现理想中的大学治理的问题上，现有研究主要聚焦于如下几个方面。

一是对于大学治理的理想架构或总体格局问题，多数学者认为共同治理是主要路径与方向。因为"不论在中国还是在美国，大学都已经成为多元利益相关者参与其中的复杂组织。传统的单一、集中、简单的管理结构已经无法满足大学的功能需求和使命的实现，需要多方治理主体的合作共治"④。李立国认为，大学治理现代化的方向应该是协商式共同治理，既遵循大学作为学术组织的特性，遵循学术治理要求，落实教师在大学治理中的主体地位，又强调协商在共同治理中的价值，突出尊重、平等、合作与沟通，以保障治理的成效与质量。⑤ 袁福提出多元共治参与大学治理的解决方案，即从

---

① 骆聘三，张才君. 大学治理中的主体结构形态及理性检视 [J]. 学术论坛，2017 (6)：160 - 165.

② 刘尧. 大学内部治理亟待突破的八大困境 [J]. 高校教育管理，2017，11 (1)：21 - 26.

③ 刘宝存，段世飞. "双一流"背景下我国政府与大学关系重构探究：基于治理理论视角 [J]. 河北师范大学学报（教育科学版），2018，20 (1)：8 - 14.

④ 别敦荣，菲利普·阿特巴赫. 中美大学治理对谈 [J]. 清华大学教育研究，2016，37 (4)：36 - 45.

⑤ 李立国. 大学治理的转型与现代化 [J]. 大学教育科学，2016 (1)：24 - 40.

多元共治视角构建大学治理内部共生体系及其共生体系政策的外部保障，通过内外兼攻实现大学的多元共治。① 此外，还需要弱化政府权力。"说到底，就当前情形而言，如果不适当地弱化政府权力，共治就永远是一种不切实际的奢望，改革的预期目标就难以实现"，"顶层设计的要旨并不是强化顶层权力和政府主导地位，而是期求通过宏观性和全局性的制度体系设计以及治理能力的提升，来为各方面的广泛参与、基层活力的进一步释放提供坚实的保障"。②

二是从政府与大学关系重构角度进行探讨。主要有三种观点：其一，重构我国政府与大学良性和谐关系，需要营造自由竞争生态，实现大学办学主体多元化；完善大学制度建设，实现大学办学合作参与；优化办学资源配置，实现大学办学去中心化。③ 其二，我国大学要建立和完善内部治理制度，要坚持"一个核心"，即坚持党委领导下的校长负责制，实施"一个纲要"，即实施《全面推进依法治校实施纲要》，建立"四个支柱"，即建立大学章程、学术规程、理事会规程、教职工代表大会规定等制度。④ 其三，政府应转变角色，由管制型政府向服务型政府角色转变，转变需要通过如下制度安排方能实现，具体包括根据国家与地方经济社会与人口结构变化，制定具有可操作性的高等教育发展规划，并由国家和地方人大以立法形式落实与之相对应的资源分配方案；建立相关的标准，如高校设立、专业设置和学位资质要求等，在保持标准的相对稳定性的同时，根据发展形势的变化对标准适时进行调整；建立完善的信息系统和信息公开制度，为公众和高校提供信息服务。⑤

三是从历史社会学范式角度进行探讨。柳翔浩指出：大学的和谐发展，其治理需从历史社会学范式分析框架的三个层面着手，即信念文化层、技术制度层与理论结构层；基于持守学术自由的自治是（作为学术组织的）大学得以存在的根底，制度的管治是（作为教学机构的）大学得以运行的保障，平衡多元博弈的共治是（作为社会部门的）大学发挥社会轴心作用的渠道；在实然的运作中，大学的上述角色往往是共时交织而非泾渭分明的，这就需

---

① 袁福. 多元共治参与大学治理的内涵、方向及路径保障 [J]. 内蒙古社会科学（汉文版），2018，39（1）：184 - 188.

②⑤ 阎光才. 高等教育治理体系与治理能力的现代化 [J]. 苏州大学学报（教育科学版），2014（3）：1 - 3.

③ 刘宝存，段世飞. "双一流"背景下我国政府与大学关系重构探究：基于治理理论视角 [J]. 河北师范大学学报（教育科学版），2018，20（1）：8 - 14.

④ 刘尧. 高校内部治理的中国模式确定（下）[N]. 中国科学报，2014 - 12 - 11 (7).

要秉持综合综效的治理理念，引领大学角色功能的实现，此即"善治"。①

四是把权力三角视为现代大学治理的理论模型。周作宇和刘益东认为：学术、行政和政治共同构成了大学治理的三个关键要素，中国大学治理要着力克服理论模型中的缺陷，系统认识三边权力关系，构建基于三权协调的权变大学治理观；检讨权力主体与权力关系调节的人性假设，建立克服人性弱点的约束机制；推进大学纪律建设，完善大学治理保障机制。②

五是从治理变革原则上予以分析如何实现理想中的大学治理。宣勇认为任何治理变革都可遵循三条基本原则：一是越改越简单，所谓"大道至简"；二是让核心利益者更加具有积极性；三是在国家治理体系与治理能力现代化的进程中，改革的取向肯定是管理重心越来越低，越来越还权于民，应该让利益相关者越来越有参与权、表达权。③

六是从知识生产模式转型视角，提出大学治理的现实构建路径，包括基于契约联合的行动共同体的建构、泛在治理环境的营造及大学自治文化的塑造等形成的大学多元主体共治的局面。④

此外，陈超提出没有绝对的权威和权力，也没有绝对的服从和自治，基于权威和自治的包容性增长是重构大学内部治理体系、提升大学内部治理能力的突破口和关键点。⑤ 关于中国公立大学治理结构的未来走向，主要应围绕大学自主权的进一步落实、通过契约明确大学的外部治理结构、通过章程明确大学的内部治理结构展开。⑥

四、关于国外大学治理的研究

关于国外大学治理的研究，主要有如下几种研究视角：一是关于国别或大学本身的研究，主要针对美国、英国、日本等国家大学内部治理的总体特

---

① 柳翔浩. 转换与融合：大学治理模式的历史社会学分析［J］. 教育研究，2016（7）：83-90.

② 周作宇，刘益东. 权力三角：现代大学治理的理论模型［J］. 北京师范大学学报（社会科学版），2018（1）：5-16.

③ 宣勇. 什么是好的大学内部治理［J］. 探索与争鸣，2018（6）：35-37.

④ 黄文武，胡成功，毛毅莲. 大学治理由自治到共治的理性审思与现实构建：知识生产模式转型视角［J］. 学术探索，2018（2）：132-137.

⑤ 陈超. 大学内部治理能力提升路径探析：基于权威与自治的包容性增长［J］. 清华大学教育研究，2017，38（6）：23-29.

⑥ 张端鸿. 中国公立大学法人治理结构研究：以 A 大学为例［M］. 上海：复旦大学出版社，2014.

征开展相关研究，如关于美国州立大学治理结构的研究①、法国大学治理模式与自治改革研究②；二是对国外大学内部治理案例研究，研究对象包括诸如牛津大学、哈佛大学、普林斯顿大学、加州大学伯克利分校等世界一流大学，涉及国家包括英国、美国、新加坡、澳大利亚、俄罗斯、日本、荷兰等；三是对大学的治理方式或变革进行研究，主要对国外大学治理方式进行某种程度的概括或凝练，包括任务导向型法权配置③、西方大学的共同治理④等。这些不同视角的分析、描述与论证等，都无外乎强调当今世界大学内部治理的总体趋势是基于促进行政权力与学术权力、校级管理系统与院系/基层学术组织之间的分权、合作与制衡等共同作用的互动关系或伙伴关系的形成。

此外，学者刘益东基于WOS（科学网）数据库2016—2018年文献对大学治理的国外研究动态进行了较为系统的分析，发现国外有关大学治理的研究主要聚焦于9个领域：一是资源依赖视角下的大学外部治理，主要讨论世界各国或地区大学治理中的外部关系，有多篇文献采用了资源依赖理论的视角，指出政策、资金以及社会利益相关方等外部资源供给是如何深刻影响大学治理的；二是全球化背景下的大学治理，主要讨论全球化背景下某个国家或地区的大学治理，聚焦于全球化背景下的知识和学生流动、大学治理模式的相互影响、全球政策安排对大学的影响等；三是新自由主义情境中的大学治理变革，主要讨论新自由主义对大学治理产生的诸多影响及其启示，是全球化和国际化背景下更为具体的范畴；四是管理和领导在大学治理中的作用，主要讨论管理和领导如何在大学治理中影响规划，影响学术发展，影响各部门的协调等；五是高等教育问责，主要讨论不同形式的高等教育问责；六是多重视角下的大学治理，主要讨论各类视角下的高等教育治理，这些视角既包括国别比较研究，也包括从教学、学习、教师职业、组织氛围等方面对大学治理的审视，与上述几个主题存在一些交集；七是大学治理的政策分析与政治影响，主要讨论基于某项活动的政策分析，以及政策或政治安排是如何影响高等教育治理的；八是大学治理模式变迁，主要讨论大学治理模式的历史变革及其受到的其他组织和机构治理模式的影响；九是高等教育体系及其政府影响，主要讨论不同高等教育体系下大学治理模式的变迁，大学与

---

① 李先富，柳友荣. 美国州立大学治理结构及其对我国新型大学治理的启示［J］. 重庆高教研究，2018，6（1）：100-107.

② 刘敏. 法国大学治理模式与自治改革研究［M］. 北京：北京师范大学出版社，2015.

③ 姚荣，王思懿. "上下分治"：西方公立大学内部治理结构的变革：基于任务导向型法权配置的视角［J］. 江苏高教，2016（6）：6-14.

④ 吴慧平. 西方大学的共同治理［M］. 北京：北京师范大学出版社，2012.

政府关系的博弈。①

五、现有研究的不足

一是在研究视野上以关注大学治理的有关制度为主，较少将大学治理作为一个有机的系统来对其进行全面的思考、梳理和辨析。这就使得大学治理被人为地肢解，进而使得研究过于聚焦于某一个或某几个具体的制度，却忽略了所讨论的制度本身在大学治理系统中与其他相关制度之间有机统一的关系。因此，由于脱离了作为系统的大学治理自身所具有的复杂性、整体性，有关大学治理由理想到现实的构想和有关实现路径的探讨，也难免只是一种理想而已。

二是在研究立场上忽略了成长在中国的大学应有的政治立场。无论是对有关大学治理问题的分析还是解决问题的路径与构想，都往往忽略了党在大学治理中应有的地位与作用。如果这一立场性的问题没有被重视，甚至没有由此出发去探讨大学治理的现状与未来，目前的研究都可能只是一种学术研究上的恣意，追求一时学术研究的乐趣罢了。虽然有学者提出了协商式共同治理的构想，但是纵观现代西方大学治理，这种协商的特质实质上表现得并不明显，且对学术事务和行政事务方面的决策用协商的方式来敲定似乎也欠缺科学性与合理性。因此，关于成长在中国的大学的治理问题应坚持应有的政治立场来做进一步的探讨并提出可行的方案。

三是在研究对象上以宏观大学治理探讨为主，微观大学治理探讨不足。大学治理，并非仅仅是大学治理机构之间的权力分配、职能分工、学术权力与行政权力各司其职等这样一种十分简化的解说。作为一个复杂机构的组织，大学的不同利益相关者之间既要有不同的治理场域，也要在治理场域中进行充分的沟通以消除彼此间的隔阂。对大学治理体系或治理结构仅进行表层的一些分析与研判，并不能给出大学治理由理想通达现实的最佳答案。大学治理的精髓不在于这些基本架构的设计，虽然基本的治理架构设计相当重要，但是如果脱离了支撑和保持大学治理基本架构更为微观的制度设计，大学治理仍然无法达到最佳的状态，基本架构所欲实现的治理目标也难以达成。这也是我国诸如学术委员会等制度即使确立并运行，但仍然没能发挥其应有作用的主要原因之一。

---

① 刘益东. 大学治理：国外研究动态及其启示：基于 WOS 数据库 2016—2018 年文献的分析 [J]. 江苏高教，2018（11）：42-46.

第二章 我国大学治理的理想

一、从"双一流"建设说起

1915年2月20日,还在美国留学的胡适在日记中写道:"国无海军,不足耻也;国无陆军,不足耻也!国无大学……乃可耻也。我国人其洗此耻哉……吾他日能生见中国有一家的大学可比此邦之哈佛,英国之康桥、牛津,德之柏林,法之巴黎,吾死瞑目矣。"① 而时隔90余年后的今天,中国已不缺少大学,而是缺少如胡适所言的可与美国哈佛大学、英国剑桥大学、牛津大学、德国柏林大学、法国巴黎大学等媲美的世界一流大学。这是自20世纪初我国一直在努力追求的一个梦想。特别是从20世纪90年代开始的"211工程""985工程"建设,到当今的"双一流"建设,我国无不向世界宣示,为了追寻世界一流大学之梦,我们在不断推进战略的调整与部署。

1995年11月18日,国家计划委员会、国家教育委员会、财政部联合印发的《"211工程"总体建设规划》(计社会〔1995〕2081号)在总体建设目标及任务中提出:"面向21世纪,在'九五'期间重点建设一批高等学校和重点学科,并在此基础上经过若干年的努力,使100所左右的高等学校以及一批重点学科在教育质量、科学研究、管理水平和办学效益等方面有较大提高,在高等教育改革特别是管理体制改革方面有明显进展,成为立足国内培养高层次人才、解决经济建设和社会发展重大问题的基地。"此文件虽对提高高校水平有所提及,但在工程建设的主要内容中并未进一步阐述。可以

---

① 钱理群. 精神梦乡:北大与学者篇[M]. 北京:生活·读书·新知三联书店,2014:17.

说,"211工程"建设对大学内部管理改革及水平提升等并没有做出具体要求,可见高校内部管理改革及水平提升并非是所有"211工程"建设学校的主攻内容。

1998年12月24日,教育部颁布《面向21世纪教育振兴行动计划》,提出"要相对集中国家有限财力,调动多方面积极性,从重点学科建设入手,加大投入力度,对于若干所高等学校和已经接近并有条件达到国际先进水平的学科进行重点建设。今后10~20年,争取若干所大学和一批重点学科进入世界一流水平"。自此,"985工程"正式启动建设,并要求"大力推进高等学校内部管理体制改革。逐步推行聘任制,减少冗员,精简高校职工队伍,使学生与教职员工之比、学生与职工之比、专任教师与职工之比均有较大提高;加速学校后勤工作社会化改革,精简分流富余人员"。但此时,大学治理改革仍不是"985工程"建设高校的重点。

国内大学对"双一流"建设有不同的解读与不同的实践路径、方法与策略,但在2015年10月24日国务院印发的《统筹推进世界一流大学和一流学科建设总体方案》(国发〔2015〕64号)中我们不难发现,即使是"双一流"建设也并非仅仅围绕学科本身或大学本身而单维度开展,换句话说并非是简单地根据一些外在表征"双一流"的数字或排名来进行总体部署,而是多次提到现代大学制度建设。该方案在基本原则中提出,坚持以改革为动力,深化高校综合改革,加快中国特色现代大学制度建设,着力破除体制机制障碍,加快构建充满活力、富有效率、更加开放、有利于学校科学发展的体制机制,当好教育改革排头兵;在总体目标中提出要"加快高等教育治理体系和治理能力现代化";在改革任务中提出要加强和改进党对高校的领导,完善内部治理结构,构建社会参与机制。由此可见,大学管理水平的提升,即现代大学制度建设等,是"双一流"战略的重要任务之一。

刘道玉曾说,我国大学与世界一流大学的差距主要不在硬件上,而是在软件上。可以说,未来大学的竞争实质上是大学治理水平的竞争。换言之,没有一流的大学治理就没有一流的大学。"双一流"建设再度掀起国人对高等教育强国建设的热情,但不可否认的是,在进行世界一流大学和一流学科建设的过程中,治理能力和治理体系的现代化仍然是当务之急。如果在"211工程"和"985工程"建设中,我们没有能够有效补上这块短板,那么在"双一流"建设中仍然不在大学治理上狠下功夫,我们就可能无法为冲击世界一流提供持续的给养与保障。可以说,构建完善而强大的大学治理的运行体系和运行机制是破解"双一流"建设的关键性、迫切性问题的重要突破口。

二、改革开放以来我国大学治理进程

关于改革开放以来我国大学治理进程,笔者尝试以1998年和2013年为界进行分析。1998年我国第一部专门关于高等教育的法律《中华人民共和国高等教育法》(简称《高等教育法》)颁布,2013年,《中共中央关于全面深化改革若干重大问题的决定》发布。这是我国高等教育改革不断深入推进的一个重要时间点,特别是对有关大学治理改革的推进具有非常重要的意义。据此,改革开放以来我国大学治理进程可以划分为如下三个阶段。

(一) 1978—1998年:治理改革探索期

改革开放伊始,教育部于1978年10月修订的《全国重点高等学校暂行工作条例(试行草案)》规定,"高等学校的领导体制,是党委领导下的校长分工负责制","高等学校的党委会是中国共产党在高等学校的基层组织,是学校工作的领导核心,对学校工作实行统一领导",校长"是国家任命的学校行政负责人,对外代表学校,对内主持学校的经常工作",取消了校务委员会,设立学术委员会。① 自此,我国大学在治理架构上实行的是党委领导下的校长分工负责制,这一制度一直适用到1985年,实施了约7年时间。

1984年5月21—22日,在时任国务院副总理万里、时任中央书记处书记胡启立、时任国务院副总理田纪云邀请部分人大代表、政协委员参加的教育和科技体制座谈会上,时任教育部部长何东昌提出了高等教育改革的八大措施,其核心是扩大办学自主权。他提出:高等学校在完成有关部门下达的招生任务的前提下,有权力接受其他部门或地方、集体的委托,培养本专科生和研究生;给学校更多的人事权,进行校长负责制的试点;扩大学校经费使用权;扩大学校对基建投资的审批权;等等。同年6月22日—7月2日,在上海召开的高等学校改革讨论会上,何东昌提出:"管理改革是高等学校全面改革的重要环节之一,应当积极开展定编、定员,实行岗位责任制,探索学校管理制度、管理机构的改革。"② 同年11月26日,教育部发出通知,确定教育部原则上只管直属高等学校校级主要领导干部,其他各级干部均下

---

① 教育部关于讨论和试行全国重点高等学校暂行工作条例(试行草案)的通知[EB/OL]. (2014-12-18)[2017-12-02]. https://www.docin.com/p-994554686.html.

② 李均. 中国高等教育政策史:1949—2009[M]. 广州:广东高等教育出版社,2014:206.

放给学校自行管理。① 也是在1984年，北京师范大学等一批院校开始进行校长负责制的试点。② 这意味着在当时，党委领导下的校长负责制和校长负责制两种制度并存于我国大学治理架构中。

1985年5月27日，中共中央正式颁布的《中共中央关于教育体制改革的决定》（简称《教育体制改革决定》）全面总结了新中国成立以来特别是党的十一届三中全会以来我国教育发展的经验，认为："十一届三中全会以后，经过指导思想的拨乱反正，党中央对教育工作做出了一系列新的论断和决策，我国教育事业得到了恢复，开始走上了蓬勃发展的道路。但是，轻视教育、轻视知识、轻视人才的错误思想仍然存在，教育工作方面的'左'的思想影响还没有完全克服，教育工作不适应社会主义现代化建设需要的局面还没有根本扭转。特别是面对着我国对外开放、对内搞活，经济体制改革全面展开的形势，面对着世界范围的新技术革命正在兴起的形势，我国教育事业的落后和教育体制的弊端就更加突出了。"为此，《教育体制改革决定》将管理体制改革和教育结构调整确定为教育体制改革的两大主题，指出"要从根本上改变这种状况，必须从教育体制入手，有系统地进行改革。改革管理体制，在加强宏观管理的同时，坚决实行简政放权，扩大学校的办学自主权；调整教育结构，相应地改革劳动人事制度"，并明确要"扩大高等学校办学自主权"，同时学校（包括高等学校在内）要"逐步实行校长负责制"，"有条件的学校要设立由校长主持的、人数不多的、有威信的校务委员会，作为审议机构"。

1986年3月12日，国务院发布《高等教育管理职责暂行规定》，开宗明义提到"为了加强和改进对高等教育的宏观指导和管理，扩大高等学校的管理权限，进一步调动学校和广大师生员工、办学单位和用人部门等各方面的积极性，使高等教育更好地为社会主义现代化建设服务"。在第四点中还专门规定"扩大高等学校管理权限，增强高等学校适应经济和社会发展需要的能力"，规定高等学校可以"按照干部管理权限，可以根据规定的干部条件、编制和选拔步骤由校长提名报请任免副校长；任免其他各级行政人员；聘任、辞退教师和辞退职工"，但对于有关高校治理结构等方面没有规定。根据该文件的规定，国家教育委员会和省级人民政府对高等学校仍享有较大的管理权限，如对直接管理的高等学校的基建投资、统配物资设备、事业经费

---

① 李均. 中国高等教育政策史：1949—2009 [M]. 广州：广东高等教育出版社，2014：205.

② 李均. 中国高等教育政策史：1949—2009 [M]. 广州：广东高等教育出版社，2014：206.

预算的分配和决策的审核，对高等学校的设置、撤销和调整及专业设置的审查，对直接管理的高等专科学校所属专业的增设和撤销等，二者都享有相应的权限。在此之下，高等学校的办学自主权受到极大抑制，同时由于"高等教育体制改革刚刚启动，对于高校办学自主权的保障还缺少更具体的规定，特别是传统'大包大揽'管理体制的惯性使文件规定的一些办学自主权仍然无法得到落实"①。

1990年7月，中共中央印发了《中共中央关于加强高等学校党的建设的通知》（中发〔1990〕12号），明确提出高等学校实行党委领导下的校长负责制。

1993年2月13日，中共中央、国务院颁布了《中国教育改革与发展纲要》（中发〔1993〕3号），其中与大学治理进程推进有关的内容主要包括如下两个方面：一是深化高等教育体制改革，提出"进行高等教育体制改革，主要是解决政府与高等学校、中央与地方、国家教委与中央各业务部门之间的关系，逐步建立政府宏观管理、学校面向社会自主办学的体制"，规定"在政府与学校的关系上，要按照政事分开的原则，通过立法，明确高等学校的权利和义务，使高等学校真正成为面向社会自主办学的法人实体。要在招生、专业调整、机构设置、干部任免、经费使用、职称评定、工资分配和国际合作交流等方面，分别不同情况，进一步扩大高等学校的办学自主权。学校要善于行使自己的权力，承担应负的责任，建立起主动适应经济建设和社会发展需要的自我发展、自我约束的运行机制"，"省（自治区、直辖市）在充分论证、严格审议程序，……有权决定地方高等学校招生规模和专业设置"。二是提出"坚持党对学校的领导，加强学校党的建设，是全面贯彻教育方针，加强教育改革和发展，全面提高教育质量的根本保证。……实行党委领导下的校长负责制的高等学校，党委对重大问题进行讨论并作出决定，同时保证行政领导人充分行使自己的职权"。三是明确提出要采取综合配套、分步推进的方针，加快步伐，改革包得过多、统得过死的体制，逐步建立起与社会主义市场经济体制、政治体制和科技体制改革相适应的教育新体制。虽然本文件提出要"积极推进以人事制度和分配制度改革为重点的学校内部管理体制改革"，但是由于大学的这些改革在某种程度上仍受制于国家层面和省级政府层面的政策制约，难有较大的运作与举措。

1996年3月，中共中央印发《中国共产党普通高等学校基层组织工作条例》，明确规定："高等学校实行党委领导下的校长负责制。校党委统一领导

---

① 李均. 中国高等教育政策史：1949—2009 [M]. 广州：广东高等教育出版社，2014：216.

学校工作，支持校长按照《中华人民共和国教育法》的规定积极主动、独立负责地开展工作，保证教学、科研、行政管理等各项任务的完成。"同时，该条例对高等学校党委的主要职责进行了规定。

1998年8月《高等教育法》颁布（自1999年1月1日起施行），对大学治理做了有关规定，主要包括以下内容：一是明确高校办学自主权的范围，包括高校自主开展教学、科学研究和社会服务，制订招生方案、自主调节系科招生比例，自主制订教学计划、选编教材、组织实施教学活动，自主开展科学研究、技术开发和社会服务，自主确定教学、科学研究、行政职能部门等内部组织机构的设置和人员配备，自主管理和使用举办者提供的财产、国家财政性资助、受捐赠财产等权利。二是明确党在高校治理中的地位和作用，以法律的形式确立党委领导下的校长负责制。第三十九条规定："国家举办的高等学校实行中国共产党高等学校基层委员会领导下的校长负责制。中国共产党高等学校基层委员会按照中国共产党章程和有关规定，统一领导学校工作，支持校长独立负责地行使职权，其领导职责主要是：执行中国共产党的路线、方针、政策，坚持社会主义办学方向，领导学校的思想政治工作和德育工作，讨论决定学校内部组织机构的设置和内部组织机构负责人的人选，讨论决定学校的改革、发展和基本管理制度等重大事项，保证以培养人才为中心的各项任务的完成。"三是明确校长的任职与职权。第四十条规定："高等学校的校长，由符合教育法规定的任职条件的公民担任。高等学校的校长、副校长按照国家有关规定任免。"第四十一条规定高等学校的校长全面负责本学校的教学、科学研究和其他行政管理工作，并列举了6项职权。四是规定高等学校要设立学术委员会。第四十二条明确规定学术委员会具体审议学科、专业设置，教学、科学研究计划方案，评定教学、科学研究成果等有关学术事项。此外，还提到校长办公会议、校务会议等会议制度，但着笔不多。尽管1998年的《高等教育法》对大学的基本治理结构进行了初步的规定，但是规定仍显粗糙，其所规定的很多高校办学自主权直到今天仍没有完全得到落实，各种因素在牵绊着诸多高校办学自主权的落地。

1998年12月，教育部发布《面向21世纪教育振兴行动计划》，其中提到要"切实落实《高等教育法》关于'高等学校应当面向社会，依法自主办学，实行民主管理'的规定，扩大高校办学自主权"，自此，"985工程"正式启动建设，并要求大力推进高等学校内部管理体制改革。"高等学校招生计划的扩大要同学校后勤工作社会化的进度挂钩。选择若干条件较好的城市组建企业化经营管理的高校后勤生活服务集团公司，从事学生公寓物业管理以及学校后勤生活服务。争取3~5年内，大部分地区实现高校后勤工作社会化",但对于大学内部治理结构等并无更为明晰的表述。

综上,在1978—1998年这段时期内,我国大学内部治理处于改革探索期,且以治理架构为主,1978—1984年间治理架构实行党委领导下的校长分工负责制,1984—1998年党委领导下的校长负责制和校长负责制并存。(1999年1月1日起大学一律实行党委领导下的校长负责制)虽然,在此阶段,一些重要会议、重要文件等相继提到扩大高校办学自主权,但推进效果并不乐观,诸如学术委员会、校务委员会等机构参与大学治理的相关工作并没有得到有效推进和落实。

(二) 1999—2012年:治理改革酝酿期

伴随着我国《高等教育法》的施行,大学治理关键在于如何实践和落实《高等教育法》所规定的各项治理权限和要求。1999—2012年,恰是我国高校扩招、高等教育大众化不断推进的关键时期,高校扩招所带来的一系列管理、教育教学问题,使得从上至下都没有更多精力来关照大学治理改革。因此,在这一时期,国家有关政策文件较少涉及大学治理改革问题。1999年6月,《中共中央 国务院关于深化教育改革 全面推进素质教育的决定》(中发〔1999〕9号)颁布,其中有关大学治理的规定主要是重申了1998年《面向21世纪教育振兴行动计划》的相关规定,进一步明确要"按照《中华人民共和国高等教育法》的规定,切实落实和扩大高等学校的办学自主权,增强学校适应当地经济社会发展的活力。……深化学校内部管理体制改革,进一步精简机构,减员增效。改革分配和奖励制度,实行多劳多得、优劳优酬。加大学校后勤改革力度,逐步剥离学校后勤系统,推动后勤工作社会化,鼓励社会力量为学校提供后勤服务,发展教育产业"等,但规定仍较为宏观和抽象。2004年2月,教育部制定的《2003—2007年教育振兴行动计划》(国发〔2004〕5号)主要还是对《面向21世纪教育振兴行动计划》相关规定的再次强调,提出要"推进教育管理体制改革,为教育发展提供制度保障",要"深化学校内部管理制度改革,探索建立现代学校制度",并明确要求"继续深化学校内部管理体制改革,完善学校法人制度。高等学校要坚持和完善党委领导下的校长负责制,推进依法办学、民主治校、科学决策,健全学校的领导管理体制和民主监督机制。……遵循'从严治教,规范管理'的原则,加强学校制度建设,逐步形成'自主管理、自主发展、自我约束、社会监督'的机制。建设'精简、高效'的学校管理机构,完善校务公开制度,深化人事制度和分配制度改革"等。2005年3月,教育部发布《普通高等学校学生管理规定》(教育部令第21号),对大学治理略有涉及,但还不足以对大学治理产生较大的影响。

直至 2010 年 7 月《国家中长期教育改革和发展规划纲要（2010—2020年）》的颁布与实施，才又一次掀起社会关注大学治理的热潮，也唤醒了人们深埋心底的期待与希望。该纲要第十三章专门规定了建设现代学校制度，提出了以下要求：一是推进政校分开、管办分离。适应中国国情和时代要求，建设依法办学、自主管理、民主监督、社会参与的现代学校制度，构建政府、学校、社会之间的新型关系。探索适应不同类型教育和人才成长的学校管理体制与办学模式，避免千校一面。随着国家事业单位分类改革推进，探索建立符合学校特点的管理制度和配套政策，克服行政化倾向，取消实际存在的行政级别和行政化管理模式。二是落实和扩大学校办学自主权。要求政府及其部门树立服务意识，改进管理方式，完善监管机制，减少和规范对学校的行政审批事项，依法保障学校充分行使办学自主权和承担相应责任。高等学校按照国家法律法规和宏观政策，自主开展教学活动、科学研究、技术开发和社会服务，自主设置和调整学科、专业，自主制定学校规划并组织实施，自主设置教学、科研、行政管理机构，自主确定内部收入分配，自主管理和使用人才，自主管理和使用学校财产和经费。三是完善中国特色现代大学制度。公办高等学校要坚持和完善党委领导下的校长负责制。健全议事规则与决策程序，依法落实党委、校长职权。完善大学校长选拔任用办法。充分发挥学术委员会在学科建设、学术评价、学术发展中的重要作用。探索教授治学的有效途径，充分发挥教授在教学、学术研究和学校管理中的作用。加强教职工代表大会、学生代表大会建设，发挥群众团体的作用。此外，还提出高校要加强章程建设、扩大社会合作等。

2010 年 8 月，新修订的《中国共产党普通高等学校基层组织工作条例》（中发〔2010〕15 号）是高校党的工作必须遵循的基本规章，重申高等学校实行党委领导下的校长负责制，强调了高校党委的领导核心作用，规定党委统一领导学校工作，通过统一管干部管人才，统一领导学校思想政治工作，充分发挥领导核心作用。

2010 年 12 月，《国务院办公厅关于开展国家教育体制改革试点的通知》（国办发〔2010〕48 号）将"改革高等教育管理方式，建设现代大学制度"作为改革试点的专项任务之一，改革试点主要内容是落实高等学校办学自主权，完善高等学校内部治理结构，改革高校基层学术组织形式及其运行机制等；将"高等教育综合改革"作为重点领域综合改革试点之一，改革试点主要内容仍包括落实和扩大高等学校办学自主权、完善中国特色现代大学制度。

2011 年 7 月，教育部第 21 次部长办公会议审议通过《高等学校章程制定暂行办法》（教育部令第 31 号，自 2012 年 1 月 1 日起施行）。该暂行办法对国家举办的高等学校章程的起草、审议、修订以及核准、备案等进行了较为详细、明确的规定。章程是高等学校依法自主办学、实施管理和履行公共职能的基本准则，同时高等学校的各项内部管理制度及规范性文件的制定、办学和管理活动的实施、社会合作的开展等也都应依据章程而进行。该暂行办法的颁布与实施，是国家以法律形式再次推进我国高校内部治理的又一重大举措。时至今日，国家举办的所有高等学校都已有了自己的章程。

2011年12月，教育部发布《学校教职工代表大会规定》（教育部令第32号，自2012年1月1日起施行，简称《教代会规定》）。相较于《高等学校教职工代表大会暂行条例》（1985年1月颁布），《教代会规定》不仅扩大了教职工代表大会的适用范围，即由原来仅适用于高等学校扩大到所有公办的幼儿园和各级各类学校，而且还明确了教职工代表大会在学校民主管理中的地位，以及科学界定了教职工代表大会的职权。其第三条规定学校教职工代表大会是教职工依法参与学校民主管理和监督的基本形式，由此确立了教职工代表大会作为学校管理体制的有机组成部分的法律地位。同时，《教代会规定》也被寄予探索建立现代学校制度及推进依法办学、民主治校、科学决策的厚望。根据当前学校民主管理面临的新情况、新问题，《教代会规定》从不同方面规定了教职工代表大会的八项职权，概括起来主要有讨论建议权、讨论通过权和评议监督权。在这三项职权中，讨论建议权是基础，讨论通过权是核心，评议监督权是关键。没有这三项职权，教职工代表大会就容易流于形式，难以保障教职工的合法权益。这三项职权与《高等学校教职工代表大会暂行条例》规定的教职工代表大会享有的讨论建议权、审议通过权、审议决定权和评议监督权四项职权中的三项职权相对应，少了审议决定权。从《教代会规定》第六条的规定"教职工代表大会在中国共产党学校基层组织的领导下开展工作。教职工代表大会的组织原则是民主集中制"来看，教职工代表大会不享有审议决定权是与教职工代表大会的组织原则和领导机构相适应的。由"四项职权"向"三项职权"的转变，既是与我们坚持党的领导的原则相一致的，也是对教职工代表大会职权的科学界定。

2012年11月，教育部印发《全面推进依法治校实施纲要》（教政法〔2012〕9号）。为提高学校治理法治化、科学化水平，构建政府、学校、社会之间的新型关系，建设现代学校制度等，《全国推进依法治理实施纲要》对全面推进依法治校工作提出了总体要求，并具体部署了"加强章程建设，健全学校依法办学自主管理的制度体系"，"健全科学决策、民主管理机制，完善学校治理结构"，"依法办学，落实师生主体地位，形成自由平等公正法治的育人环境"等重点领域的工作。

综上，在1999—2012年这段时期，推进高等学校治理体系与治理能力的现代化成为新一轮高等教育管理体制改革的总体目标,但是我国大学治理改革基本上还处于构想和试点的阶段,此时关注的重点仍然是大学治理结构,且比之前更加强调大学办学自主权的下放与落实问题。特别是《全面推进依法治理实施纲要》为我国大学治理改革描绘了一个基本的蓝图,近7年以来的大学治理改革中的每一项举措及推进基本都是围绕《全面推进依法治理实施纲要》提出的构想而展开的。党委领导下的校长负责制在取得《高等教育法》法律保障的基础上,通过《中国共产党普通高等学校基层组织工作条例》《高等学校章程制定暂行办法》等得到进一步强调和确认,这为我国大学内部治理提供了一个最基本的架构模式,也充分彰显中国特色。

(三) 2013—2017年:治理改革深化期

2013年11月,中国共产党第十八届中央委员会第三次全体会议通过《中共中央关于全面深化改革若干重大问题的决定》,将深化教育领域综合改革作为全面深化改革的若干重大问题之一,并将高校治理改革作为高等教育全面深化改革的主要内容之一,明确提出要"深入推进管办评分离,扩大省级政府教育统筹权和学校办学自主权,完善学校内部治理结构"。

2014年1月,教育部2014年第一次部长办公室会议审议通过了《高等学校学术委员会规程》(教育部令第35号,自2014年3月1日起施行,简称《学术委员会规程》),这是自1998年《高等教育法》颁布实施以来又一重要法律法规,标志着我国大学内部治理法治化进程得到进一步推进。《学术委员会规程》对促进我国大学内部治理结构的完善、引导各高校建立健全学术委员会制度起到重要的作用。《学术委员会规程》共包括总则、组成规则、职责权限、运行制度、附则五章,首次以法律形式明确了学术委员会是高校最高学术机构,享有统筹行使学术事务的决策、评审等职权;界定了学术委员会中学校领导和部门负责人的比例,并向教师和基层学术组织倾斜;对于学术不端行为,赋予学术委员会依职权直接进行处理或者建议相关部门处理的权力。可以说,《学术委员会规程》对于高校学术委员会做出了基础性的制度安排,同时也充分尊重了高校之间的差异性和独立性,为各高校学术委员会的个性化制度安排提供了充足的空间。

2014年7月,国家教育体制改革领导小组办公室接连印发了两份文件,分别是《关于进一步扩大省级政府教育统筹权的意见》(教改办〔2014〕1号)和《关于进一步落实和扩大高等学校办学自主权 完善高等学校内部治理结构的意见》(教改办〔2014〕2号)。教改办〔2014〕1号文以"以推进教育治理体系和治理能力现代化为目标,理顺中央与地方教育管理权限和职责范围,保证国家教育方针政策的贯彻执行,充分发挥地方的积极性主动性创造性,加快推进教育现代化"为总体要求,扩大了省级政府审批设立实施专科学历教育的高等学校、统筹规划区域内学科专业布局和质量监督等有关高等教育领域的统筹权限,对改善大学内部治理改革推进的外部环境具有一定的积极意义。教改办〔2014〕2号文以构建政府、高校、社会新型关系为导向,积极简政放权,加快转变政府职能,更好地落实高校的办学主体地位,更好地发挥社会的支持和监督作用,以加快完善中国特色现代大学制度,加快推进高等教育治理体系和治理能力现代化,明确规定坚持和完善党委领导下的校长负责制,落实《中国共产党普通高等学校基层组织工作条例》;保障学术组织相对独立行使职权,落实《学术委员会规程》,确立学术委员会统筹行使学术事务的决策、审议、评定和咨询等职权;完善校内民主管理与监督机制,落实《教代会规定》,切实保障教职工参与学校民主管理和监督;健全社会参与监督机制,建立健全高校理事会,充分发挥高校理事会在加强社会合作、扩大决策民主、争取办学资源、接受社会监督等方面的作用;健全以章程为统领规范行使办学自主权的制度体系,按照决策权、执行权、监督权相互制约与协调的原则规范内部治理结构和权力运行规则。

同期,教育部第21次部长办公会议审议通过《普通高等学校理事会规程(试行)》(教育部令第37号,简称《理事会规程》)。该规程规定,理事会是指国家举办的普通高等学校根据面向社会依法自主办学的需要,设立的由办学相关方面代表参加,支持学校发展的咨询、协商、审议与监督机构,是高等学校实现科学决策、民主监督、社会参与的重要组织形式和制度平台,同时明确高等学校现所使用董事会、校务委员会等名称建立的相关机构同样适用该规程。第四条规定:"高等学校应当结合实际,在以下事项上充分发挥理事会的作用:(一)密切社会联系,提升社会服务能力,与相关方面建立长效合作机制;(二)扩大决策民主,保障与学校改革发展相关的重大事项,在决策前,能够充分听取相关方面意见;(三)争取社会支持,丰富社会参与和支持高校办学的方式与途径,探索、深化办学体制改革;(四)完善监督机制,健全社会对学校办学与管理活动的监督、评价机制,提升社会责任意识。"第五条规定:"理事会一般应包含以下方面的代表:(一)学校举办者、主管部门、共建单位的代表;(二)学校及职能部门相关负责人,相关学术组织负责人,教师、学生代表;(三)支持学校办学与发展的地方政府、行业组织、企业事业单位和其他社会组织等理事单位的代表;(四)杰出校友、社会知名人士、国内外知名专家等;(五)学校邀请的其他代表。各方面代表在理事会所占的比例应当相对均衡,有利于理事会充分、有效地发挥作用。"此外,该规程还对理事会组成人数、每届任期、职责、理事人选的基本要求、会议制度、机构设置、议事原则、经费保障等予以了简要规定。

2014年10月，中共中央办公厅印发《关于坚持和完善普通高等学校党委领导下的校长负责制的实施意见》（中办发〔2014〕55号，简称《关于校长负责制的实施意见》），并发出通知。通知指出：党的十三届四中全会以后，党中央确定高等学校全面实行党委领导下的校长负责制。实践证明，这一制度符合我国国情和高等教育发展规律，必须毫不动摇、长期坚持并不断完善。并要求各地区各有关部门和各高等学校要认真贯彻落实本意见精神，切实把这项工作抓紧抓好；要坚持党委的领导核心地位，保证校长依法行使职权，建立健全党委统一领导、党政分工合作、协调运行的工作机制；认真贯彻执行民主集中制，坚持集体领导和个人分工负责相结合，集体决定了的事情，领导班子成员要按照分工分头落实；严肃党内组织生活，反对独断专行和软弱涣散两种倾向；上级党委和有关部门要加强检查和指导，及时研究解决高等学校贯彻执行本意见中出现的问题。几乎与此同时，中共中央组织部、中共教育部党组联合下发《关于认真学习贯彻〈关于坚持和完善普通高等学校党委领导下的校长负责制的实施意见〉的通知》（教党〔2014〕39号），再次重申要坚持高校党委的领导核心地位，强调党委领导下的校长负责制是一个不可分割的统一整体，是高校贯彻执行民主集中制的具体体现等。

2015年12月《高等教育法》获得通过，其中涉及大学治理方面的修订主要是对原《高等教育法》第四十二条有关高等学校学术委员会职责进一步予以明确，规定："高等学校设立学术委员会，履行下列职责：（一）审议学科建设、专业设置，教学、科学研究计划方案；（二）评定教学、科学研究成果；（三）调查、处理学术纠纷；（四）调查、认定学术不端行为；（五）按照章程审议、决定有关学术发展、学术评价、学术规范的其他事项。"

2016年3月，中共中央印发的《关于深化人才发展体制机制改革的意见》强调，要纠正人才管理中存在的行政化、"官本位"倾向，防止简单套用党政领导干部管理办法管理科研教学机构学术领导人员和专业人才；充分发挥用人主体在人才培养、吸引和使用中的主导作用，全面落实国有企业、高校、科研院所等企事业单位和社会组织的用人自主权；合理界定和下放职称评审权限，推动高校、科研院所和国有企业的自主评审。

2017年1月，《国家教育事业发展"十三五"规划》（国发〔2017〕4号）发布，其规定："加快现代大学制度和各类学校管理制度建设。全面落实'一校一章程'。加强对新设立学校和升格、更名、合并、分立的高等学校的章程核准工作，建立和完善各级各类学校依章办学的管理制度和监督办法，推动学校依法依章治校。完善公办高等学校党委领导下的校长负责制……进一步明确职责分工、议事规则。深化学校管理人员职员制改革，建立符合学校特点的管理制度，鼓励高校推进内设机构取消行政级别试点，克服行政化倾向。拓展师生参与学校民主治理的渠道和途径，学校重大决策和涉及师生利益的重大政策应当经教职工代表大会民主讨论，发挥学生代表大会的桥梁纽带作用。……完善高等学校、职业学校理事会制度。切实实行学术民主，保障高等学校学术委员会、职业学校专家委员会履行职责。"

2017年2月，教育部发布了新修订的《普通高等学校学生管理规定》（教育部令第41号，自2017年9月1日起施行），其中增加第六章"学生申诉"，明确规定"学校应当成立学生申诉处理委员会，负责受理学生对处理或者处分决定不服提起的申诉"，并完善申诉程序制度，增加申诉处理实体规定，以确保学校对学生处理和处分的公平公正，保障学生依法获得救济的权利。这一规定对于推动大学治理能力提升有一定的积极意义。

同期，中共中央、国务院印发《关于加强和改进新形势下高校思想政治工作的意见》（中发〔2016〕31号），该意见对当前大学治理的重要指导性意见与要求主要有两处。一是要坚持党对高校的领导。落实全面从严治党要求，把党的建设贯穿始终，着力解决突出问题，维护党中央权威、保证党的团结统一，牢牢掌握党对高校的领导权。二是要加强和改善党对高校的领导。要完善高校党的领导体制，坚持和完善普通高校党委领导下的校长负责制，高校党委对本校工作实行全面领导，履行管党治党、办学治校的主体责任，切实发挥领导核心作用。

2017年3月，教育部、中央编办、发展改革委、财政部、人力资源社会保障部等五部门联合发布《关于深化高等教育领域简政放权放管结合优化服务改革的若干意见》（教政法〔2017〕7号），这是对大学治理改革影响深远的一个文件。该意见指出，为"坚持社会主义办学方向，完善中国特色现代大学制度，破除束缚高等教育改革发展的体制机制障碍，进一步向地方和高校放权，给高校松绑减负、简除烦苛，让学校拥有更大办学自主权"，"高校要坚持和完善党委领导下的校长负责制，高校党委对本校工作实行全面领导，对本校党的建设全面负责，履行管党治党、办学治校的主体责任，落实党建工作责任制，切实发挥领导核心作用。坚持党管干部、党管人才，落实'三重一大'决策制度。强化院（系）党的领导，进一步发挥院（系）党委（党总支）的政治核心作用。加强基层党组织建设，推动全面从严治党向高校基层延伸，充分发挥党支部战斗堡垒作用"。这些意见再次为大学治理结构定下了基调，同时还要求高校加强制度建设、完善民主管理和学术治理、强化信息公开与社会监督等，其他方面包括学科专业、编制、岗位、进人用人、职称、薪酬、经费、资产管理等也都涉及大学治理。该意见的发布推动了各省（自治区、直辖市）新一轮高校办学自主权的下放，也可以预见将对进一步深化高等教育人才培养体制、现代大学制度、办学体制，推进管办评分离等领域的改革起到积极的作用。

2017年9月，中共中央办公厅、国务院办公厅印发《关于深化教育体制机制改革的意见》。该意见提出，深化教育体制机制改革的主要目标是，到2020年，教育基础性制度体系基本建立，形成充满活力、富有效率、更加开放、有利于科学发展的教育体制机制，人民群众关心的教育热点难点问题进一步缓解，政府依法宏观管理、学校依法自主办学、社会有序参与、各方合力推进的格局更加完善，为发展具有中国特色、世界水平的现代教育提供制度支撑。该意见还指出要健全促进高等教育内涵发展的体制机制，强调要创新人才培养机制、深化科研体制改革、全面推进科研评价机制改革、依法落实高等学校办学自主权、改进高等教育管理方式等。该意见是自1985年《教育体制改革决定》颁布以来的又一部专门针对教育体制机制改革的文件。

综上，在2013—2017年这段时期，我国大学治理进程不断加快。《国家中长期教育改革和发展规划纲要（2010—2020年）》的颁布和实施仅仅是提供了大学治理的基本蓝图和方向，而之后一系列法律法规和政策文件的颁布与实施则使这一基本蓝图逐步变为现实，特别是在2013—2017年期间，以中共中央名义发布的有关大学治理改革的文件数量和频率都较以往高。在创新驱动发展战略背景下，教育特别是高等教育中大学治理所关涉的教育体制机制问题成为党和政府关注的焦点和重点，而这仍是教育领域综合改革的"深水区"和"硬骨头"。

三、结语

改革开放以来，我国大学治理进程本身就是我国大学治理理想蓝图不断呈现、展示、调整的过程。这一过程也生动地体现在1978—2017年中共中央、全国人大、国务院、教育部及其他有关部门发布的涉及大学治理改革的31份（含修订3份，见表2-1）主要文件中。综合上述所做分析，我们可以从中看到我国大学治理改革与进程的一些特点，而这些特点或许决定了理想与现实间的距离。

表2-1 改革开放以来有关大学治理改革的主要文件和法律（1978—2017年）

序号	颁布/通过时间	文件名称（全称）	颁发部门	备注
1	1978年10月	全国重点高等学校暂行工作条例（试行草案）	教育部	
2	1985年5月	中共中央关于教育体制改革的决定	中共中央	
3	1986年3月	高等教育管理职责暂行规定	国务院	行政法规
4	1990年7月	中共中央关于加强高等学校党的建设的通知	中共中央	
5	1993年2月	中国教育改革与发展纲要	中共中央、国务院	
6	1996年3月	中国共产党普通高等学校基层组织工作条例	中共中央	
7	1998年8月	中华人民共和国高等教育法	全国人大	法律
8	1998年12月	面向21世纪教育振兴行动计划	教育部	
9	1999年6月	中共中央 国务院关于深化教育改革全面推进素质教育的决定	中共中央、国务院	
10	2004年2月	2003—2007年教育振兴行动计划	教育部	
11	2005年3月	普通高等学校学生管理规定	教育部	部门规章
12	2010年7月	国家中长期教育改革和发展规划纲要（2010—2020年）	国家中长期教育改革和发展规划纲要工作小组办公室	
13	2010年8月	中国共产党普通高等学校基层组织工作条例	中共中央	修订
14	2010年12月	国务院办公厅关于开展国家教育体制改革试点的通知	国务院办公厅	
15	2011年7月	高等学校章程制定暂行办法	教育部	部门规章

续上表

序号	时间	文件名称（全称）	颁发部门	备注
16	2011年12月	学校教职工代表大会规定	教育部	部门规章
17	2012年11月	全面推进依法治校实施纲要	教育部	
18	2013年11月	中共中央关于全面深化改革若干重大问题的决定	中共中央	
19	2014年1月	高等学校学术委员会规程	教育部	部门规章
20	2014年7月	关于进一步扩大省级政府教育统筹权的意见	国家教育体制改革领导小组办公室	
21	2014年7月	关于进一步落实和扩大高等学校办学自主权完善高等学校内部治理结构的意见	国家教育体制改革领导小组办公室	
22	2014年7月	普通高等学校理事会规程（试行）	教育部	部门规章
23	2014年10月	关于坚持和完善普通高等学校党委领导下的校长负责制的实施意见	中共中央办公厅	
24	2014年10月	关于坚持和完善普通高等学校党委领导下的校长负责制的实施意见	中共中央组织部、中共教育部党组	
25	2015年12月	中华人民共和国高等教育法	全国人大	修订/法律
26	2016年3月	关于深化人才发展体制机制改革的意见	中共中央	
27	2017年1月	国家教育事业发展"十三五"规划	国务院	
28	2017年2月	普通高等学校学生管理规定	教育部	修订/部门规章

续上表

序号	时间	文件名称（全称）	颁发部门	备注
29	2017年2月	关于加强和改进新形势下高校思想政治工作的意见	中共中央 国务院	
30	2017年3月	关于深化高等教育领域简政放权放管结合优化服务改革的若干意见	教育部、中央编办、发展改革委、财政部、人力资源社会保障部	
31	2017年9月	关于深化教育体制机制改革的意见	中共中央办公厅、国务院办公厅	

（一）国家是大学治理理想的描绘者

我国大学治理及其变革始终与我国高等教育政策的一举一动紧密相连，每一次治理进程的推进都是在相关高等教育政策的引导下进行的，这意味着我国大学治理及其变革始终在政府的主导下前行。1978年以来，推动我国大学治理改革的文件均是由中共中央、全国人大、国务院、教育部及其他有关部委等发布的，而地方政府却鲜有推动大学治理的有效行动和举措，也就是说，大学治理的推进是由国家层面开始，再传递到地方政府和大学层面的。因此，国家不仅是大学治理理想的描绘者，而且是大学治理理想的设定者，无论是地方政府还是大学本身，其任何一项有关大学治理的改革都必须在国家所设定的理想框架下进行。

在此情此景下，作为大学治理改革的实际行动者——大学和地方政府，由于没有参与到改革蓝图的设计中，它们更多的是处于一种被动的状态，主动迎势而为的只有少数。国家主导下的大学治理，由于缺少了大学和地方政府的积极响应，难以让有关改革方案真正"落地"，特别是牵涉地方政府管理权限下放以扩大大学办学自主权的改革成果，有的几经周折才真正由大学所享有；对于大学而言，改革的益处难以显现，大学也就缺乏必要的改革动力。

(二) 高度政治的大学治理路径安排

高度政治是围绕国家和政治权力中心而形成的一种强化政治意识和政治实践的状态，低度政治则是围绕公民、公民社会、权利等形成的一种政治生活状态和政治生活方式，其中的政治内涵在很大程度上是弱化而不是强化的。[①] 改革开放以来，我国有关大学治理架构的设计整体上是围绕党委领导下的校长负责制而展开的，党委和校长在大学治理中的地位、权限、职责几经更迭和调适，确立了党委和校长在大学治理架构中作为决策者与执行者的双重身份，但二者的权力界限并不十分清晰。

此外，在整个治理蓝图中大学行政权力占据主导地位，而大学治理中另一个非常重要的权力——学术权力则处于被淡化、被忽略、被冷落的境地，缺少教师、学生等核心利益主体的有效参与，同时也缺少必要的监督者。虽然相关文件提到大学治理的主要目标是构建政府、学校、社会之间的新型关系，但在这种新型关系中学术权力也并非是真正的主角。

因此，改革开放以来我国大学治理推进的逻辑起点重在行政权力的定位、定权、定职、定责，在一定程度上导致了学术权力在大学治理中的地位与作用并没有得到树立和有效发挥。正是由于学术权力始终没有成为大学治理结构设计的逻辑起点，因此一系列的推进政策、制度乃至法律都不能够充分释放大学的活力。

(三) 法律缺位下的大学治理进程

改革开放以来，在上述所列的有关大学治理的 31 份法律政策文件中，共有 6 部法律法规，其中有 3 部在此期间进行了修改。

从法律效力层面上看，法律只有 1 部，即《高等教育法》；行政法规 1 部，即《高等教育管理职责暂行规定》；部门规章 5 部，分别为《普通高等学校学生管理规定》《高等学校章程制定暂行办法》《教代会规定》《学术委员会规程》《理事会规程》。由此可见，我国大学治理推进过程中法律要素的作用也仅仅是以较低效力层次的法律——部门规章为主。从这 7 部法律对大学治理的推动上看，《高等教育法》和《高等教育管理职责暂行规定》仅仅对大学治理进行了较为宏观和原则性的规定，并没有涉及大学治理权力运行规则、程序等更为具体和具有可操作性的层面；《普通高等学校学生管理规定》主要是一部针对普通高等学校对学生进行管理的法规，由于学生目前

[①] 商红日. 高度政治与低度政治 [M] //李友梅, 徐中振, 陆铭. 市场、社会、政府: 共和国 60 年发展理论解读. 北京: 中国大百科全书出版社, 2009: 243.

还未能真正成为大学治理主体之一,其对大学治理进程的推进作用极为有限;《高等学校章程制定暂行办法》主要规范各大学制定章程活动,并不过多涉及大学章程的效力与运行问题;《教代会规定》和《理事会规程》虽然较为全面细致地规定了有关教职工代表大会和理事会运行的职能、基本规则等,但囿于其仅仅是部门规章,对学校来说还不具有很强的强制力和约束力,而且有些条款的规定比较模糊,操作方式、方法和落实程度实质上是由各高校自行把握的。加之,教育法律在我国法律体系中整体上处于"软法"的处境,很多教育法律规定难以在实践中得到有效的遵守与执行,这使得在大学治理推进过程中,法律的角色、地位与作用无法得到有效确定和发挥。如此,有关政策文件等就有了用武之地,中国大学治理进程的不断推进也的确是相关政策文件在发挥着重要的推动作用。从教育法治的角度来看,大学的治理应该受到法律的充分保障,但在我国的大学治理推进过程中,政策扮演着重要角色,法律参与却不充分。我们崇尚法律并视法律为法治社会的最高权威,但是教育法律作为一种"软法",其在文本—实施—执行的整个法律有效运行环节中,由于缺乏必要的法律责任追究机制和监督保障机制,教育法律在执行环节中大打折扣,并直接制约了教育法律的有效性和损害了教育法律的权威性。

(四)体制机制障碍仍是大学治理推进与改革深化的最大制约因素

在 1985 年《教育体制改革决定》起草过程中,起草组通过调研痛切地感到,"就整个教育而言,最大的弊端是长期计划经济体制下所形成的僵化模式"①,然而这一弊端至今仍然没有得到彻底避免或消除,以至于在时隔 32 年后的 2017 年 9 月,中共中央办公厅、国务院办公厅印发的《关于深化教育体制机制改革的意见》,对当前及未来一段时期包括高等教育在内的整个教育体制机制改革的进一步深化提出了若干目标、任务与要求。因此,当大学治理问题中的体制机制问题没有厘清、理顺、扭转、调整时,任何有关大学治理的设想或举措充其量也只是为解决高等教育改革发展所面临的某个具体问题的应激反应,难以称得上具有系统性和整体性。

---

① 李均. 中国高等教育政策史:1949—2009 [M]. 广州:广东高等教育出版社,2014:208.

第三章 我国大学治理的现实

伴随着我国经济领域的改革开放,教育领域也在悄然进行着一系列相关改革,从基础教育到高等教育,当然也包括大学治理的改革。大学治理的一系列改革和推进行动,其实施状况如何事关大学治理理想的实现。本章将主要围绕改革开放以来我国力图在大学治理上有所突破、有所改革并期待有所成效的大学章程、大学党委、学术委员会、大学理事会、教职工代表大会等治理愿景在现实中的落地与实施情况做一描述,兼而反思之。

一、华而不实的大学章程

大学章程是大学治理中不可或缺的主角。自 2012 年 1 月 1 日教育部《高等学校章程制定暂行办法》实施以来,不仅教育部从国家层面开始了对部属高校的大学章程核准工作,而且各省也在积极开展省属高校和市属高校的大学章程核准工作。以 2013 年 11 月 28 日中国人民大学、东南大学、东华大学、上海外国语大学、武汉理工大学和华中师范大学等 6 所高校章程经教育部核准发布实施为标志,我国大学章程建设取得了实质性进展。特别是国家教育体制改革领导小组办公室印发的《关于进一步落实和扩大高等学校办学自主权 完善高等学校内部治理结构的意见》规定,所有高校应于 2015 年以前完成章程制定,由此在我国掀起了新一轮大学章程制定的高潮。截至 2015 年 6 月 30 日,全国 112 所"211 工程"高校的章程全部通过核准并发布。各省(自治区、直辖市)基本上都于 2015 年年底前完成了大学章程的制定与核准工作。这场声势浩大的大学章程制定活动,表面上看"很可能是国家政策或政府指令的积极执行者,实质上则是章程建设的怀疑论者和消极应付者。如此,这场浩大的大学章程建设工程便成了一个名副其实的'面子工程'"①。

(一) 大学章程实施的现状

"盖天下之事，不难于立法，而难于法之必行。"② 大学章程的功用是通过其实施而得以实现的，实施比制定更有价值，同时也更具挑战性。实施现状可以反映出大学章程的宗旨、目的等的达成程度。在我国各高校大学章程相继发布时，有学者感慨到"大学章程的发布算是摸到了现代大学的门槛"③，但是仅仅摸到门槛是不够的，还需要进到门里，这就要求大学章程的有效实施。

1. "花瓶"般的大学章程——权威性缺失

由于大学章程从起草到形成文本，再到核准，这一系列活动对于大学而言都带有一种被动的意味，一校一章程任务的圆满完成也不意味着大学依法办学、依章办学的意识提高和增强了。从《高等学校章程制定暂行办法》于2012年1月1日起实施到2013年11月28日中国人民大学、东南大学、东华大学、上海外国语大学、武汉理工大学和华中师范大学等6所高校章程经教育部核准发布实施，已相距近两年时间，而此时众多高校仍没有将章程的制定摆上日程，还处于观望状态。在《高等学校章程制定暂行办法》实施近两年半后的2014年7月8日，国家教育体制改革领导小组办公室印发的《关于进一步落实和扩大高等学校办学自主权 完善高等学校内部治理结构的意见》才更进一步推动了我国高校章程的制定工作。由于各高校章程制定完成时限已明确到具体时间，即2015年以前，因此各高校根据主管教育行政部门的安排部署不得不紧锣密鼓地开始章程的制定工作。2014—2015年各省级教育行政部门将章程制定与核准列为重要工作之一，并相继出台了有关章程建设计划，明确了章程核准时间表。如山东省教育厅发布《山东省普通高等学校章程建设计划》（鲁教法发〔2014〕1号），明确规定在2015年年底前完成99所公办普通高等学校章程核准工作，并将分五批开展章程核准工作。

由此可见，起初大学章程建设工作对于学校来讲主要是完成政府交代的一项政治任务而已，是一种自上而下开展的"运动"。虽然大学章程对一所

---

① 张继明，王洪才. 我国大学章程有效性评估的六个基本维度［J］. 大学教育科学，2016（1）：41-45.

② 张居正. 张居正奏疏集：上［M］. 潘林，编注. 上海：华东师范大学出版社，2014：232.

③ 储朝晖. 大学章程亟需从纸上走到路上［N］. 中国教育报，2014-10-10（2）.

大学来说，其重要性不言而喻，诸如学校的办学宗旨、办学理念、治理架构、治理机制、组织架构等重大问题都需要在深入讨论、仔细斟酌、多方权衡后才能够成文在章程中，但是囿于主管教育行政部门对学校章程制定工作的期限要求，学校在章程制定过程中无时间、无精力对章程中涉及的重大问题静下心来审视与定夺。可以毫不夸张地说，我国大学章程制定工作从整体上看仅仅是学校依规定动作按期完成的一项任务而已，当这项任务完成后，大学章程的实施问题就显得没有那么紧迫和重要了。在这样一种心态下，大学章程所处境地可想而知。"无论是学界还是大学内部对此（指大学章程，笔者注）并不抱多大期待，因为大学章程的制定和实施在目前我国政治、法律和文化大环境下存在着几个难以克服的问题"①，这些问题影响着大学的实施。笔者曾于2015—2016年参加广东省依法治校示范校的评审工作，在实地考察时，有些学校在章程核准后一两年内还没有建立教师申诉制度，学生申诉制度仍然是章程制定前的版本，不仅该修改的制度没有根据核准的章程修改，该建立的制度没有及时建立，而且也鲜有学校在章程核准后设立一个专门负责章程实施工作的机构。

基于诸多因素的共同作用，大学章程在核准后往往被束之高阁，无从体现其作为学校办学根本法的地位，权威性彰显不足，沦为犹如花瓶般的摆设。

2. "失控"中的大学章程——监督机制缺失

《高等学校章程制定暂行办法》规定："高等学校应当指定专门机构监督章程的执行情况，依据章程审查学校内部规章制度、规范性文件，受理对违反章程的管理行为、办学活动的举报和投诉。"此处所指的专门机构是指什么样的机构？是学校内设的吗？可以说，除政府部门外，我国目前还没有形成相对独立的可以对大学章程进行监督的专门机构。那么，这就意味着大学只能由政府部门作为对大学章程实施情况进行专门监督的机构。根据《高等学校章程制定暂行办法》有关"高等学校的主管教育行政部门……对高等学校履行章程情况应当进行指导、监督"的规定，教育行政部门有权对其所主管的大学的章程实施情况进行监督。此时，教育行政主管部门既是其主管的大学的章程核准主体，也是大学章程实施的监督主体。对大学章程的执行或实施情况进行监督，意味着教育行政主管部门应当保持中立方可正当行使监督权。但是作为被监督者的主管单位，其能否真正保持中立？即使可以做

---

① 罗向阳，林瑞娟. 大学章程的效力约束及对策思考［J］. 教育发展研究，2016 (19)：79-84.

到中立，但是在管理者和被管理者的关系状态下，管理者也难以充当一个客观、公正的裁判者。

监督的手段是什么？或者说监督者对被监督者违反章程的行为能够施予的法律责任是什么？对此，《高等学校章程制定暂行办法》没有明确规定，更勿设监督程序和法律责任类型等。因此，在对大学章程的监督没有细化、法律化的情况下，监督难以落到实处也是意料之中。

2014年5月，教育部下发《教育部办公厅关于加快推进高等学校章程制定、核准与实施工作的通知》（教政法厅〔2014〕2号），其中规定"校长要作为章程执行的第一责任人，要把章程执行情况，作为年度述职报告的内容，向教职工代表大会作专门报告"。但是"在调研的64所高校中，有39.7%的高校校长并没有将大学章程执行情况向教职工代表大会做年度报告"①。当然，大学也可以指定校内某一个部门作为章程实施的专门监督机构，而目前采取此种做法的学校并不多。

因此，已经核准的大学章程的实施目前是缺乏有效监督与制约的，大学章程被各大学放之任之，由此导致大学贯彻落实章程内容既缺乏内在的动力也缺乏外在的压力。

（二）大学章程"实施"现状的成因分析

可以说，目前各高校都已拥有属于自己的大学章程，但是自核准实施以来，被寄予厚望的大学章程或许并没有给大学带来所期望的实质性变化，也没有使大学治理能力和治理水平得到长足的提升，甚至也没有因此促成现代大学制度的建立。由此，我们不禁感慨大学章程的功能与作用是否被高估了。"从一般意义上看，制定大学章程应当解决大学的身份认同、职能定位、体制机制模型、利益相关者权利保障以及大学自身的合法性与章程的适应性等问题。"② 显然，大学章程从制定到实施以来，上述5个问题并没有得到很好的解决，这也许是大学章程文本本身所存在的一些缺陷导致了当前大学章程实施的困难和困惑。究其原因，笔者认为主要可以概括为以下3个方面。

1. 法律效力缺失

有关大学发展史及大学章程起源的研究无不表明着这样一个历史事实，

---

① 陶光胜，付卫东. 我国大学章程执行"肠梗阻"的病理解剖：基于64所高校的数据分析［J］. 理论月刊，2017（10）：70-74.

② 别敦荣. 我国大学章程应当或能够解决问题的理性透视［J］. 中国高教研究，2014（3）：1-7.

即章程先于大学而存在，无章程无大学，大学是在章程的基础上得以设立的。然而，自新中国成立以来，我国大学在相当长一段时期内处于无章程办学状态，持续时间长达60多年，这意味着"大学没有章程具有政治上的正当性"[①]。我国最早将学校要有章程上升为一项法律制度和要求的是1995年的《中华人民共和国教育法》（主席令第45号，简称《教育法》），其第二十六条规定设立学校及其他教育机构要"有组织机构和章程"；1998年《高等教育法》第二十七条规定申请设立高等学校的应当向审批机关提交章程。两部法律都将章程作为设立高等学校的基本条件之一。然而，在《教育法》《高等教育法》颁布实施近十余年里，我国绝大多数大学仍然没有依法制定章程，大学无章程运行仍然处于政治正当性的庇护下，直到2012年这种状况才发生了扭转。这一年，教育部颁布的《高等学校章程制定暂行办法》开始实施。该办法以部门规章的形式明确"章程是高等学校依法自主办学、实施管理和履行公共职能的基本准则。高等学校应当以章程为依据，制定内部管理制度及规范性文件、实施办学和管理活动、开展社会合作"，可以说该办法是开启我国大学依章办学的一个重要法律文件。在2013年11月28日中国人民大学、东南大学等6所高校拿到教育部颁发的高等学校章程核准书时，时任教育部政策法规司司长孙霄兵表示，"六所高校章程被依法核准后，对学校和学校主管部门以及有关方面都具有相应的法律效力。遵照章程、按照章程办事，要成为今后教育行政部门、高校和社会各方共同的观念和行为准则。违反章程就是有法不依"[②]。要使违反章程的行为被认定为有法不依，前提是大学章程本身应是法，即具有法律的特性，具有法律效力。那么，我国大学章程是否具有法律效力呢？

从法律效力来源的角度看，首先制定主体应具有立法权或被授予一定的立法权限。根据我国《中华人民共和国宪法》（简称《宪法》）和《中华人民共和国立法法》（简称《立法法》）的规定，我国享有立法权限的机关是全国人民代表大会及其常务委员会、国务院，省、自治区、直辖市的人民代表大会及其常务委员会，设区的市的人民代表大会及其常务委员会，国务院各部、委员会，中国人民银行、审计署和具有行政管理职能的直属机构，省、自治区、直辖市和设区的市、自治州的人民政府等。大学章程在英文中有不同的表述，包括charter、legislation、statutes、ordinance、bylaws、regula-

---

① 罗向阳，林瑞娟. 大学章程的效力约束及对策思考［J］. 教育发展研究，2016（19）：79-84.

② 郝孟佳. 教育部核准首批6高校章程　违章会有各种纠错机制［EB/OL］. (2013-11-29)［2018-10-03］. https://edu.qq.com/a/20131129/015164.htm.

tion、policies 等，可以说我们所说的大学章程只是这些英文表述的各类文件的总称。有学者将这些大学章程文件分为两类，即设立文件和组织文件。① "作为设立文件的大学章程，即国家立法机关在大学设立时颁发的、相当于法律的文件，由其承载确立大学法人地位、划定政校权利义务、勾勒大学治理框架等功能；而作为组织文件的大学章程，即大学自身依法制定的内部治理规则，不具备确立法人地位和协调政校关系的权限。"② 因此，大学章程的法律效力主要是指有关大学的设立文件。西方大学章程的法律效力来源于中世纪教会或封建王权所颁发的特许状，由此使大学获得独立法人地位，如英国的牛津大学和剑桥大学由教皇颁发特许状而成立，美国的哈佛大学由其所在地马萨诸塞州的议会颁发特许状而成立。在现代，西方大学章程的核准主体仍是权威的立法机构，如美国密西根州立大学由州立法机构根据《莫雷尔法案》批准设立，"其章程的法律渊源和其他赠地学院一样，来自联邦政府的赠地法案及国会的补充条例"③。我国香港地区的大学章程由香港立法会颁布，台湾地区的大学章程由台湾教育事务主管部门核定。可以说，"无论是'自发产生的大学'、'迁移中诞生的大学'抑或是'创建的大学'，都有来自最高当权者颁发的特许状或者赦令及条约'认可'大学的法人身份"④。我国大陆的大学章程是经由教育行政主管部门核准而生成法律效力的，根据教育部《高等学校章程制定暂行办法》的规定，地方政府举办的高等学校的章程由省级教育行政部门核准，其中本科以上高等学校的章程核准后，应当报教育部备案；教育部直属高等学校的章程由教育部核准；其他中央部门所属高校的章程，经由主管部门同意，报教育部核准。可见，我国大学章程的核准部门为教育部和省级教育行政部门，然而只有教育部才享有立法权限。那么，对于不享有立法权限的省级教育行政部门来说，其核准的大学章程能否具有法律效力是存疑的，即使省级教育行政部门经授权可以享有立法权限，那也应该是由《立法法》来授权，而不能以《高等学校章程制定暂行办法》为依据。如此，在我国高等学校章程核准中，就出现了两种情形：一种为享有一定立法权的教育部核准的章程；另一种为不享有立法权的

---

① 劳凯声. 中国教育法制评论：第9辑［M］. 北京：教育科学出版社，2011：278 - 293.

② 卢威. 大学章程建设如何走出收效不彰的困境［J］. 河北科技大学学报（社会科学版），2016，16（4）：90 - 96.

③ 马陆亭，范文曜. 大学章程要素的国际比较［M］. 北京：教育科学出版社，2010：26.

④ 王海莹，王大磊. 西方大学转型与章程创新［J］. 教育研究，2016（11）：133 - 137.

省级教育行政部门核准的章程。这使得大学章程的"法律"效力不同，有悖于大学章程法律效力一致的基本法治原则。

从法律效力表现的形式看，大学章程应属于我国法律体系。显然，大学不具有立法权限。从应然角度讲，大学章程应在国家法律体系内拥有一席之地。"大学章程作为高等学校行政权力行使之产物，其自当隶属于国家法律、法规之'下位法'。"[①] 然而，由于大学章程法律效力的缺失，大学章程不仅在校内无法获得应有的尊重、尊严和权威，在校外也无法获得社会的真正认同。同时，也因为法律效力缺失，大学章程的制定行为本身更多的是为了完成主管教育行政部门安排的任务。由于大学章程在制定之初就缺乏内生动力，因此无论是在章程制定过程中还是在征集章程文稿的意见建议时，学校师生特别是教师都对其缺乏热情，积极性也不高。

正是大学章程法律效力的缺失，使得大学的法人资格一直以来处于被架空或虚化的状态，没有得到充分的确认、保障与认可。我国《高等教育法》明确赋予大学法人资格。根据2017年3月15日第十二届全国人民代表大会第五次会议通过的《民法总则》第五十七条和第八十八条的规定，大学是事业单位法人，具有民事权利能力和民事行为能力，并依法独立享有民事权利和承担民事义务。但是自新中国成立以来"政府对大学集中统一管理的模式没有发生实质性改革，行政职能泛化、行政级别分明，大学的学术品行依旧得不到显现"[②]，而《高等教育法》《教育法》等有关法律规定并没有明确界定政府和大学的权力边界，从而使得二者之间的关系模糊，导致的直接结果是大学的办学自主权受到挤压、僭越，大学无法找到明确的法律依据来实现自身作为一个独立法人应具有的民事权利能力和民事行为能力。虽然大学章程的制定、核准与实施等一系列章程建设活动给了大学一线希望，但是由于大学章程法律效力的确认问题没有得到有效解决，希望仍然变得异常渺茫。

也正是因为法律效力的缺失，大学章程所明确的有关政府管理权和学校办学自主权二者的权力边界与权限范围不能得到切实的恪守与保障。正如我们所见现行高等教育管理体制仍然在继续逾越政校权力的边界，依据章程，既不能将此行为界定为违法行为，也不能提起行政诉讼。

因此，没有法律效力的大学章程何以保障大学自治？依凭没有法律效力的大学章程来谈"大学治理"现代化也无异于空谈。

[①] 湛中乐，徐靖. 通过章程的现代大学治理 [J]. 法制与社会发展，2010 (3)：106-124.

[②] 俞俏燕. 我国大学章程生效机制的问题探析：基于章程效力本源的理想 [J]. 国家教育行政学院学报，2015 (11)：66-71.

2. 正当程序缺位

我国大学章程制定的集中期是在 2014—2015 年。2014 年 7 月，国家教育体制改革领导小组办公室印发的《关于进一步落实和扩大高等学校办学自主权　完善高等学校内部治理结构的意见》规定，所有高校应于 2015 年前完成章程制定。这意味着留给高校制定章程的时间不足一年半的时间。一个事关大学治理的重要行动，却只给一年半的时间完成，这对于大学章程制定来说显得非常仓促。由于时间紧、任务重，很多大学"没精力对办学理念、办学经验等进行提炼和升华，照着上位法抄一下算了"①的想法比较普遍。

大学章程获得合法性的重要基础是在制定过程中对正当程序的遵守。大学章程作为大学治理的根本法，向来都是多方权力主体的契约或者是大学举办者对大学办学的行政许可，因此多方权力主体的共同协商和达成一致是大学章程制定过程中的一个必经程序，而且这个程序必须是正当的、合法的。这恰恰是协商民主理论的核心思想，"协商民主强调的是公民及其代表需要对其决策的正当性进行证明"②，其不仅关注结果的合法性，而且更关注过程的合法性。过程的合法性即正当程序。从根本上说，"协商性是大学章程的本质属性之一，大学章程是一种协商性的存在。只有以协商民主理念为指导，通过协商的程序进行集体决策，大学章程才能真实有效，才能发挥其治理功能"③。

虽然《高等学校章程制定暂行办法》第十九条明确规定，"起草章程，涉及到与举办者权利关系的内容，高等学校应当与举办者、主管教育行政部门及其他相关部门充分沟通、协商"，然而，我国大学章程的整个制定过程仅由大学一方来承担，而作为举办者的政府并未介入实际的章程制定活动，对大学直接负有管理责任的教育行政部门也仅仅是通过颁布有关法律法规、政策文件等来推动、指导、引导大学章程制定工作；社会在此过程中更多的是作为大学章程制定的旁观者，对于市属大学而言对其享有直接管理权限的市政府、市教育局等在章程制定程序中也没有预留必要的参与环节；大学教师和学生也只是有限地参与大学章程的制定，主要方式无外乎是在征求意见建议环节中提出一些意见建议。我们看到的上述诸种"参与"形式并不属于

---

① 陶光胜，付卫东. 我国大学章程执行"肠梗阻"的病理解剖：基于 64 所高校的数据分析 [J]. 理论月刊，2017（10）：70 - 74.

② GUTMAN A, THOMPSON D. Why Deliberate Democracy [M]. Princeton：Princeton University Press, 2004：3.

③ 董柏林. 协商民主视阈中的大学章程合法性建构：基于大学章程制定与实施的理性反思 [J]. 高教探索，2017（4）：22 - 28.

共同协商。

《高等学校章程制定暂行办法》专门用一章规定章程制定程序，共有7条，主要包括章程起草组织；研究、分析学校的特色与需求，总结实践经验；校内公开听取意见；与举办者、主管教育行政部门及其他相关部门沟通、协调；提交教职工代表大会讨论；校长办公会议讨论通过；学校党委会讨论审定等；不可谓不周全。但在实践中，我国大学章程制定的程序主要演变为三个环节：一是主管教育行政部门制定相关法律法规、政策文件推动大学章程制定工作的启动；二是大学负责企划、校内审议和表决通过大学章程；三是主管教育行政部门核准（有要求备案的还需要备案）、公布大学章程。这直接导致了本应作为可以约束大学举办者、办学者和管理者，可以使包括师生在内的利益相关者权益得到保障的大学章程，由于"共同协商"的缺失而沦为一部大学内部管理规定。

此外，《高等学校章程制定暂行办法》第二十五条规定，"核准机关应当指定专门机构依照本办法的要求，对章程核准稿的合法性、适当性、规范性以及制定程序，进行初步审查"，但是第二十六条所规定的要求学校修改后重新申请核准的情形并不包括违反章程制定程序的情形，这就使得学校在进行章程制定时难免对程序有所忽视，加上中国在法治建设中本身就缺乏正当程序的传统，这同样反映在大学章程的制定过程中。

3. 可操作性不强

一部法律若要得到切实的执行，那么它首先应具有可操作性。何以具有可操作性？从法律制定的角度而言，它的条文内容表述应明确、详尽。由此，从形式上看，它的条文数应达到一定的量，或者说应达到一定的字数，并因法律不同而有差异，并无固定标准。法律的条文数或字数的多少似乎也成为中西方法律文本不同的比较显著的方面，我国法律文本整体来看都比较精练，部门法律文本仅仅是一个薄薄的小册子，而西方国家的法律文本相对于我国的而言就犹如一本"巨作"。在翻阅国外大学章程时也有此种感受，"有学者通过对美国大学章程文本的研究发现，美国大学章程的篇幅普遍比我国长，详尽程度也更高。以耶鲁大学、密西根大学、康奈尔大学为例，三所大学章程平均的页数为43页，平均条款为94条，平均字数（英文）为17 827字。而相比之下，我国这6所大学（即中国人民大学、东南大学、东华大学、上海外国语大学、武汉理工大学、华中师范大学，笔者注）章程平均页数为16页，条款平均不超过90条，字数（中文）最多的也只有14 000

多字"①。

当然字数或页数多少仅具有一定的参考意义,大学章程是否具有可操作性主要还是由其内容来体现。纵观我国大学章程在内容表述上存在的问题,国内有很多学者对此做了相当多的研究。归纳起来,我国大学章程很多条款规定存在的问题主要有言语空洞、大而化之,概念笼统、表述模糊,含义不清、语义伸缩幅度大,权义不明、责任不清,章程文本中大量使用诸如"按照相关规定""其他情形""特殊情况"等弹性条款或口袋条款,导致相关表述模棱两可、指向不明,这导致我国大学章程的可操作性不强,特别是"缺乏后果模式"的表述"不仅使得大学章程的义务性条款和禁止性条款形同虚设,而且使大学章程在面对诸多争议时形同废纸"。② 可以说,我国大学章程从办学宗旨、办学定位、办学使命到大学治理结构,从师生的民主管理和民主监督权利到师生权益救济,从学术权力到社会参与治理,等等,都是非常模糊的规定,缺少必要的细节性、规则性和程序性的规定,很多规定似有似无、无章可循,实施难度较大。更有学者通过对64所高校章程文本的分析,发现"28.1%的章程存在要件缺失的现象。有些章程文本没有载明章程修改的启动、审议的具体程序及其基本规则,没有明确党委与行政的议事决策制度,没有载明教师、学生权益的救济渠道,没有对可能产生的利益冲突的问题进行救济性措施的预设性规定等"③。

影响我国大学章程实施效果的另一深层原因则是很多条款的规定缺乏程序性意识和程序性规则。现代行政法治实现的途径乃是以"程序"为核心的,"是以行政程序抗辩权规制行政权滥用的法治"④。没有对程序性规定予以重视是我国大学章程文本中存在的一个较为普遍的问题。大学章程中有关治理机构、教师、学生的权利主要是依赖程序性规定的保障来实现的,但是在现有大学章程中程序性规定或者是不细致或者是缺失的,如有关学术委员会的规定,大多只明确学术委员会的地位和职权,至于学术委员会成员的构成范围及名额在现有院、系的分配,运行规则,在学术委员会之下还设有哪些分委员会,这些分委员会的成员构成、职权、运行规则等,并无更多太具

---

① 符琼霖. 对教育部首批核准的六所大学章程分析与建议 [J]. 高校教育管理, 2015, 9 (1): 45-50.

② 陈立鹏, 等. 大学章程研究: 理论与实践的探索 [M]. 北京: 北京师范大学出版社, 2012: 188.

③ 陶光胜, 付卫东. 我国大学章程执行"肠梗阻"的病理解剖: 基于64所高校的数据分析 [J]. 理论月刊, 2017 (10): 70-74.

④ 陈名利, 焦志勇. 大学章程建设已进入法治的"监理"阶段 [J]. 北京教育 (高教), 2015 (10): 48-49.

体的程序性规定，章程实施后相关配套制度又没有及时建立健全，这样如何保证学术委员会职能的行使和其作用的发挥呢？在现代大学治理中，无程序则无治理；对于教师和学生而言，无程序则无权利。西方大学章程文本无论是在页数还是字数上整体上都比我国大学章程多的一个最主要原因就是前者有很多明确、细致、详尽的程序性规定，依此对大学治理中所涉及的主要治理机构、治理主体、利益相关者的权益进行程序性的规范与保障。

大学章程的生命力在于执行，但由于条文规定简约化、模糊化，法律要素等缺失所导致的可操作性不强，大学章程又谈何执行呢？

二、治理权限"理还乱"的党委与校长

党委和校长的关系是我国高校领导体制的核心问题。新中国成立以来，我国高校领导体制经历了七次调整，分别是校长负责制、党委领导下的校务委员会负责制、党委领导下的以校长为首的校务委员会负责制、党的一元化领导、党委领导下的校长分工负责制、试行校长负责制和党委领导下的校长负责制。[①] 每一次调整都深深影响大学内部治理结构的变化。1990 年，中共中央在召开第一次全国高校党建会议后下发的《关于加强高等学校党的建设的通知》（中发〔1990〕12 号）首次明确规定高等学校实行党委领导下的校长负责制。1996 年，中共中央颁发了《中国共产党普通高等学校基层组织工作条例》，这是党的历史上第一个关于高校党建工作的党内规定，其中明确规定高等学校实行党委领导下的校长负责制。1999 年开始施行的《高等教育法》以法律形式确立了党委领导下的校长负责制这一高校领导体制。2016 年 12 月 7 日，全国高校思想政治工作会议召开，习近平总书记在讲话中再次重申"高校党委对学校工作实行全面领导，承担管党治党、办学治校主体责任，把方向、管大局、作决策、保落实"。2017 年 2 月，中共中央、国务院印发《关于加强和改进新形势下高校思想政治工作的意见》，明确提出要坚持党对高校的领导，牢牢掌握党对高校的领导；坚持和完善普通高校党委领导下的校长负责制，高校党委对本校工作实行全面领导，履行管党治党、办学治校的主体责任，切实发挥领导核心作用。

（一）大学党委与校长关系的理想状态

大学党委和校长是大学治理架构中两个非常重要的主体，正确划分二者

---

① 杨波，祝湘陵. 党委领导下的校长负责制制度沿革、内涵界定与实践创新探究[J]. 教育教学论坛，2013（9）：166–168.

之间的责任与权力，消除二者之间职能的交叉、重叠与冲突，对于推动大学治理能力、水平与效率的提高至关重要。关于二者关系的规定，主要有法律和党内规定两个层面。

从法律层面对大学党委和校长关系进行明确界定的是《高等教育法》，虽然2015年该法被修订，但有关大学党委和校长关系的规定并未发生变化。根据现行《高等教育法》第三十九条的规定，国家举办的高等学校实行中国共产党高等学校基层委员会领导下的校长负责制，中国共产党高等学校基层委员会按照《中国共产党章程》和有关规定，统一领导学校工作，支持校长独立负责地行使职权；根据第四十一条的规定，大学校长全面负责本学校的教学、科学研究和其他行政管理工作，行使下列职权：（一）拟订发展规划，制定具体规章制度和年度工作计划并组织实施；（二）组织教学活动、科学研究和思想品德教育；（三）拟订内部组织机构的设置方案，推荐副校长人选，任免内部组织机构的负责人；（四）聘任与解聘教师以及内部其他工作人员，对学生进行学籍管理并实施奖励或者处分；（五）拟订和执行年度经费预算方案，保护和管理校产，维护学校的合法权益；（六）章程规定的其他职权。高等学校的校长主持校长办公会议或者校务会议，处理前款规定的有关事项。

从党内规章制度层面对大学党委和校长关系进行明确界定的是2014年10月中共中央办公厅印发的《关于校长负责制的实施意见》，这是新形势下加强和改进党对高校的领导、完善高校内部治理结构、促进高校科学发展的重要文件。《关于校长负责制的实施意见》明确肯定了党的十三届四中全会以后高等学校实行的党委领导下的校长负责制符合我国国情和高等教育发展规律，必须毫不动摇、长期坚持、不断完善，根据《关于校长负责制的实施意见》，首先，党委作为学校的领导核心，负责统一领导学校工作，包括履行党章等规定的各项职责，把握学校发展方向，决定学校重大问题，监督重大决议执行，支持校长依法独立负责地行使职权，保证以人才培养为中心的各项任务完成。《关于校长负责制的实施意见》从三个方面规定了党委如何发挥领导核心作用。一是在《普通高等学校基层组织工作条例》规定的党委职责基础上，明确党委要管方向、管全局（包括学校改革发展稳定、教学、科研、行政管理、思想政治工作和德育工作、大学文化建设、纪律检查工作、群众组织和教职工代表大会、统一战线工作等）、管人才、管党等，并将其具体概括为10项工作任务，明确了党委领导的内容和途径。二是强调高校党委实行集体领导与个人分工负责相结合，坚持民主集中制原则，集体讨论决定学校重大问题和重要事项，领导班子成员按照分工履行职责。三是明确党委书记的主要职责，即党委书记主持党委全面工作，负责组织党委重要活动,协调党委领导班子成员工作,督促检查党委决议贯彻落实,主动协调党委与校长之间的工作关系,支持校长开展工作。其次,校长作为学校的法定代表人,主持学校行政工作。具体来说是在学校党委领导下,贯彻党的教育方针,组织实施学校党委有关决议,行使《高等教育法》规定的各项职权,全面负责教学、科研、行政管理工作。《关于校长负责制的实施意见》对校长负责的主要内容和形式从10个方面进行了归纳和界定,主要包括组织拟定和实施学校发展规划、基本管理制度、重要行政规章制度、学校内部组织机构的设置方案(包括按照国家法律和干部选拔任用工作有关规定,推荐副校长人选,任免内部组织机构的负责人)、人才发展规划、学校重大基本建设方案、年度经费预算方案等。最后,明确党委议事决策规则。如规定学校党的委员会全体会议必须有2/3以上委员到会方能召开,表决事项时,以超过应到会委员人数的半数同意为通过;常务委员会会议必须有半数以上常委到会方能召开,讨论决定干部任免等重要事项时,应有2/3以上常委到会方能召开,不是党委常委的行政领导班子成员可列席会议;不设常务委员会的党委,其会议制度和议事规则参照常委会会议有关规定执行等。但是对于党委会讨论事项与决策范围、决策程序等则规定得还不够明确。

根据《高等教育法》和《关于校长负责制的实施意见》的规定,大学党委与校长之间的职权具体划分见表3-1。

表3-1 大学党委与校长的职权划分

职权类别	序号	党委的主要职权	校长的主要职权
总体职权	1	按照《中国共产党章程》和有关规定,统一领导学校工作,支持校长独立负责地行使职权,其领导职责主要是:执行中国共产党的路线、方针、政策,坚持社会主义办学方向,领导学校的思想政治工作和德育工作,讨论决定学校内部组织机构的设置和内部组织机构负责人的人选,讨论决定学校的改革、发展和基本管理制度等重大事项,保证以培养人才为中心的各项任务完成	是学校的法定代表人,在学校党委的领导下,贯彻党的教育方针,组织实施学校党委有关决议,行使《高等教育法》等规定的各种职权,全面负责本学校的教学、科学研究和其他行政管理工作

续上表

职权类别	序号	党委的主要职权	校长的主要职权
具体职权	1	全面贯彻执行党的路线、方针、政策，贯彻执行党的教育方针，坚持社会主义办学方向，坚持立德树人，依法治校，依靠全校师生员工推动学校科学发展，培养德智体美全面发展的中国特色社会主义事业合格建设者和可靠接班人	组织拟订和实施学校发展规划、基本管理制度、重要行政规章制度、重大教学科研改革措施、重要办学资源配置方案；组织制定和实施具体规章制度和年度工作计划
	2	讨论决定事关学校改革发展稳定及教学、科研、行政管理中的重大事项和基本管理制度	组织开展教学活动和科学研究，创新人才培养机制，提高人才培养质量，推进文化传承创新，服务国家和地方经济社会发展，把学校办出特色，争创一流
	3	加强大学文化建设，发挥文化育人作用，培育良好校风、学风、教风	组织开展思想品德教育，负责学生学籍管理并实施奖励或者处分，开展招生和就业工作
	4	领导学校思想政治工作和德育工作，坚持用中国特色社会主义理论体系武装师生员工头脑，培育和践行社会主义核心价值观，牢牢掌握学校意识形态工作的领导权、管理权、话语权；维护学校安全稳定，促进和谐校园建设	组织拟订和实施学校重大基本建设、年度经费预算方案；加强财务管理和审计监督，管理和保护学校资产，维护学校的合法权益
	5	坚持党管干部原则，按照干部管理权限负责干部的选拔、教育、培养、考核和监督，讨论决定学校内部组织机构的设置及其负责人的人选，依照有关程序推荐校级领导干部和后备干部人选；做好老干部工作	组织开展学校对外交流与合作，依法代表学校与各级政府、社会各界和境外机构等签署合作协议，接受社会捐赠
	6	坚持党管人才原则，讨论决定学校人才工作规划和重大人才政策，创新人才工作体制机制，优化人才成长环境，统筹推进学校各类人才队伍建设	组织拟订和实施学校内部组织机构的设置方案

续上表

职权类别	序号	党委的主要职权	校长的主要职权
具体职权	7	加强对学校院（系）等基层党组织的领导，做好发展党员和党员教育、管理、服务工作，发展党内基层民主，充分发挥基层党组织的战斗堡垒作用和党员的先锋模范作用；加强学校党委自身建设	按照国家法律和干部选拔任用工作有关规定，推荐副校长人选，任免内部组织机构的负责人
	8	领导学校党的纪律检查工作，落实党风廉政建设主体责任，推进惩治和预防腐败体系建设	组织拟订和实施学校人才发展规划、重要人才政策和重大人才工程计划
	9	领导学校工会、共青团、学生会等群众组织和教职工代表大会；做好统一战线工作	负责教师队伍建设，依据有关规定聘任与解聘教师以及内部其他工作人员
	10	讨论决定其他事关师生员工切身利益的重要事项	向党委报告重大决议执行情况，向教职工代表大会报告工作，组织处理教职工代表大会、学生代表大会、工会会员代表大会和团员代表大会有关行政工作的提案；支持学校各级党组织、民主党派基层组织、群众组织和学术组织开展工作
	11	——	做好学校安全稳定和后勤保障工作
	12	——	履行法律法规和学校章程规定的其他职权

由上可知，无论是《高等教育法》还是《关于校长负责制的实施意见》都旨在划分大学党委和校长之间的权力边界，并使二者关系达到和谐状态。因此，在理想状态下，大学党委和校长之间的权力边界是清晰的，没有重

叠、交叉与冲突。从使命角度看，大学党委和校长二者有着显著的不同：大学党委对学校的发展拥有绝对的领导决策权，统一领导学校工作；校长对学校的发展拥有业务执行权，是学校的法定代表人，实现党委领导下的校长负责制的制度目标。从具体职权角度看，基于使命的不同，二者的具体职能在应然角度上也不同，因此《高等教育法》和《关于校长负责制的实施意见》对二者的具体职能进行了不同的规定，并尽可能在最大范围内避免交叉、重叠和边界不清，以明确职权界分。

（二）党委领导下的校长负责制在实践中的困惑

自党委领导下的校长负责制实施以来，各高校根据自身实际情况对其进行了多种探索和实践，为我国高校整体上的改革发展与稳定奠定了良好基础，并发挥了重要作用。然而，党委领导下的校长负责制在实践过程中并非一帆风顺，也产生了很多问题，如实践中高校内部多头领导，党委书记和校长互相"扯皮"、争权等现象时有发生，甚至出现影响学校正常发展的情形，这些都制约了大学治理能力、水平和效率的提升。《关于校长负责制的实施意见》正是基于党委领导下的校长负责制在实践过程中出现的诸种问题而应势制定的，但是能否从根本上解决实践中产生的诸种问题和困惑，仍有待实践予以证明。《关于校长负责制的实施意见》有关党委领导下的校长负责制的有关规定，从文本到实施过程中主要存在两大方面的困惑。一是该意见有关规定在实践中如何贯彻执行的问题。在该意见中，党委领导下的校长负责制实施的具体意见或建议，是根据《中国共产党章程》《高等教育法》《中国共产党普通高等学校基层组织工作条例》等有关规定并结合我国当前高等学校的实际而提出的，因此在表述上较少使用"必须""应"等强制性用语，有的在"应"前或在有关表述前加上"一般"一词予以限定，如"常委会一般设委员7至11人，学校行政领导班子成员是党员的，一般应进入常委会"，校长办公会议或校务会议"成员一般为学校行政领导班子成员"等，这就使得诸如此类规定在实践中有可能得不到全面的遵守和执行。此外，《关于校长负责制的实施意见》还较多地使用了"要"字，如"党委书记和校长要树立政治意识、大局意识，相互信任，加强团结"，"领导班子成员要相互理解、相互支持，对职责分工交叉的工作，要注意协调配合"等，显然"要"字比"应"字在表述上语气要弱些。上述所列都有可能得不到大学的全面或有效的执行。二是《关于校长负责制的实施意见》文本本身存在的模糊、交叉和逻辑不合理等问题，也都可能使该意见得不到切实贯彻。这两大方面的困惑可具体归结为如下几个方面。

1. 大学党委和校长职权界限不清下互相配合、互相支持的有效性

虽然关于大学党委和校长二者的使命似乎有明晰的界定，但二者具体关系的落实仍然需要通过具体职权来体现。根据《高等教育法》和《关于校长负责制的实施意见》，大学党委和校长承担着不同的职权，但是二者的职权仍有不同程度的交叉、重叠，如在有关大学党委"讨论决定事关学校改革发展稳定及教学、科研、行政管理中的重大事项和基本管理制度"职权的规定与有关大学校长"组织拟订和实施学校发展规划、基本管理制度、重要行政规章制度、重大教学科研改革措施、重要办学资源配置方案""组织拟订和实施学校重大基本建设、年度经费预算方案""组织拟订和实施学校内部组织机构的设置方案"等职权的规定中，由于"事关学校改革发展稳定""教学、科研、行政管理中的重大事项和基本管理制度"这些表述的概念或内涵具有一定的模糊性，而就学校具体管理和制度中何谓"基本""重要""重大"，在实践中也有不同的解读，那么上述有关大学党委和校长职权的规定就不可避免地存在边界不清的问题。同时，也意味着校长拟订的学校发展规划、基本管理制度等要提交大学党委讨论决定，而提交大学党委讨论决定的范围并未因此而明确。再如，有关大学党委"坚持党管人才原则，讨论决定学校人才工作规划和重大人才政策，创新人才工作体制机制，优化人才成长环境，统筹推进学校各类人才队伍建设"和有关大学校长"组织拟订和实施学校人才发展规划、重要人才政策和重大人才工程计划"等规定也仍然存在类似的问题。如此的职权界定，由于用语表述模糊、概念不清，使得有关大学党委和校长职权规定在实施过程中难免会运行不畅。

关于这一点，《关于校长负责制的实施意见》对党委领导下的校长负责制的协调运行机制的完善提出了若干意见，明确"党委领导下的校长负责制是一个不可分割的有机整体，必须坚持党委的领导核心地位，保证校长依法行使职权，建立健全党委统一领导、党政分工合作、协调运行的工作机制"的总体要求，并建议"党委书记和校长要树立政治意识、大局意识，相互信任，加强团结"，"学校领导班子应经常沟通情况、协调工作……领导班子成员要相互理解、相互支持，对职责分工交叉的工作，要注意协调配合"，"坚持领导干部双重组织生活制度，提高组织生活质量"等。可见，《关于校长负责制的实施意见》对解决大学党委和校长之间职能分工模糊、职能交叉等问题的处理仅仅是要求在坚持党委的领导核心地位与保证校长依法行使职权的基础上依靠双方的政治意识、大局意识、相互理解与支持等，这种非实质性制度化的安排有可能造成实践中的因校而异、因人而异，并更多地依赖于人的主观能动性。《中华人民共和国刑事诉讼法》将"分工负责，互相配合，互相制约"确立为基本原则，但在刑事诉讼实践中该原则存在刑事诉讼法律条文相关规定上的自相矛盾和难以落实，对此有学者著文反思该原则的合理性与可行性，指出公检法三机关之间的"'分工负责'和'互相制约'经常被其'互相配合'所代替"①。那么，同样也强调分工合作、互相理解、互相支持的党委领导下的校长负责制，在运行中是否也会如此呢？从《关于校长负责制的实施意见》的规定来看，特别强调大学党委和校长之间的互相配合，但互相配合如不到位，就会出现领导班子不和、工作"扯皮"、办学水平下滑等问题，大学治理就可能出现低效率的问题。在实践中，的确也出现很多大学党委书记和校长不合导致工作不能互相配合，进而影响学校整体和全局性发展的例子。

此外，党委领导下的校长负责制，从语法角度讲，"党委领导"是"校长负责制"的定语，表明大学管理体制的重心是校长负责制；"党委领导"则体现了大学管理体制的本质，是大学管理体制的核心。从法理角度看，党委领导是上位，校长负责是下位，二者之间具有上下位的关系。在实践中，党委领导下的校长负责制本身所衍生的诸多问题，表面上看是大学党委与校长之间的关系问题，实则是大学党委书记与校长之间的关系问题。从行政级别上看，大学党委书记与校长的行政级别是相同的，但是从职权行使上看，大学党委书记与校长则是属于领导和被领导的关系。在领导与被领导关系之下，一方面"互相配合、互相理解、互相支持"有可能为"服从"所替代，另一方面党委领导下的校长负责制可能会运行不顺畅。

2. 大学党委及其常务委员会委员构成整体上的遵守与个别的依实而行

《关于校长负责制的实施意见》规定，"经上级党组织批准，规模较大、党员人数较多的高等学校党的委员会可设立常务委员会（以下简称'常委会'）。设常委会的党委一般设委员15至31人，委员中除校级领导干部外，还应有院（系）、党政工作部门负责人及师生员工代表；常委会一般设7至11人，学校行政领导班子成员是党员的，一般应进入常委会。不设常委会的党委，一般设委员7至11人，委员中除校级领导干部外，还可有院（系）和党政工作部门负责人代表"，"常委会主持党委经常工作，……常委会会议由党委书记召集并主持"，"不设常委会的党委，其会议制度和议事规则参照常委会会议有关规定执行"等。由以上条文可知，无论是常委会还是不设常委会的党委，基本的会议制度和议事规则等并无太大差异，从参与议事的主体来看，常委会和不设常委会的党委均有校级领导，且所有身为党员的学校

---

① 陈瑞华. 刑事诉讼的前沿问题［M］. 北京：中国人民大学出版社，2000：232.

行政领导班子成员一般均应进入常委会。

在此，以北京大学、清华大学、上海交通大学、复旦大学、浙江大学、南京大学、吉林大学等7所大学的学校党委常委会为例来了解其基本构成情况。相关信息主要来自7所学校官方网站有关学校现行领导的主页，其中清华大学的相关信息是从其2017年7月举行的第十四届党委第一次全体会议的新闻报道中获取的。对上述所获信息进行统计后发现：①7所学校常委会委员人数多数为10~13人，吉林大学和清华大学的常委会委员人数超过了《关于校长负责制的实施意见》规定的上限11人，复旦大学的常委会委员人数则最少，仅为6人，少于《关于校长负责制的实施意见》规定的下限7人。②整体上，在7所学校行政领导班子成员中，除了复旦大学只有1人进入常委会外，其他6所学校党员身份的学校行政领导多数都进入常委会，其中上海交通大学、浙江大学、清华大学、吉林大学4所学校党员身份的校级行政领导均进入常委会，北京大学和南京大学2所学校各有1名党员身份的校级行政领导没有进入常委会。由此来看，7所学校只有上海交通大学、浙江大学、清华大学、吉林大学4所学校按照《关于校长负责制的实施意见》中有关"学校行政领导班子成员是党员的，一般应进入常委会"的规定，保证了身为党员的校级行政领导均能进入常委会。③学校行政领导班子成员进入常委会的比例，除了复旦大学为20%外，其他6所学校均在70%以上，其中吉林大学为100%。这就意味着学校行政领导班子成员中多数都是常委会委员。④从常委会委员中校级行政领导的占比来看，复旦大学最低，仅为16.67%；其他6所学校均在45%以上，其中5所学校均达到50%以上。由此可见，学校常委会委员中学校行政领导班子成员一般占有较高的比例，表现出常委会委员与学校行政领导班子成员之间具有高度的重叠性，很多委员或学校行政领导班子成员身兼双重身份。

通过对上述7所学校常委会基本构成情况的分析来看，7所学校在整体上均能够遵照《关于校长负责制的实施意见》的有关规定来组建常委会，但是个别学校在常委会委员人数、学校行政领导班子成员进常委会的安排上与《关于校长负责制的实施意见》的规定略有不同，或许是因为这些学校是依自身实际情况而为之。

3. 党委与行政议事决策制度不健全，无法形成有效的权力制衡机制

根据《关于校长负责制的实施意见》的规定，常委会或不设常委会的党委（以下统称为"党委常委会"）和校长办公会议或校务会议（以下统称为"校长办公会议"）是大学两个重要的决策机构，这两个决策机构的议事决策制度主要包括如下几个方面的内容。

一是有关议事决策事项范围。党委常委会主要对学校改革发展稳定和教学、科研、行政管理及党的建设等方面的重要事项做出决定，按照干部管理权限和有关程序推荐、提名、决定任免干部；校长办公会议主要研究和提出拟由党委讨论决定的重要事项方案，具体部署落实党委决议的有关措施，研究处理教学、科研、行政管理工作。上述议题均由学校领导班子成员提出。从议事决策事项范围来看，党委常委会和校长办公会议有交叉，如何协调和统筹安排，具体由各学校根据实际情况来把握，这里可能存在校长办公会议研究处理决定的事项要提交党委常委会决定的情况。重要事项之"重要"缺乏明确的界定，实践中可能会导致校长办公会议为避免错误决策所带来的责任和风险，将需要议事决策的事项都提交党委常委会讨论决定。因此，有关议事决策事项范围实质上并不具有确定性。

二是有关议事决策主体范围。正如前所述，党委常委会委员中有相当高的比例为学校行政领导班子成员，而这些行政领导班子成员也是校长办公会议的参加人员，这就意味着这部分行政领导班子成员具有双重身份，他们同时参与常委会和校长办公会议。在上述 7 所学校党委常委会委员中校级行政领导所占比例多数在 50% 以上，党委常委会议事表决时，以超过应到会委员人数的半数同意为通过。如果学校行政领导班子是一个和谐团结的班子，对学校发展来说一方面具有一定的积极意义，另一方面也可能在有关事项决策上，即使是提交到党委常委会讨论决定，具有双重身份的学校行政领导班子成员在常委会表决时有可能产生一致行动，特别是当党委常委会委员中校级行政领导人数占比在半数以上或达到应到会委员人数的半数以上时。显然，目前的议事决策程序设计并未充分考虑到这一点。此外，在议事主体范围上，党委常委会和校长办公会议的高度重叠有可能使得某些事项的决策流于程序化。

三是有关议事决策程序。《关于校长负责制的实施意见》仅笼统规定党委会和校长办公会议坚持科学决策、民主决策、依法决策，防止个人或少数人专断和议而不决、决而不行等，但对于具体决策正当程序则没有更为细致和明确的规定，仅模糊规定党委常委会表决事项时以超过应到会党委常委委员人数的半数同意为通过，校长办公会议议题表决则由校长在广泛听取与会人员意见基础上做出决定。比如，对于党委常委会表决以超过应到会委员人数的半数同意为通过准则，那么超过半数的判断方式是举手表决还是投票表决，投票表决是无记名投票还是记名投票等，都直接关系到决策程序的正当性，但正当程序并不仅限于此。缺乏正当程序的议事决策程序，使得在实践中党委书记的意见显得非常重要，特别是在采取诸如举手表决或记名投票方式时，党委书记的意见建议很可能就成为最后表决的意见。此外，在实践中，学校党委与校长关系的处理主要依据学校制定的党委常委会议事规则、书记办公会议事规则、党政联席会议事规则等制度进行调整，但是这些规则或制度大都比较笼统，一般都会留下较多的想象空间与弹性操作空间。据对全国40所教育部直属高校的党委常委会和校长办公会议议事决策制度的调查，许多高校议事范围的规定较为粗放，一般是照搬照抄相关的法律法规条款，职责的规定也是分割的，没有体现党委常委会和校长办公会议两者职责的内在联系，① 这也是我们不能忽略的事实。

三、力量仍不充足的学术委员会

学术委员会是大学学术权力的重要代表，也是学校内部重要的决策机构。一直以来，学术委员会建设在我国大学治理中处于缺失或严重不足的境地，并未受到大学管理者的充分重视。2014年教育部《学术委员会规程》的出台，极大地促进了我国高等学校学术委员会的普遍建立、健全与完善。《学术委员会规程》首次以法律的形式明确了学术委员会作为高校校内最高学术机构的法律地位，进而使高校的学术权力得到了法律的明确认可。因此，有学者感叹："《规程》的施行会在高等学校学术自主和自治方面出现某种新迹象。"② 那么，自《学术委员会规程》实施以来，大学学术委员会建设现状如何？在此，以在国内各类大学排行榜中排名处于前列的10所大学（分别是北京大学、清华大学、上海交通大学、复旦大学、武汉大学、浙江大学、中国人民大学、南京大学、吉林大学、中山大学）③ 的学术委员会为对象进行考察，发现存在如下四个方面的问题。

（一）职能定位模糊

对于一个治理机构的职能定位，主要可从两方面进行考察：一是该机构是一个什么样的机构，即在学校的治理地位是怎样的；二是该机构的职能权限包括哪些，即在学校治理架构中所享有的治理权限是怎样的。因此，对于这10所大学的学术委员会的职能定位也主要从这两方面进行考察（见表3-2）。

---

① 严蔚刚，王金龙. 完善我国高校党委与行政议事决策制度的探讨［J］. 中国高教研究，2015（2）：20-24，33.

② 劳凯声. 创新治理机制、尊重学术自由与高等学校改革［J］. 教育研究，2015（10）：10-17.

③ 数据采集源自10所学校的官方网站。

表3-2 北京大学等10所大学学术委员会职能定位情况

学校名称	法律地位	决策	审议	评定	咨询	监督
北京大学	最高学术机构	√	√	√	√	
清华大学	最高学术机构		√	√	√	
上海交通大学	最高议事机构		√	√		
复旦大学	最高学术审议机构			√		
中山大学	最高学术机构	√		√	√	
浙江大学	最高学术机构		√	√	√	√
中国人民大学	学术审议评议机构		√	评议		
南京大学	最高学术权力机构	√		√	√	
武汉大学	最高学术机构	√		√	√	
吉林大学	最高学术权力机构	√		√	√	

《学术委员会规程》第二条规定，"高等学校应当依法设立学术委员会，健全以学术委员会为核心的学术管理体系与组织架构；并以学术委员会作为校内最高学术机构，统筹行使学术事务的决策、审议、评定和咨询等职权"，本条规定的实质是从法律层面明确学术委员会的法律地位，即高校最高学术机构。从10所学校有关学术委员会法律地位的规定来看，有5所学校（北京大学、清华大学、中山大学、浙江大学、武汉大学）依照《学术委员会规程》的要求明确了学术委员会作为校内最高学术机构的法律地位；复旦大学、中国人民大学、南京大学和吉林大学则侧重强调学术委员会自身是与学术密切相关的机构，但用语上略有不同。复旦大学强调学术委员会是学校最高学术审议机构；中国人民大学强调学术委员会是学术审议评议机构，缺少"最高"二字的限定；南京大学和吉林大学强调学术委员会是学校最高学术权力机构。南京大学和吉林大学2所学校对学术委员会作为学校最高学术"权力"机构的强调，在一定程度上超越了《学术委员会规程》对学术委员会所做的"校内最高学术机构"的简单表述，前者更具有治理的意味。上海交通大学将学术委员会界定为学校最高议事机构则有点令人费解，因此该界定并未明确表达出其与学术的关系。

在有关学术委员会职能权限的表述上，10所学校中有7所完全遵照《学术委员会规程》第二条的规定，只是对学术委员会在学校治理中的法律地位的表述有所不同，其中南京大学和吉林大学的表述最具治理意味，均将学术委员会的职能权限概括为决策、审议、评定、咨询4种。其余3所学校中，复旦大学的学术委员会章程对学术委员会的职能权限并无具体的概括性的规定，但从其对学术委员会法律地位的表述中可见，复旦大学学术委员会的职能权限主要聚焦在"审议权"这一项上；浙江大学则在《学术委员会规程》所规定的4种职能权限中排除了决策权，另增加监督权；中国人民大学的规定与复旦大学的规定具有一定的类似性，其学术委员会的职能权限主要聚焦在审议权和评议权上。从整体上看，当前学术委员会在现实运行过程中仍存在如下几个主要问题。

1. 学术委员会的法律地位较为模糊

虽然《学术委员会规程》第二条明确了学术委员会是高校的最高学术机构，但是"最高"对学术机构的限定本身是不明确的。何谓最高学术机构？虽暗含最高学术"权力"机构之义，但囿于目前尚未有权威的法律解释，在实践中难免引起歧义。如中国人民大学在其学术委员会章程中干脆不提"最高"二字，同时还将学术"权力"范围仅仅限于审议和评议；再如上海交通大学则将学术委员会的法律地位界定为最高"议事"机构。诸如此类表述势必将地位堪忧的学术委员会推向更加不利的境地。这是因为，"审议""评议""议事"等仅仅是学术委员会所享有的学术权力的一部分，而不能包含学术权力的全部，这种以部分替代全部的做法是对学术委员会作为大学最高学术权力机构的法律地位的弱化，无助于提升学术委员会在我国当前大学治理中的法律地位。

2. 学术委员会职能权限界定的法理性不足

《学术委员会规程》第二条规定，学术委员会的职能权限主要包括决策、审议、评定和咨询。从语意上分析，决策指决定策略或办法；审议指审查讨论；评定指经过评判或审核来决定；咨询指征求意见。决策、审议、评定三个词都有"决定"之意，在法律上难以严格区分学术委员会的决策权、审议权和评定权的界限。另外，"咨询"的本意是征求意见，《学术委员会规程》里的表述显然不是说学术委员会享有咨询权，而是在学校做出有关决策前应当通报学术委员会并听取学术委员会提出的咨询意见。《学术委员会规程》第二条的规定，意图从法律上对学术委员会的职能权限进行概括与界分，但是决策、审议、评定、咨询四项职权一旦冠以"权"，即决策权、审议权、评定权和咨询权后，其权力内涵便变得不是十分明确，特别是咨询权与《学术委员会规程》第十七条的规定内容并不完全符合。如果从法律层面对学术委员会的职能权限进行界分，首先必须要对这些权力存在的法理基础进行探讨，并明晰其权力内涵，否则是不严谨的。

以上两点主要原因，使得《学术委员会规程》所规定的学术委员会的职能权限在实践中并不能够得到切实落实，甚至也无法使得学术委员会真正发挥其在学校治理特别是学术治理中的作用。虽然《学术委员会规程》将学术委员会的职能权限概括为决策、审议、评定和咨询四项，但在第三章的具体规定中并未专门提及决策权，其第十五条至第十七条分别对学术委员会审议、评定、提出咨询意见的权限范围进行了列举性的规定。

第一，关于审议权。《学术委员会规程》第十五条规定："学校下列事务决策前，应当提交学术委员会审议，或者交由学术委员会审议并直接做出决定：（一）学科、专业及教师队伍建设规划，以及科学研究、对外学术交流合作等重大学术规划；（二）自主设置或者申请设置学科专业；（三）学术机构设置方案，交叉学科、跨学科协同创新机制的建设方案、学科资源的配置方案；（四）教学科研成果、人才培养质量的评价标准及考核办法；（五）学位授予标准及细则，学历教育的培养标准、教学计划方案、招生的标准与办法；（六）学校教师职务聘任的学术标准与办法；（七）学术评价、争议处理规则，学术道德规范；（八）学术委员会专门委员会组织规程，学术分委员会章程；（九）学校认为需要提交审议的其他学术事务。"根据此条规定，学术委员会的审议权并不当然包括做出决定的权力，因为《学术委员会规程》第十五条所列举的九项内容中决策权仍主要在校方，除非学校的章程或学术委员会章程明确本条所列举的事项由学术委员会审议并直接做出决定。关于《学术委员会规程》第十五条规定的审议权，在大学的具体落实中往往也会打折扣。如2014—2015学年度第11次校务会议审议通过的《清华大学学术委员会章程》，其第四条规定学术委员会的职责是"审议学校学术发展规划和重要的学术研究计划，对学校整体战略发展规划提供咨询意见"①，其审议事项范围远远少于《学术委员会规程》第十五条的规定；《上海交通大学学术委员会章程》（沪交规〔2016〕1号）第七条第（一）项规定学术委员会的主要职责之一是"审议学校宏观学术政策和学术标准，包括学科专业建设规划及计划、校级学术单位的设置与调整、重大学术事务的规划、各类学术标准、学术奖励制度等。审议结果须提交校长办公会、党委常

---

① 清华大学学术委员会章程[EB/OL]. (2015-11-16) [2017-12-01]. http://www.tsinghua.edu.cn/publish/xswyh/9982/2015/20151116085753572997899/20151116085753572997899_.html.

委会决策"①，十分明确地规定学术委员会审议事项最终须提交校长办公会、党委常委会决策；《武汉大学学术委员会章程（修订）》（武大发字〔2015〕17号）第十七条也有类似规定，即学校有关事务决策前，"应当提交校学术委员会审议"②；《中山大学学术委员会章程》（中大发展〔2014〕12号）第十六条③基本上参照《学术委员会规程》第十五条的规定，但审议事项范围要少于《学术委员会规程》第十五条的规定；《南京大学学术委员会章程》（南字发〔2015〕54号）第三条第（一）项规定学术委员会的主要职责之一是"审议或审定学校人才培养、科学研究、学科建设、人才队伍建设工作中的重大事项以及需要提交审议的其他学术事务"④，但并未具体区分审议或审定的具体范围。从上述几所学校的学术委员会章程中有关学术委员会审议权的规定来看，实践中的审议权对审议事项仍多不具有最终的决定性意义。

第二，关于评定权。《学术委员会规程》第十六条规定："学校实施以下事项，涉及对学术水平做出评价的，应当由学术委员会或者其授权的学术组织进行评定：（一）学校教学、科学研究成果和奖励，对外推荐教学、科学研究成果奖；（二）高层次人才引进岗位人选、名誉（客座）教授聘任人选，推荐国内外重要学术组织的任职人选、人才选拔培养计划人选；（三）自主设立各类学术、科研基金、科研项目以及教学、科研奖项等；（四）需要评价学术水平的其他事项。"根据此条规定，学术委员会评定权限范围主要包括四类事项，最后一项为弹性规定，具体可由各高校根据学校自身情况来决定。从表述上来看，评定权比审议权具有更大的权力，因为至少从字面上看，学术委员会评定的事项不需要再另行提交校长办公会、党委常委会决策，但是具体到学校操作层面仍与《学术委员会规程》规定有所不同。如《清华大学学术委员会章程》第六条规定，对有关学校重要科研或学科建设项目的立项申请、中期检查和验收报告、学校自主科研项目、学校重要学术成果和科技奖励等事项，学术委员会有权决定其学术评价规则和组织相关的学术评议，此条规定强调学术委员会在有关学术评价规则制定方面的决定权而非对本条规定涉及具体事项的评定权；《吉林大学学术委员会章程》第二

---

① 上海交通大学学术委员会章程 [EB/OL]. (2016-01-27)[2017-12-01]. http://plan.sjtu.edu.cn/info/1032/1219.htm.

② 武汉大学学术委员会章程 [EB/OL]. (2015-10-26)[2017-12-02]. http://info.whu.edu.cn/info/1833/124672.htm.

③ 中山大学学术委员会章程 [EB/OL]. [2017-12-02]. http://xxgk.sysu.edu.cn/ml/ml02/352238.htm.

④ 南京大学学术委员会章程 [EB/OL]. (2017-06-20)[2017-12-02]. https://xxgk.nju.edu.cn/06/78/c164a1656/page.htm.

十条有关评定权的规定与《学术委员会规程》的规定大致相同,但是明确评定权由校学术委员会或者校学术委员会授权的学术组织行使;《南京大学学术委员会章程》《武汉大学学术委员会章程(修订)》均有与吉林大学类似的规定,《南京大学学术委员会章程》第三条规定校学术委员会的主要职责之一是"评定或授权评定学校教学与科研成果、项目、评奖以及有关人才人事岗位人选的学术水平",《武汉大学学术委员会章程(修订)》第十八条规定,所列有关事项涉及学术水平做出评价的"应当由校学术委员会或者其授权的学术组织进行评定";《浙江大学学术委员会章程》则使用了评定和评议两种不同的表述。总体来看,评定权所拥有的权限相对而言大于审议权。

第三,关于提出咨询意见权。《学术委员会规程》第十七条规定:"学校做出下列决策前,应当通报学术委员会,由学术委员会提出咨询意见:(一)制订与学术事务相关的全局性、重大发展规划和发展战略;(二)学校预算决算中教学、科研经费的安排和分配及使用;(三)教学、科研重大项目的申报及资金的分配使用;(四)开展中外合作办学、赴境外办学,对外开展重大项目合作;(五)学校认为需要听取学术委员会意见的其他事项。学术委员会对上述事项提出明确不同意见的,学校应当做出说明、重新协商研究或者暂缓执行。"根据此条规定,学术委员会的提出咨询意见权对于学校做出的有关决策具有一定的影响力和约束力,较能体现学术委员会的学术治理权。此点规定较能为多数学校的学术委员会章程所遵循和采纳,如《武汉大学学术委员会章程(修订)》第十九条规定,学校做出诸如制订与学术事务相关的全局性、重大发展规划和发展战略等决策前,应当通报校学术委员会,由校学术委员会提出咨询意见,校学术委员会对所列事项提出明确不同意见的,学校应当做出说明、重新协商研究或者暂缓执行;《吉林大学学术委员会章程》第二十一条规定,有六项事项学校在决策前应当通报学术委员会并由学术委员会提出咨询意见,但这六项事项范围与《学术委员会规程》规定的内容有些不同。

综上可见,目前对于学术委员会职能权限的界定仍过于模糊。《学术委员会规程》作为部门规章,其规定应具有法律的严谨性,特别是一些重要概念应具有确切的含义,但无论是学术委员会职能权限的概括性规定还是列举性规定,诸如审议、评定、咨询等词不仅并非是严谨的法律用语,其含义也是模糊、不确定的。由此,各高校在制定学术委员会章程时,也难以准确把握其含义,甚至在规定上并未严格参照、遵循《学术委员会规程》的规定,而是根据自身学校情况及对《学术委员会规程》的理解等,或者使用了与《学术委员会规程》同样的用语,或者使用了诸如评议等概念表述,而且其内涵仍是不确定的。造成这种局面的原因之一是《学术委员会规程》所界定的学术委员会职能权限的法理性不足，审议、评定、咨询等本身在《学术委会员规程》中所具有的法律内涵和法律效力等均是不明确的，根据相关规定内容也难以区分审议、评定、评议之间的区别，审议、评定、评议、咨询事项范围的确定依据也难以准确厘清，因此实践中有学校对学术委员会的职能权限或增或删的也不在少数，这种做法不仅表明现有法律规定的不足，而且也损害了法律应有的权威性。

（二）委员代表性不足

《学术委会员规程》第六条、第八条对学术委员会委员组成进行了原则性的规定，除了规定学术委员会人数应当与学校的学科、专业设置相匹配并为不低于15人的单数的规定外，主要是规定委员在不同利益群体中的分配，这将直接决定学术委员会委员的结构。从《学术委员会规程》的规定来看，委员的分配主要包括如下几个方面。一是委员的职称结构。一般以教授及具有正高级以上专业技术职务的人员为主，并应当有一定比例的青年教师。但青年教师的比例应为多少，《学术委员会规程》并未具体规定。二是非担任党政领导职务及院系主要负责人的委员结构。不担任党政领导职务及院系主要负责人的专任教授，不少于委员总人数的1/2；担任学校及职能部门党政领导职务的委员，不超过委员总人数的1/4。三是学校应当根据学科、专业构成情况，合理确定院系（学部）的委员名额，保证学术委员会的组成具有广泛的学科代表性和公平性。但在实践中，学术委员会成员的构成并未充分考虑到不同的利益群体，有失衡之状（见表3-3）。

表3-3 北京大学等10所大学学术委员会委员组成情况

学校名称	委员职称要求	委员人数及类型	具体构成情况	委员分配原则
北京大学	原则上应为教授	不低于15人的奇数；教授委员、学生委员、校长与校长委派的委员、依职务聘任的委员	①学生委员2人，包括本科生1人、研究生1人；②校长与校长委派的委员不超过委员总人数的15%；③不担任党政领导职务及院系主要负责人的专任教授，不少于委员总人数的50%；④依职务聘任的委员人数不超过委员总人数的25%	实行定额席位制；委员人数应当与学校的学科、专业设置相匹配

续上表

学校名称	委员职称要求	委员人数及类型	具体构成情况	委员分配原则
清华大学	教授及具有正高级专业技术职务的代表	无具体规定（第十届学术委员会委员为58人）；推选委员、直聘委员	可大致分为教授委员和直聘委员，其中直聘委员（注：为校长直接聘任的委员）不超过学术委员会委员总人数的1/10（其中直聘的职务委员最多不超过2名）。直聘委员不占各院（系、所）推选委员名额	教授人数在30人以内的院（系、所）可推选委员1人，教授人数在30人以上的，每多出20名教授可增加推选委员1人
上海交通大学	正高级技术职务人员	不少于39人；职务委员、选举委员及列席委员（有发言权，但不具有动议权和表决权）	选举委员不少于委员总数的50%；列席委员不超过学术委员会委员总数的15%	学校根据在建的一级学科数量合理确定各承担学科建设任务院（系）的选举委员候选人名额
复旦大学	无具体要求	43人左右；教师委员、列席委员	由学校教学和科研岗位上的在编教师中的代表组成（在任的校级党政领导成员不参加，但在需要时可由校学术委员会邀请列席会议）	无具体规定（委员会选举的具体操作在每一次换届前制定细则后实施）

续上表

学校名称	委员职称要求	委员人数及类型	具体构成情况	委员分配原则
中山大学	教授及其他正高级专业技术职务人员	不低于15人（含15人）且不超过25人（含25人）的单数	担任学校及职能部门党政领导职务的委员，不超过委员总人数的1/4，不担任学校及职能部门党政领导职务及实体办学院、系（医院）党政正职的专任教授，不少于委员总人数的2/3。在换届时适当考虑年龄与性别结构，应当有一定比例的青年教授	学校根据学科发展情况，按照人文、社会科学、理学、医学和工学五大领域合理确定委员名额，保证学术委员会的组成具有广泛的学科代表性和公平性
浙江大学	教授和专家代表	原则上由43名委员组成；教师委员	45周岁以下的青年学者不少于8名。担任学校党政领导、职能部门负责人及在校外担任具有行政职级领导职务的专家，一般不再担任学术委员会委员职务；担任学院（系）主要负责人的专任教师不超过委员总人数的1/4	各学部学术委员会按民主推荐方式推选4~6名学术委员会委员候选人，其中45周岁以下的优秀青年人选不少于1名；其他学术委员会委员候选人由校务会议根据工作需要直接推荐

续上表

学校名称	委员职称要求	委员人数及类型	具体构成情况	委员分配原则
中国人民大学	教授、研究员或具有其他相应职称人员	无具体规定（第十一届学术委员会人数为59人）；教师委员、校长推荐委员、职务委员	学校各教学科研单位推荐人员；校长推荐人员；学校有关领导及相关部门主要负责人，职务委员随岗位变更相应调整	各单位推荐的学校学术委员会委员候选人应是该单位学术委员会委员；校长推荐的委员候选人不超过候选人总数的1/10。学校学术委员会委员中无行政职务的教师数应不少于委员总数的1/2
南京大学	教授、具有正高级专业技术职务的代表	11～13人的单数；无具体类型规定	由两院院士代表、人文社会科学资深教授代表、具有正高级专业技术职务的学科带头人代表及青年教师代表组成	无具体规定
武汉大学	教授及具有正高级以上专业技术职务的代表	主任1人，副主任4人，委员18人；无具体类型规定	担任学校及职能部门党政领导职务的委员不超过学校学术委员会委员总人数的1/4；不担任学校及职能部门党政领导职务以及不担任学院（系）主要负责人的专任教授，不少于学校学术委员会委员总人数的1/2	无具体规定

续上表

学校名称	委员职称要求	委员人数及类型	具体构成情况	委员分配原则
吉林大学	教授	50人左右的单数；学院委员、院士委员、当然委员	担任学校及职能部门党政领导职务的学术委员会委员，不超过委员总数的1/4；不担任党政领导职务及院系主要负责人的专任教师，不少于委员总人数的1/2	实行席位制，由学院席位、院士席位和当然委员席位构成。每个具有一级学科博士学位授予权的学院一般拥有1个学院委员席位，当然委员席位委员由校长和分管教学、科研、人事工作的校领导担任

对北京大学等10所高校学术委员会委员组成情况的调查发现，主要存在如下几个问题。

1. 委员职称结构整体以教授为主

根据《学术委员会规程》的规定，学术委员会委员以教授及具有正高级以上专业技术职务的人员为主。在实践中，各高校的学术委员会基本上与《学术委员会规程》规定的保持一致，多规定委员应为或原则上应为教授或其他正高级专业技术职务，个别学校虽没有明确规定委员的职称要求，但实际上委员的职称也基本上为教授。这就使得高校学术委员会实质上是由教授群体组成的（个别学术委员会有学生委员等可忽略不计），而助教、讲师等具有初级、中级专业技术职务的教师无法进入学术委员会。导致此种结果的原因之一是《学术委员会规程》的规定具有一定的模糊性，"一般应当由……专业的教授及具有正高级以上专业技术职务的人员组成，并应当有一定比例的青年教师"中的"一般"在实践中就演变为一种常态。"一定比例的青年教师"之比例是多少？青年教师要求是教授或具有其他正高级以上专业技术职务吗？青年教师如何界定？诸如上述问题在《学术委员会规程》的规定中都是不明确的，以致在众多高校学术委员会章程中没有看到有关青年教师比例的具体规定。学术权力的享有并不以具备正高级职称为前提，英美等国家大学的学术委员会章程一般很少对学术委员会委员的职称做出要求。

2. 行政色彩仍比较浓

《学术委员会规程》第六条对有关担任或不担任学校及职能部门党政领导职务的委员所占比例做出了限制，旨在避免学术委员会委员构成上的"非学术性"和"行政化"，从表面上看这一规定比较简单明了，即："担任学校及职能部门党政领导职务的委员，不超过委员总人数的1/4；不担任党政领导职务及院系主要负责人的专任教授，不少于委员总人数的1/2。"但实际上，这一规定不仅是一个略显复杂的计算问题，而且也并未从根本上抑制学术委员会本身的行政色彩。有学者研究指出，"一些高校直接在章程中将校党委书记、副校长，甚至直接将整个学校领导班子成员直接作为学术委员会的当然委员"①。在《学术委员会规程》实施一年多后，记者于2015年调查发现，江苏不少高校，学术委员会中校领导及行政人员仍超标。②

从北京大学等10所大学的学术委员会委员具体构成情况来看，只有复旦大学、南京大学和浙江大学3所学校的学术委员会中的委员没有担任学校及职能部门党政领导职务，浙江大学较为模糊地规定"担任学校党政领导、职能部门负责人及在校外担任具有行政职级领导职务的专家，一般不再担任学术委员会委员职务"，其余7所学校的学术委员会委员中均有学校党政领导、职能部门负责人等，这种现状基本上可以代表当前我国大学学术委员会委员构成的一个主要特征。世界一流大学学术委员会的委员构成，并没有排除校长或副校长作为学术委员会委员，而且校长或副校长担任学术委员会委员时往往也由其担任学术委员会主席，我国大学学术委员会和世界一流大学学术委员会在委员构成上的区别主要在于职能部门负责人是否担任学术委员会委员。除了复旦大学、南京大学、浙江大学外，其余7所大学学术委员会的委员类型中有一类是职务委员，所谓职务委员就是身为学校职能部门负责人的委员，如《北京大学学术委员会章程》规定依职务聘任的委员人数不超过委员总人数的25%，《中国人民大学学术委员会章程》规定职务委员随岗位变更相应调整，《吉林大学学术委员会章程》把这类职务委员划归为当然委员之列；此外还有一类委员是校长推荐、聘任或委派的委员，如《北京大学学术委员会章程》规定校长与校长委派的委员不超过委员总人数的15%，《清华大学学术委员会章程》把校长直接聘任的委员称为直聘委员，校长可

---

① 湛中乐，王春蕾. 大学治理中的学术委员会制度建设：兼评《高等学校学术委员会规程》[J]. 北京大学学报（哲学社会科学版），2016，53（2）：76-82.
② 谈洁，汪波.《高等学校学术委员会规程》实施一年多 多所省属高校学术委员会领导人数仍超标 [EB/OL]. (2015-05-21) [2017-09-25]. http://www.gywb.cn/content/2015-05/21/content_3128414.htm.

直聘最多不超过2名职务委员。无论是职务委员还是校长推荐、聘任或委派的委员，实质上都是我国大学学术委员会委员组成过程中行政权力的强力渗入，这种构成本身是与学术委员会作为处理学术事务的最高（权力）机构相悖的。

3. 委员的学科代表性体现不明显

《学术委员会规程》第八条规定，学校应当根据学科、专业构成情况，合理确定院系（学部）的委员名额，保证学术委员会的组成具有广泛的学科代表性和公平性。但何谓具有广泛的学科代表性和公正性？不仅《学术委员会规程》的规定较为模糊，而且在学校具体操作层面也同样如此。从北京大学、清华大学等10所大学的学术委员会章程来看，除了复旦大学、南京大学和武汉大学对于学术委员会委员名额分配原则没有做出具体规定外，另外7所学校均有相应规定，但规定有所差别，主要可分为三种情形。一是如《学术委员会规程》般采取较为模糊的方式进行规定，如《中山大学学术委员会章程》规定"学校根据学科发展情况，按照人文、社会科学、理学、医学和工学五大领域合理确定委员名额，保证学术委员会的组成具有广泛的学科代表性和公平性"，中国人民大学仅原则性地规定各单位推荐的学校学术委员会委员候选人应是该单位学术委员会委员。二是实行席位制或定额席位制，如北京大学实行定额席位制，但对于定额席位制的具体实施规则尚未明确规定，仅在其学术委员会章程中规定"委员人数应当与学校的学科、专业设置相匹配"。与北京大学相似，吉林大学也实行席位制，共分为学院席位、院士席位和当然委员席位三种，每个具有一级学科博士学位授予权的学院一般拥有1个学院委员席位。三是按教授数、一级学科数、学部等来分配委员名额。如清华大学根据教授人数来分配委员名额，规定"教授人数在30人以内的院（系、所）可推选委员1人，教授人数在30人以上的，每多出20名教授可增加推选委员1人"；上海交通大学则根据一级学科数来确定，但仅原则性规定"根据在建的一级学科数量合理确定各承担学科建设任务院（系）的选举委员候选人名额"；浙江大学主要按学部来分配委员名额，规定"各学部学术委员会按民主推荐方式推选4~6名学术委员会委员候选人，其中45岁以下的优秀青年人选不少于1名"。

从上述有关学术委员会委员名额分配的情况来看，虽然采取席位制、定额席位制或根据教授数、一级学科数、学部等来分配学术委员会委员名额的做法，整体上是考虑了委员的学科代表性和公平性，每种分配方法并不能简单地予以优劣的评价，但是学科代表性的体现仍不足够。在学术委员会这一学术权力组织和学术治理语境下来分析学科代表性的含义，主要应把握两点：一是一所大学的学科数是多少，二是各学科的教师队伍规模情况。前者可以确定学术委员会委员的学科背景，后者可以确定具体某一学科学术委员会委员的名额。显然，上述诸种分配学术委员会委员名额的做法基本上都考虑到学校的现有学科数，但却较少考虑到某一具体学科规模的大小，特别是将委员名额分配依据二级学院（系）教授的数量确定也是欠妥的，因而对于委员学科代表性的彰显仍有不足。

（三）体系结构松散

组织架构对于学术委员会职能的发挥起着非常重要的作用。学术委员会的组织架构体系主要包括两大部分：一是校级层面的学术委员会及其下设的专门委员会的组织架构，二是学部（院、系）层面的学术委员会设置情况。《学术委员会规程》对学术委员会组织架构的规定着墨不多，其第二条原则性地规定，高等学校应当依法设立学术委员会，健全以学术委员会为核心的学术管理体系与组织架构，并以学术委员会作为校内最高学术机构，统筹行使学术事务的决策、审议、评定和咨询等职权。第十一条规定，学术委员会可以下设若干专门委员会和应当设置分委员会或委托基层学术组织承担相应职责等，即"学术委员会可以就学科建设、教师聘任、教学指导、科学研究、学术道德等事项设立若干专门委员会，具体承担相关职责和学术事务；应当根据需要，在院系（学部）设置或者按照学科领域设置学术分委员会，也可以委托基层学术组织承担相应职责。各专门委员会和学术分委员会根据法律规定、学术委员会的授权及各自章程开展工作，向学术委员会报告工作，接受学术委员会的指导和监督。学术委员会设立秘书处，处理学术委员会的日常事务；学术委员会的运行经费，应当纳入学校预算安排"。因此，在实践中，学术委员会的体系结构仍然需要各高校进行构建。由于《学术委员会规程》对于学校层面的学术委员会体系建构仅有寥寥数语的原则性规定，同时各学校在学术委员会体系建构方面经验不足，虽然一些高校在成立校学术委员会的同时也设有若干专门委员会，但从整体上看，目前高校学术委员会的体系结构仍较松散。主要表现在以下几个方面。

1. 专门委员会体系构建的逻辑性较为混乱

西方大学的学术委员会在进行制度建设时，往往会在其下设若干专门委员会以负责专门学术事务的治理。由于学术委员会涉及的学术事务是多方面的，仅靠其独自统揽全局是不现实的，甚至也不能很好地行使其权力。因此，在学术委员会下面分设若干专门委员会是必要的。在我国高校学术委员会制度建设中专门委员会体系还不健全，在现有学术委员会下设专门委员会的大学并不多，有的没有设立专门委员会，有的在校学术委员会章程中有诸如下设若干专门委员会的规定，但对具体下设哪些专门委员会及专门委员会的成员组成原则、议事范围、决策程序等都没有涉及。在所列举的这10所大学中，只有上海交通大学在学术委员会章程中对下设的专门委员会的职权范围、人员组成等进行了规定，如《上海交通大学学术委员会章程》第六条虽规定学术委员会下设若干专门委员会，负责专项学术事务的议事与决策，但仍缺少各专门委员会委员人数、委员组成范围等关系到专门委员会基本运作的规定。

再如《武汉大学学术委员会章程（修订）》，虽在第八条明确规定，"校学术委员会设立教学指导委员会和学术道德建设委员会等专门委员会。各专门委员会向校学术委员会报告工作。校学术委员会根据需要授权有关专门委员会就专项学术事项召开会议、履行相应职责"，但是并未对教学指导委员会和学术道德建设委员会的人员组成、职责范围等予以进一步明确，虽然第二十条涉及调查学术不端行为、裁决学术纠纷等有关学术道德建设的内容，但并未明确由学术道德建设委员会予以受理和开展相关调查、裁决工作。第二十一条明确规定学生培养等学术事务宜授权教学指导委员会和学位委员会承担相应职责，但是对于教学指导委员会和学位委员会的具体职能范围并无更为明确的规定。第二十二条规定，"校学术委员会可以授权专门委员会、专业委员会和院系教授委员会处理专项学术事务，履行相应职责"，从此条规定来看，专门委员会、专业委员会的职责范围主要来源于校学术委员会的授权，但具体何时授权、授权范围等都是不明确的。此外，专门（业）委员会指什么，专门（业）委员会与校学术委员会的关系是怎样的，章程也无明确规定。

从专门委员会职能行使角度看，专门委员会的主要职能是对专项学术事务行使学术权力。从目前北京大学等10所高校专门委员会体系构建情况来看，专门委员会主要分为以下三种。第一种是按学术事务类型分，如北京大学在校学术委员会下设学术道德委员会、学科建设委员会、教学指导委员会等专门委员会，上海交通大学在校学术委员会下设学位评定委员会、教学委员会、科学技术委员会、人文社会科学委员会、专业技术职务聘任委员会、学风与学术道德委员会、实验室建设委员会等。第二种是按学部的类型分，复旦大学在校学术委员会下设人文学部、社会科学与管理学部、理学部、工程技术学部、医学部5个学部（专门委员会）。武汉大学人文科学部、社会科学部、理学科学部、工学科学部、信息科学部、医学科学部6个学部并非虚拟，各个学部都下设若干个院（系）。第三种是按学科类型分，如中山大学在校学术委员会下设人文社科分委员会、理工科分委员会、医科学术分委员会，南京大学在校学术委员会下设科学技术分委员会、人文社会科学分委员会。而清华大学、中国人民大学没有在章程中对专门委员会做出规定。

从学术治理角度看，专门委员会应是处理专项学术事务的委员会，此处"专项"具有专业性的含义，因为学术事务林林总总，包括学科、教学、学术道德、实验室、学位评定、教师专业发展等，这些专项学术事务在治理效率和效益上宜交给专门委员会处理。而从学科或学部等角度来设置专门委员会，还不能完全体现学术事务的"专项"性。依据学科，在校学术委员会下设诸如人文社科、理工科和医科或科学技术和人文社会科学等专门委员会，这些专门委员会之间学术治理的差别性并不显著。依据学部在校学术委员会下设人文学部、社会科学与管理学部、理学部、工程技术学部、医学部等专门委员会，易与学校内部的教学部门设置和管理混淆，而且就复旦大学在校学术委员会下设的5个学部（专门委员会）而言，实为虚设，易使人误以为实体科学部。

综上可见，校学术委员会下设的专门委员会的地位和职能并没有得到应有的重视，这不利于校学术委员会职能的全面实现。

2. 学术委员会与既有承担学术事务职责的委员会的关系未完全厘清

在我国高校学术委员会普遍成立以前，很多学校都设有学位评定委员会、教学指导委员会等承担专项学术事务职责的委员会，对于这类委员会与学术委员会的关系在《学术委员会规程》中已经明确，即学术委员会作为学校最高学术（权力）机构，理应统领这类委员会，且根据《学术委会员规程》和各校学术委员会章程的规定，这类委员会是校学术委员会下设的专门委员会。但是，一些学校的学术委员会章程似乎对此问题有所回避，或避而不谈，或语焉不详。从北京大学等10所大学学术委员会下设的专门委员会中已可窥见一二，只有北京大学、上海交通大学、武汉大学、吉林大学4所学校将学位评定委员会、教学（指导）委员会、教师职务评审委员会、专业技术职务聘任委员会、学术道德建设委员会部分纳入校学术委员会下设的专门委员会之列。浙江大学虽然在学术委员会章程中规定"可根据工作需要设立若干专门委员会，处理学术评价、教育教学、学术规范、学术资源配置等专项学术事务"，但是实际上仍把学术委员会和学位评定委员会视为两个并列的委员会。

对于学术委员会与既有承担学术事务职责的委员会的关系，一些学校在其学术委员会章程中有所规定。如南京大学规定校学术委员会对校学位评定委员会、教学委员会、专业技术职务聘任委员会进行指导，并有权要求学位评定委员会等对具体学术事务做出说明或提交审议，但这种权限的强制性、有效性仍是模糊的。《武汉大学学术委员会章程》第九条则明确规定，"校学位评定委员会作为学校学位工作的评定机构，接受学术委员会的指导和监督"，而实际上学位评定委员会并非为校学术委员会下设的专门委员会。中山大学在学校层面还设有人才培养委员会、学位评定委员会、教师编制核定与职务聘任委员会等并不属于学术委员会下设的专门委员会，但是根据《中山大学学术委员会章程》的规定，校学术委员会不仅可授权人才培养委员会、学位评定委员会、教师编制核定与职务聘任委员会等，根据各委员会章程承担学科专业设置、教学指导、学会评定、教师聘任相关职责和学术事务，而且有权对这些委员会制定或修订的各类章程原则进行审议并直接做出决定。此种规定违背了这些委员会并不是校学术委员会下设专门委员会的事实。《学术委员会规程》和《中山大学学术委员会章程》均确立了校学术委员会是校内最高学术机构的法律地位，但是"授权……根据各委员会章程"的潜台词则是人才培养委员会等仍然根据章程承担相关职责和学术事务，"授权"与否并不影响人才培养委员会等根据章程承担相关职责和学术事务，或者说其在职责履行上原本就应依据章程进行。此表达或者画蛇添足，或者实质上并未真正赋予校学术委员会实质性的权力，这一点在《中山大学学术委员会章程》第十六条的规定中也有所体现，因为校学术委员会仅仅是对人才培养委员会等委员会的章程之制定或原则之修订进行审议，尚不涉及更为实质性的内容（见表3-4）。

表3-4 北京大学等10所大学学术委员会下设专门委员会情况

学校名称	常设专门委员会	临时专门委员会
北京大学	学术道德委员会、学科建设委员会、教学指导委员会	无
清华大学	章程中无具体规定	可根据需要成立若干常设或临时性的评议组、评审组和专题组
上海交通大学	学位评定委员会、教学委员会、科学技术委员会、人文社会科学委员会、专业技术职务聘任委员会、学风与学术道德委员会、实验室建设委员会	无
复旦大学	人文学部、社会科学与管理学部、理学部、工程技术学部、医学部	无

续上表

学校名称	常设专门委员会	临时专门委员会
中山大学	人文社科分委员会、理工科分委员会、医科学术分委员会	无
浙江大学	章程中无具体规定	无
中国人民大学	章程中无具体规定	无
南京大学	科学技术分委员会、人文社会科学分委员会	无
武汉大学	教学指导委员会、学术道德建设委员会	无
吉林大学	教师职务评审委员会、教学委员会	根据工作需要可成立专门工作组

此外，有些大学在设立校级层面的学术委员会的同时，还在有关行政部门设置了专门委员会，因此造成学术委员会和这些分设在有关行政部门的专门委员会之间职能的交叉，使得学术委员会仍然无法摆脱行政化的标签，而且让学术委员会的权力更加碎片化。

3. 校学术委员会与二级学院（系）或学部的学术委员会的关系并不明确

目前，很多大学的二级学院（系）或学部都建立有学术委员会。从应然角度看，校学术委员会与二级学院（系）或学部的学术委员会之间的关系应具有指导与被指导、管理与被管理的关系，以使学校学术事务的审议、决策等保持同一的原则、理念。校学术委员会应处于一所学校学术委员会体系的顶端，下设的专门委员会和二级学院（系）等学术委员会的规章制度及其运行应接受校学术委员会的审核、监督、指导等。从实际规定来看，10所大学除了清华大学和武汉大学外，北京大学等8所学校的学术委员会章程均对校学术委员会与二级学院（系）或学部学术委员会的关系进行了明确的规定。在二者关系界定上，8所学校主要体现为"指导和监督"和"指导"两种形式。另外，在具体描述上，也有学校进行了特别规定，如《北京大学学术委员会章程》规定"各专门委员会、各学部学术委员会、深圳研究生院学术委员会向校学术委员会报告工作",《吉林大学学术委员会章程》规定"校学术委员会可以代替行使学部学术委员会、学院学术委员会的职权,并有权否决其各项决定"。"指导""监督"二词都具有一定的模糊性,进而导致二者之间的关系也不是很明确,这都需要在章程中予以进一步明确或列举(见表3-5)。

表3-5 北京大学等10所大学学部、学院(系)学术委员会设置情况

学校名称	学部、学院(系)学术委员会	校学术委员会与学部、学院(系)学术委员会关系
北京大学	学部学术委员会、学院(系、所、中心)学术委员会是所在单位的最高学术机构;独立的实体教学科研单位(不含挂靠单位)可设立学术委员会,需经过学部学术委员会讨论、校学术委员会审议通过	指导和监督,向校学术委员会报告工作
清华大学	各院系应设立学术委员会,健全以院系学术委员会为核心的学术管理体系与组织架构	无具体规定
上海交通大学	院(系)学术委员会(或教授会,下同)是学校基层学术议事机构,负责本单位学术事务的议事与决策,可根据工作需要,下设院(系)级专门委员会	指导和监督
复旦大学	各学院(系、所)、附属医院学术委员会	指导
中山大学	各实体办学院、系(医院)设立院系学术委员会	指导
浙江大学	人文学部学术委员会、社会科学学部学术委员会、理学部学术委员会、工学部学术委员会、信息学部学术委员会、农业生命环境学部学术委员会、医药学部学术委员会	指导和监督

续上表

学校名称	学部、学院（系）学术委员会	校学术委员会与学部、学院（系）学术委员会关系
中国人民大学	学校各教学科研单位设立相应的学术委员会，受学校学术委员会指导，其章程参照校学术委员会章程制定	指导
南京大学	学校各教学科研单位设立相应的学术委员会	指导
武汉大学	人文科学分学部委员会、社会科学分学部委员会、理学科学分学部委员会、工学科学分学部委员会、信息科学分学部委员会、医学科学分学部委员会	无具体规定
吉林大学	人文学部学术委员会、社会科学学部学术委员会、理学部学术委员会、工学部学术委员会、信息科学学部学术委员会、地球科学学部学术委员会、白求恩医学部学术委员会、农学部学术委员会	指导和监督下开展工作；校学术委员会可以代替行使学部学术委员会、学院学术委员会的职权，并有权否决其各项决定

（四）秘书单位行政依附性明显

高校学术委员会秘书办公室，多设于或挂靠在规划或科研等行政部门。上海交通大学、中山大学、吉林大学学术委员会的章程及委员名单等信息均见于其规划发展部门的主页上，如吉林大学发展规划处的职能之一为承担学术委员会日常工作；[①] 中国人民大学则在其科研处网页上，明确科研处是校

---

① 发展规划处工作职责［EB/OL］．［2018-01-03］．http://dev.jlu.edu.cn/bmgk1/gzzz.htm.

学术委员会的常设机构;①《武汉大学学术委员会章程》等信息在武汉大学发展规划与学科建设办公室信息公开网页上可见。这样一种制度安排，使得很多学校学术委员会并没有独立的办公室，往往与规划处、科研处等部门合署办公（见表3-6）。

表3-6 北京大学等10所大学学术委员会秘书单位设置情况

学校名称	秘书单位
北京大学	章程中无具体规定
清华大学	科研院
上海交通大学	规划发展处
复旦大学	发展规划处
中山大学	发展规划与学科建设办公室
浙江大学	未查得相关信息
中国人民大学	科学研究处
南京大学	科学技术处
武汉大学	发展规划与学科建设办公室
吉林大学	发展规划处

不仅如此，校学术委员会下设的专门委员会等也采取挂靠方式。如上海交通大学学术委员会下设的学位评定委员会秘书处挂靠研究生院、教学委员会秘书处挂靠教务处、科学技术委员会秘书处挂靠科学技术发展研究院、人文社会科学委员会秘书处挂靠文科建设处、专业技术职务聘任委员会秘书处挂靠人力资源处、学风与学术道德委员会秘书处挂靠人力资源处、实验室建设委员会秘书处挂靠资产管理与实验室处等；吉林大学各学部学术委员会办事机构则挂靠在学部学术委员会主任委员所在单位。

虽然此种挂靠方式有一定的合理性，但这种挂靠往往在某种程度上决定了其秘书长多为所挂靠单位的负责人。由此，实现了学术委员会秘书单位与行政权力的完美结合。如《清华大学学术委员会章程》第二十三条规定：

---

① 部门介绍[EB/OL].[2018-01-03]. http://research.ruc.edu.cn/Article/ShowArticle.asp?ArticleID=759.

"学术委员会设立秘书处,作为常设办事机构在秘书长领导下工作。秘书处挂靠学校有关职能部门,秘书长由该职能部门负责人兼任。"①《中国人民大学学术委员会章程》第五条规定:"秘书长一般由科研处处长兼任。学术委员会办事机构设在科研处,负责办理日常事务。"②

学术委员会秘书处的挂靠,以及其秘书长由所挂靠单位的负责人兼任的现状,使得原本应具有一定独立性的学术权力表现出明显的行政依附性,并延伸而使得学术组织缺乏必要的自主性和充分的自治性,在学术力量的组织、运行等方面都不可避免地受到行政力量直接或间接的影响,以致学术力量表现力不佳。

四、有"形"无"行"的大学理事会③

理事会是现代大学制度建设的主要标志之一,是践行《国家中长期教育改革和发展规划纲要(2010—2020年)》中"扩大社会合作"的总要求,明确要"探索建立高等学校理事会或董事会,健全社会支持和监督学校发展的长效机制"。我国公办高校设立理事会,最早可追溯至20世纪初设立的董事会。最先设立董事会的大学是厦门大学、暨南大学和云南大学3所学校。进入21世纪以来,扩大高校办学自主权一直是大学治理的一个重要主题,很多行业性、应用型高校相继设立了董事会,不断探索社会参与大学治理的途径、方式和方法。至今,国内已有200多所大学设有董事会,延续着固定的功能并渐具特色,在为高校筹措资金、汇集社会资源和促进产学研合作上发挥着重要作用。④

《高等学校章程制定暂行办法》第十三条规定:"学校根据发展需要和办学特色,自主设置有政府、行业、企事业单位以及其他社会组织代表参加的学校理事会或者董事会的,应当在章程中明确理事会或董事会的地位作用、组成和议事规则。"自《高等学校章程制定暂行办法》审议通过近3年后的2014年7月8日,教育部通过的《理事会规程》于同年9月1日起施

---

① 清华大学. 清华大学学术委员会章程[EB/OL]. (2015 – 11 – 16)[2017 – 12 – 01]. http://www. tsinghua. edu. cn/publish/xswyh/9982/2015/20151116085735572997899/2015111608575 3572997899_. html.

② 中国人民大学. 中国人民大学学术委员会章程[EB/OL]. [2007 – 12 – 01]. http://keyan. ruc. edu. cn/index;php?s = /Outside/index/page/cid/14. html.

③ 此处理事会也包括董事会,统称为理事会。

④ 孙曙光. 高校理事会:现代大学治理的制度创新[J]. 煤炭高等教育,2015,33(3):16 – 19.

行。《理事会规程》第二条规定，我国公办普通高等学校使用董事会、校务委员会等名称建立的相关机构同样适用。但是第三条规定，"高等学校应当依据本规程及学校章程建立并完善理事会制度，制定理事会章程"，这与《高等学校章程制定暂行办法》第十三条的规定是有冲突的。根据《高等学校章程制定暂行办法》的规定，公办高校对于是否设立理事会具有一定的自主权，即由其根据自身办学情况和治理需求自主设置；根据《理事会规程》，设立理事会是公办高校的一项法律义务。根据法律效力原理，后法优于先法的原则，在是否设立理事会问题上，各公办高校应遵循《理事会规程》第三条规定依法设立理事会。时至今日，我国大学理事会的运行情况是怎样的呢？

关于我国大学理事会的运行现状，从公开的资料来看，这方面的信息是非常匮乏的，很多大学并未对大学理事会开辟专栏，其人员组成、规章制度等信息更是较难通过公开的渠道查阅。这种状况表明，当前大学理事会的建设还没有得到大学的足够重视，其地位和作用不容乐观。对此，拟从如下几个方面分析我国大学理事会建设现状。

（一）职能定位上的先天性不足

根据《理事会规程》第二条和第四条的规定，理事会是学校的咨询、协商、审议与监督机构，是高等学校实现科学决策、民主监督、社会参与的重要组织形式和制度平台；高等学校应当在"密切社会联系，提升社会服务能力，与相关方面建立长效合作机制""扩大决策民主""争取社会支持""完善监督机制"等方面，结合实际充分发挥理事会的作用。从此规定来看，"咨询""协商"两项职能被予以最先表述，而"审议""监督"两项职能则相对来说不如"咨询""协商"般受重视和强调，这在一定程度上直接影响了各高校在大学章程制定时有意无意地选择了对"审议""监督"的回避。另外，从上述规定来看，"审议""监督"两项职能远不能确立理事会在大学治理中所具有的重要主体地位。另外，虽然第四条规定高等学校应当结合实际充分发挥理事会的作用，但是对高等学校具体应如何结合实际并没有明确规定，这使得第四条规定的有关职能及作用在实践中被高校依实际而有所选择性地予以贯彻，在某种程度上导致第二条规定的理事会作为高等学校科学决策、民主监督、社会参与的"重要组织形式和制度平台"这一"重要"地位无法真正体现。

因此，理事会在我国大学治理中的地位之现状有其法律规定上的先天性不足。

（二）在大学章程中着墨不多

从北京大学等10所大学章程的规定来看，北京大学、上海交通大学、浙江大学、南京大学4所大学在其章程中没有规定理事会的相关内容。从名称来看，除了称为理事会外，还有的称为战略发展委员会、董事会或顾问董事会；从职能定位规定来看，理事会主要被定位为咨询或参与民主决策的机构，如中山大学将顾问董事会定位为"社会咨议机构和非行政常设机构"，武汉大学将理事会定位为"加强社会合作，争取办学资源，参与民主决策"的机构，中国人民大学将董事会定位为"咨议机构，旨在促进学校与社会建立广泛联系与合作、筹措学校办学资金，为学校非行政常设机构"等，复旦大学则在整体上借鉴了《理事会规程》的有关内容，将董事会定位为"咨询、议事和监督机构，旨在促进学校与社会建立广泛联系与合作，筹措学校办学资金，健全监督机制"。但是北京大学等10所大学章程均对理事会着墨不多，寥寥数语，主要是对理事的定位进行规定，也有的对理事会理事范围进行了概括性的规定。

（三）理事会不"理"事

熊怡将大学理事会大致分为三种类型，即半决策型、指导咨询型和行业对口型。半决策型，指学校重大事务要经董事会审议决定，如对学校发展基金、校舍规划、院系设置、师资培养计划、学校财政预决算、学术基金和奖学金的使用等重大问题进行审议和决策，但没有任命校长的权力，只能提名校长或副校长选报政府批准任命，采取这种方式的大学有汕头大学、五邑大学等；指导咨询型，指董事会不直接参加学校内部管理，也没有最后的决策权，但它能在较大范围内参与学校的决策与管理，参与学校的宏观管理，对高等学校的办学起咨询、指导、支持作用，如暨南大学、华侨大学、安徽大学、云南大学等的理事会；行业对口型，指董事会以行业对口为原则，由大学校长担任董事长，或请上级主管部门领导担任荣誉董事长，董事单位参与学校管理，讨论学校发展规划，制订行业人才培养计划和使用计划，但只是对学校的办学方向、培养规模和层次、教学改革、专业设置和学校的中长期发展规划等有建议权和咨询权，提出指导性意见，如华北电力大学、中国石油大学（华东）、中国矿业大学、北京航空航天大学、中国传媒大学等的理事会。不过，行业对口型实质上也为指导咨询型。[①]

[①] 熊怡.大学董（理）事会制度在中国的探索与实践[J].中国电力教育，2014(19)：29-32.

从目前我国公办高校理事会建设来看，真正属于决策型的理事会几乎没有，半决策型的理事会也不多。这也意味着我国公办高校的很多理事会并不具有决策咨询和监督功能，只能在党委领导的校长负责制之下发挥着极其有限的咨询、指导功能，远不能在大学治理中发挥重要作用。"我国高校理事会在现实运行中职能畸变，不要说理事会参与高校事务管理，就连基本的监督与审议都触及不了，理事会的大部分成员仅仅是社会人士的虚名虚位而已，更甚者有些个人、团体把成为理事当作一处荣誉头衔。"[①] 因此，理事会实际上很多并不"理"事。

五、行政化色彩依然较浓的行政管理

人们对于大学行政组织虽有不同的理解，但主要包括广义和狭义两种。广义的大学行政组织包括大学的管理机构和学术机构，其中管理机构具体指大学内部设置的各个行政管理部门、党团政治组织和工会妇联机构及其互动关系，它们在大学工作目标中起到保障和协调作用，其职能是充分调动和利用大学内外部的各种资源，为学术活动的开展提供必要的专业支持和辅助。[②] 狭义的大学行政组织指科层制组织体系下发展的行政权力形成的大学组织的纵向结构，其权力主体是大学组织中握有行政权力的行政机构和行政人员，组织层级关系影响和协调组织中的各个因素，其特征是利用科层结构维持大学组织日常的正常运行，依据制度和命令维持的科层形态，具有强制性的自上而下授权严格的外部监控等。[③] 在此，笔者仅从狭义上对公办大学校级层面的行政组织进行探讨，大学行政组织指实施一定管理职能并具有一定职责和权利的行政机构，不包括妇联、工会等群团组织，从这一点上也可将大学行政组织理解为行政职能部门。

大学行政组织是大学组织效能的外在反映形式，对大学组织目标的实现起着重要作用，而大学组织目标的实现程度又直接关涉到大学功能发挥的实际效果。大学行政组织是"大学"的行政组织，而非政府、企业或其他社会组织的"行政组织"，因此，对大学行政组织的一切审视都应在"大学"里进行。

---

① 李爱彬，杜晓虹."双一流"建设背景下我国公立高校理事会制度建设探析：加拿大阿尔伯塔大学参议会建设的经验与启示［J］.中国矿业大学学报（社会科学版），2018，20（5）：70-80.

② 阎凤桥，康宁.中国大学管理结构变化的实证分析［J］.高等教育研究，2004，25（5）：36-41.

③ 郑毅，刘文斌，孟溦.组织结构视角下的中国大学行政权力泛化［J］.高等教育研究，2012，33（6）：25-29.

（一）架构已然成为大学"行政化"的"防护服"

"去行政化"是我国大学改革的一个重要命题，但是其改革进程并没有想象的那么快，时至今日仍阻碍重重，换句话说大学组织仍然被"行政化"所笼罩。大学的"行政化"除了观念意识层面的表现外，行政组织架构也是其重要载体。笔者在对前述10所大学行政组织架构进行梳理时，发现10所大学将本校行政组织主要分为党务部门和行政部门两大类，但具体表述略有不同；清华大学、复旦大学、中国人民大学、南京大学4所学校的组织机构、党政服务、党群组织等组织体系中除了行政组织外，还包括其他诸如工会、妇委会等群团组织，以及附属医院、附属中学等明显不属于行政组织的组织机构或服务机构等，因此在统计这4所大学的行政组织时没有将群团组织、附属医院、附属中学等统计在内（见表3-7）。

表3-7　北京大学等10所大学行政组织概称及其机构数量（2017年5月）

学校名称	行政组织概称	机构数量	学校名称	行政组织概称	机构数量
北京大学	职能部门	31个	浙江大学	党委机构+行政机构	33个
清华大学	组织机构*	48个	中国人民大学	党群组织*+行政单位	35个
上海交通大学	职能部门	25个	南京大学	党群组织*+行政部门	35个
复旦大学	党政服务*	31个	武汉大学	党务部门+行政部门	28个
中山大学	党政机构	31个	吉林大学	党委职能部门+行政职能部门	23个

注：*表示不限于行政组织。

从这10所大学的行政组织架构看，首先，行政组织机构数量仍显庞大。10所大学的校均行政组织机构数量为32个，其中吉林大学最少，为23个；清华大学最多，为48个。从党务部门和行政部门的机构数量上看，以清晰界定出这两类行政组织的浙江大学、中国人民大学、南京大学、武汉大学、吉林大学5所学校为例，校均党务部门机构数量为9.6个，校均行政部门机构数量为21.4个。可见，这10所大学均拥有一个庞大的行政组织体系。其次，在行政组织设置上，10所大学对党务部门和行政部门的理解并不相同。即使是名称相同的机构，有的列为党务部门，有的列为行政部门。如政策研究室（或政策法规研究室），吉林大学将其归入行政部门（设在发展规划处），而北京大学则将其归入党务部门（与纪委办公室监察室、党委组织部并列）；再如工会，多数学校并未将其视为行政组织，而上海交通大学将工会视为职能部门之一。最后，行政组织机构名称庞杂，职能分工有的并不十分清晰，特别是在行政部门的机构设置上更为明显。如上海交通大学的"资产管理与实验室处"和"经营性资产管理办公室"、复旦大学的"外事处暨港澳台事务办公室"和"对外联络与发展处"、中山大学的"人力资源管理处"和"人才发展办公室"等，单从名称上无法准确区分其具体职能分工，而清华大学的"绿色大学办公室"更是让人一头雾水。

这10所大学的行政组织架构在我国具有一定的代表性与普遍性，并具有典型的行政模式特征。推进大学"去行政化"改革已逾多年，这10所本应成为我国大学"去行政化"改革"排头兵"的大学，为何仍然保持着行政组织架构？究其原因是因为我国作为一个社会结构分化程度较低的国家，不仅国家权力总体性地渗透和扩散到全社会各个组织，① 而且"国家对经济及各种社会所有资源实行全面的掌控；政治权力渗透于各个领域，整个社会生活的运行呈现高度的政治化和行政化的特征"②，因此大学难以有真正独立的地位。大学仅仅"是政府履行教育职能的实体组织，大学的教育活动被视为政府依据宪法规定行使教育权力的一部分"，"政治与学术合为一体，政府与大学之间没有权力的分界，政府直接控制大学内部事务"，"中国总体性社会中的政校关系可视为隶属型政校关系的典范"。③ 由此，大学所呈现的以典型的行政模式为参照设置的行政组织架构就有了存在的必要性与合理性。"中国所有正规大学就被整合在这样一个官僚层级的体系之中，从最高教育行政机关到大学基本教学与学术单位，一元化的行政权力通天贯地，天下英雄，靡不在其彀中"，同时这个官僚体系也决定了"中国大学的基本状态和发展的前景，决定了中国大学的教学和学术生态环境，从而决定了整个中国学术界的学术道德状态"。④ 此种大学行政组织架构不仅反映了大学设置行政组织架构时缺乏对于自身何以为大学的思考，而且反映了大学简单地按照政治权力要求与迎合的逻辑去构建自己的行政组织。

---

① 乔·萨托利. 民主新论 [M]. 冯克利，阎克文，译. 北京：东方出版社，1998：228.

② 清华大学社会发展研究课题组. 十字路口的选择：重建权力，还是重建社会 [N]. 南方周末，2010-09-26 (9).

③ 朱新梅. 知识与权力：高等教育政治学新论 [M]. 北京：教育科学出版社，2007：29-30.

④ 韩水法. 世上已无蔡元培 [J]. 读书，2005 (4)：3-12.

按照行政模式构建的大学行政组织，何以使大学摆脱科层制的影响，又何以使大学不被"行政化"？以典型行政模式为参照的大学行政组织架构不仅成为大学"行政化"的护身符，同时也构成了现代大学制度建设的障碍性因素。只要这种架构没有得到有效突破、改革与再造，那么大学"去行政化"就难以从内部获得有效的组织支持与制度保证，大学也难以在外部"行政化"环境没有显著改变时从内部积聚突破的力量，甚至当"外部环境"已有改变、政府管理的"去行政化"环境已逐步形成时，大学也难以在短期内迅速提升自身的环境适应能力，因为在政府管理"行政化"的惯性下，期望大学所形成的那些不符合大学组织品性的管理思维惯性能够迅速得到改变是不现实的。因此，大学无论是欲内部寻求"去行政化"的突破口还是蓄积应对未来外部的政府"无行政化"管理的能量，首先都需要进行自我行政组织的再造。

（二）功能已然偏离大学组织目标

以典型行政模式为参照的大学行政组织架构生来就具有"行政化"的"脾性"，而这仅是大学行政组织因外部制度环境使然的结果，因此这种组织架构的嵌入与大学组织体并不具有天然的契合性。事实也证明，这种基于外部力量介入而形成的大学行政组织在实际运行中对大学组织的目标部分甚至全部均没有予以关照。也就是说，大学行政组织的实然功能与其应然功能发生了偏差。

一方面，从应然角度看，大学行政组织必须为大学而存在。从功能视角看，大学行政组织在大学组织体内应处于辅助和从属地位，它不仅仅要调动大学内外部资源，为学术活动的有效进行提供必要的专业支持和保障，[①]而且必须服务于大学组织目标。现行大学行政组织架构，既是大学基于政府强制其遵守权力要求的结果，也是大学在政府集权式管理下寻求发展的一种机会主义选择的结果，而非是对大学作为一种社会组织而应有的自身逻辑的体现。大学行政权力与学术权力的紧张、错位与模糊，行政泛化与学术权力边缘化、行政机构人员膨胀与管理效率低下等现象，无不表明行政组织及其管理正在背离大学组织目标。若大学行政组织的功能显著地偏离了大学组织目标，且由本应处在被服务地位的大学师生承受因之带来的种种不适感，那么大学行政组织就有了再造的必要性。

另一方面，行政组织架构及其体系还应促进学术组织的发展，但是从现

---

① 阎凤桥，康宁. 中国大学管理结构变化实证分析[J]. 高等教育研究，2004，25(5)：36-41.

有的架构及当前大学学术组织的生态现状来看，作为大学组织内生性制度的学术组织的发展相对来说仍然是薄弱的。在一个强势的行政组织体系下，大学组织目标又将如何得以圆满、充分、切实地实现呢？

（三）学术权力地位不彰显的主要阻力

彰显学术权力地位的主要组织形式当首推学术委员会。早在1978年10月，教育部修订的《全国重点高等学校暂行工作条例（试行草案）》明确规定高等学校设立学术委员会；时隔20年后1998年的《高等教育法》以法律形式明确规定"高等学校设立学术委员会，审议学科、专业设置，教学、科学研究计划方案；评定教学、科学研究成果等有关学术事项"；2015年修订的《高等教育法》则进一步扩大了学术委员会的职责范围，增加了调查、处理学术纠纷，调查、认定学术不端行为及按照章程审议、决定有关学术发展、学术评价、学术规范的其他事项等。但实际上在2014年，即1998年《高等教育法》颁布与实施的16年后，教育部出台的《学术委员会规程》才真正引起高校的广泛响应，一些高校特别是本科学校纷纷成立了校级学术委员会，在此之前还有相当一部分高校尚未成立学术委员会；同年年底，国家教育体制改革领导小组办公室发布的《关于进一步落实和扩大高校办学自主权 完善高校内部治理结构的意见》明确规定要保障学术相对独立行使职权，并要求高校要"认真落实《高等学校学术委员会规程》，依法设立学术委员会"，高校应当"积极探索教授治学的有效途径，尊重并支持学术委员会独立行使职权"等。虽然现在大学普遍成立了学术委员会，但是学术委员会在章程建设、成员组成、职责权限、议事规则、内部组织构建等方面的健全、完善程度仍无法与世界一流大学相比，学术权力地位并没有如预期那样得到大幅度的提升。原因何在？

研究表明，当前大学学院数量和校属研究机构可以作为行政权力干预学术权力的一个例证。有学者对中国和英国前十名大学学院的数量和校属研究机构进行了比较分析，发现"中国前十名大学平均拥有21.9个学院，另外平均还有4.3个校属的系"，"而在英国的前十名大学里，学院数量平均则为12.4个，且没有'校属系'"。同时发现，英国排名前十的大学"没有'校属'的研究机构"。[①] 中国大学学院数量膨胀是行政权力干预学术权力的一个直接结果，校属研究机构则是学术权力为避免行政权力的过多干预而采取的一种策略行动。

---

① 叶飞帆. 大学行政权力与学术权力的分离：三级组织二级管理模式［J］. 教育研究，2011（2）：64-68.

同时，在大学管理改革中出现的一种新的迹象应引起注意，即行政管理制度建设的步伐远远大于学术权力制度建设的步伐，这其中也包括行政权力对学术权力进行干预、排斥或限制的制度化，且有继续强化的趋势，有学者对此表达了深深的忧虑，认为这种行政权力的制度化"如果不加限制地发展，将导致大学组织学术性的日益丧失，使大学沦落为政治的奴婢"[①]。

此外，刘健、邹晓平通过对当前很多高校规章制度和管理行为的梳理，发现下列一些行政权力与学术权力关系错位的现象：①以行政权力审查学术事务；②以行政权力垄断学术资源；③以量化考核的名义将学术评价转为行政评价；④以行政职务奖励学术成就；⑤以学术成就选拔行政管理岗位负责人；⑥由行政权力按学术职衔高低分配学术权力大小；⑦以类似行政权力的层次、程序和规范运行学术权力；⑧以民主监督的名义干预学术事务，肢解学术权力；⑨以尊重学术的名义放弃行政管理责任。结果不外乎：行政权力很辛苦，但不受教师欢迎；学术权力行政化，留下了权力，边缘化了学术。[②]虽然增加学术人员的学术权力是大学管理改革的主要内容之一，但这种改革如果只是单从学术人员或学术权力组织本身切入，脱离大学行政组织作用的发挥，恐怕难以达到预期的改革目标，现阶段大学学术委员会的尴尬地位足以表明这种进路本身的局限性。因此，大学学术权力的地位若要得到真正的提升与彰显，大学行政权力体系必须随之改革，而大学行政组织的再重组、改进与改造就是必经的环节，唯有如此才可为大学解放"学术生产力"创造重要的前提条件。

六、教职工代表大会

高校教职工代表大会是教职工行使民主权利和参与学校民主管理的基本形式，对构建中国特色现代大学制度起着举足轻重的作用。关于学校教职工代表大会最新的规定是2011年11月9日经教育部第34次部长办公会议审议通过的《教代会规定》。《教代会规定》虽然对本规定的适用范围，教职工代表大会的地位、指导思想、领导体制、组织原则、职权等做出了较为全面系统的规定，但从教职工代表大会实际工作的角度来看，也存在一些需要思考的地方。

---

① 宋伟. 大学组织行政权力生成的哲学基础［J］. 清华大学教育研究，2005，26(4)：5-10.

② 刘健，邹晓平. 大学治理：好制度何以失灵？［J］. 高教探索，2017（12）：11-15.

（一）教职工代表大会在大学治理中的法律地位仍较为模糊

根据《教代会规定》第三条的规定，教职工代表大会是教职工依法参与学校民主管理和监督的基本形式。从此条规定来看，教职工代表大会是学校进行民主管理和对学校进行民主监督的一种基本形式，然而对于教职工代表大会能否作为大学治理的一个重要主体仍是比较模糊的。虽然从《教代会规定》的有关内容来看，教职工代表大会具有立法的性质，有权对事关教职工重大利益的事务进行决策，在某种程度上表明其已具备学校治理中一个重要的权力机构的特质，但是由于《教职工代表大代规定》并没有明确教职工代表大会与党委会、校务会或校长办公会的法律关系，也没有赋予其更为实质性的权力，在现有的大学治理框架下教职工代表大会要获取大学治理主体的地位仍存在诸多阻碍性因素。

此外，《教代会规定》第二十五条和第二十六条规定，学校工会为教职工代表大会的工作机构，并承担若干与教职工代表大会相关的工作职责，如做好教职工代表大会的筹备工作和会务工作，组织选举教职工代表大会代表，征集和整理提案，提出会议议题、方案和推选主席团建议人选等。从这两条规定来看，教职工代表大会作为一个"独立"的机构，其工作机构却又依附于另一个具有独立性的机构，从西方现代大学治理实践来看，尚没有一个治理主体的工作机构要依附于另一个独立主体的。此外，当前高校的工会并不参与现代大学治理活动，其人员构成类型主要有三种：一是养老型，主要由退居二线或上级教育机关的领导组成；二是赋闲型，主要由一些有领导背景、没有太多能力、不好安排具体工作的人员组成；三是附庸型，工会主席往往由校长任命，副主席有的由副校长或书记担任，完全是校长的代言人，并不具有很强的工作独立性。由这样的工会作为教职工代表大会的工作机构，教职工代表大会职责与作用的发挥势必受到一定的掣肘。

由上可见，教职工代表大会大学治理主体的法律地位并不具有明确性。

（二）教职工代表大会的代表构成仍不具有广泛的代表性

《教代会规定》第九条和第十一条规定，"凡与学校签订聘任聘用合同、具有聘任聘用关系的教职工，均可当选为教职工代表大会代表"，"教职工代表大会代表以教师为主体，教师代表不得低于代表总数的60%，并应当根据学校实际，保证一定比例的青年教师和女教师代表。民族地区的学校和民族学校，少数民族代表应当占有一定比例"，但这些规定仍具有一定的模糊性和不确定性。一是"教师"的概念内涵是不明确的。何谓"教师"？这里的教师是否包括那些具有行政职务的人员？行政人员是否是教师？兼具有狭义教师身份和行政管理人员身份的人，其身份又应如何确定？这导致将具有双重身份的人也按从事教育教学工作的教师对待，在一定程度上导致了有关决策、决定、方案的顺利通过。二是这一规定忽略了未与学校签订聘任聘用关系的群体和青年教师群体。随着高校全员聘任制的实施以及合同制和人事代理制等用人制度的改革，高校教职工队伍的规模和结构发生了重大变化，学校内部不再是单一地由在编教职工和具有聘任聘用合同关系的教职工组成，还有一批合同制、人事代理等非在编和与校方不具有聘任聘用合同关系的教职工，后者的队伍有逐渐壮大的趋势，如那些在后勤保障服务、教学科研辅助（如实验室、工程训练中心、农场）等系统内从事体力、半体力劳动的合同制和人事代理制等一线工人，多是只与各二级用人单位签订劳动合同或与劳动派遣公司签订劳动合同，与学校没有聘任聘用关系。在一些高校，这类人员大约占高校教职工的10%，可见这类非在编且与学校没有聘任聘用关系的教职工是新形势下高校人事制度改革中的新型群体，同样是高校教职工队伍中的重要组成部分，并且为学校的建设与发展贡献着自己的智慧和力量，理应不应被排除在教职工代表之外。三是青年教师在教职工代表大会代表中所占的比例有待明确。随着近年来高等学校的快速发展，青年教师在高校中所占的比例越来越高，高校教师队伍也呈现年轻化倾向，因此《教代会规定》有必要对青年教师在教职工代表大会代表中所占的比例予以明确，以便于各高校的操作及《教代会规定》内容的落实。在实践中，青年教师在教职工代表大会代表中所占比例与其占全校教职工的比例还远远不相匹配，进而无法充分体现教职工代表大会的民主性和代表的广泛性。四是教职工代表大会不仅仅关涉到教职工群体利益，在教职工群体内部还会有若干不同的利益群体，因此都应有所关照，显然《教代会规定》在此方面并没有予以过多的规定，比如教职工代表大会代表在不同院系、行政部门、教辅部门、后勤部门及其他部门之间的分配原则等。可以说，教职工代表大会代表的构成情况是决定教职工代表大会有关决策能否充分表达教职工群体意见的重要前提和基础性因素。

（三）教职工代表大会权力保障机制不健全

《教代会规定》第七条共赋予教职工代表大会八项职权，分别是："（一）听取学校章程草案的制定和修订情况报告，提出修改意见和建议；（二）听取学校发展规划、教职工队伍建设、教育教学改革、校园建设以及其他重大改革和重大问题解决方案的报告，提出意见和建议；（三）听取学校年度工作、财务工作、工会工作报告以及其他专项工作报告，提出意见和建议；（四）讨论通过学校提出的与教职工利益直接相关的福利、校内分配实施方案以及相应的教职工聘任、考核、奖惩办法；（五）审议学校上一届（次）教职工代表大会提案的办理情况报告；（六）按照有关工作规定和安排评议学校领导干部；（七）通过多种方式对学校工作提出意见和建议，监督学校章程、规章制度和决策的落实，提出整改意见和建议；（八）讨论法律法规规章规定的以及学校与学校工会商定的其他事项。"从此条规定来看，教职工代表大会的职权以听取有关报告、提出意见和建议为主，讨论通过的权力仅限于第（四）项和第（八）项的规定，而第（八）项规定又是一个概括性条款或称为口袋条款，实质性并不大。对于第（四）项规定的职权来说，在实践中由于教职工代表大会代表的构成比例等实际操作方案的决定权实质上并不掌握在教职工群体手上，因此某一项事关教职工利益的福利、校内分配实施方案以及相应的教职工聘任、考核、奖惩办法等多按照预计方案顺利通过。而其他听取相关报告、提出修改意见和建议权，基本上对于学校层面的决策者而言并无有效的约束力。《教代会规定》第八条规定："学校应当建立健全沟通机制，全面听取教职工代表大会提出的意见和建议，并合理吸收采纳；不能吸收采纳的，应当做出说明。"由此看来，是否吸收采纳并不依教职工代表大会提出的意见和建议为依据。虽然《教代会规定》赋予教职工代表大会八项职权，但是其中并没有任何保障条款以约束学校能够切实保障教职工代表大会这八项职权的具体落实和到位。有关调查数据表明，从《教代会规定》第七条的执行情况来看：①高校教职工代表大会的建议权大部分流于形式，尤其是对涉及教职员工切身利益的"师资选拔与培训"的相关事项更应该做到真正听取广大教职工的意见和建议；②高校教职工代表大会的审议通过权落实不力，实践中审议权很多时候只是走过场，那些事项早已经由校领导事先决定了，只是通过教职工代表大会让其形式上合法化，教职工代表大会代表只能表决通过，并不具有审议性；③高校教职工代表大会的讨论决定权作用甚小，即使有讨论权，却也改变不了这些事项最后由校领导决定的命运；④高校教职工代表大会的监督权难以保障，除了评议监督学校各级领导干部阻碍多以外，对参与民主推荐学校行政人员和必要时可建议上级对所评议之人予以嘉奖、晋升或处分、免职的权限更是难以保障；⑤高校教职工代表大会闭会期间的运行机制不健全，由于缺乏长效运行机制，教职工代表大会闭会期间的作用几乎为零。[①]

关于教职工代表大会提案的落实问题，《教代会规定》第十三条第（三）项明确规定教代会代表享有"提出提案并对提案办理情况进行询问和

[①] 刘英. 民主视野下的高校教职工代表大会制度 [D]. 重庆：西南政法大学，2012：19-22.

监督"的权利,同时在第七条第(五)项规定教职工代表大会有"审议学校上一届(次)教职工代表大会提案的办理情况的报告"的权利,但对教职工代表大会的提案征集、落实等语焉不详,有待于各学校根据实际情况制定具体的实施办法。教职工代表大会作为教职工依法参与学校民主管理和监督的基本形式,提案可以说是教职工参与学校民主管理和监督的重要一环,是教职工对学校重大战略决策、改革发展重点难点问题、教职工切身利益等提出意见和建议的重要途径。但是《教代会规定》对于教职工代表大会代表享有的提案权的提出、征集、提案的效力、提案权利等都没有具体的保障,以致实践中教职工代表大会代表的提案质量、提案积极性等都不高。

(四)教职工代表大会在高校的执行现状仍不容乐观

《教代会规定》实施以来,很多高校根据其刚性规定对本校的教职工代表大会进行了相应修改,但是也有一些高校至今仍没有严格按照规定执行,使得教职工代表大会整体的运行仍不够规范。如有学者对上海部分高校教职工代表大会进行调查时,发现:①有的学校教职工代表大会职权被虚置,形式大于内容,教职工民主权利未完全落实;②个别学校尤其是民办学校至今未依法建立工会和教职工代表大会制度;③部分学校教职工代表大会不能按期召开和换届;④主席团以及教职工代表的结构比例没有及时按规定予以调整,一线教职工代表数量不符合比例要求,管理干部的比例偏高;⑤规模较小的学校和民办学校将教职工代表大会简单地混同于一般的全体教职工会议,或以全体教职工会议、董事会、股东会等代替教职工代表大会。[①]

七、结语

(一)大学章程实施成效仍不理想

伴随着我国一校一章程的全面启动与实现,大学章程重回我国大学办学的视野,其被视为可以提升大学治理能力和治理水平、推动大学改革发展的支点,是现代大学制度建设的重要载体。虽然获如此厚爱与期待,但是却囿于多方因素的制约,大学章程不仅不能得到有效实施,而且还远未达到政府、社会和学校的多方期待。在我国,大学章程是一个自上而下的产物,原创性和自觉性都不够充分。大学章程本应具有我们所期望的作用,但这种作

---

① 姜继平,高芳,韩钰,等. 上海市教育系统贯彻《学校教职工代表大会规定》情况的调研与思考 [J]. 工会理论研究,2014(5):23-26.

用的发挥是有条件的。目前除了在政府层面不断完善大学章程核准程序，给予大学章程效力的有效保障，明确与落实大学办学自主权外，大学自身应以大学章程制定为契机，将其作为推动大学治理能力与水平提升的杠杆。在遵循国家基本法律和有关政策、制度的框架与体系下，大学要理顺内部的党政关系、学术权力与行政权力关系并非没有可作为的空间。而这种认识与行动力也将决定大学的未来。也许，大学章程理想与现实之间的偏差，除了前面分析的原因外，还包括大学章程在定位上并没有真正以学术为本位。因此，大学章程的制定应尊重大学组织的特性，高举学术本位的大旗，然后在此基础上规制大学章程制定的程序，强化大学章程制定的程序意识，赋予大学章程应有的法律地位和法律效力等，依此逐步实现实践中大学章程的理想。

（二）党委领导下的校长负责制运行中仍有不畅

基于党委和校长职权界限模糊或交叉等制度设计上的不足，党委领导下的校长负责制在运行中对大学书记和校长之间的和谐依存度较大，党委书记和校长都是大学的主要领导和一把手，二者之间的和谐与否直接决定了党政两套班子的和谐与否。整体来看，法治的力量仍不足。

（三）学术（权力）行政化格局未被彻底打破

我国大学治理仍以行政权力为主导，学术（权力）行政化格局并未被彻底打破，以学术权力为本位的大学治理格局尚未形成，大学学术自由仍未得到足够和充分的保障。虽然基于教育部从国家层面的推动，各大学逐步建立了学术委员会制度，但是在制度设计上，仍是不完善的，这可以理解为学术委员会制度建立与发展过程中的必经过程，应该给予其发展与完善的时间。

在功能发挥上，虽然在成员构成上减少并控制了党政领导的人数，但由于对于学术委员会决策效力的规定较为模糊，以致校级学术委员会决定效力的发挥与否最终将取决于党政机构和领导的认同与否，学术委员会和党政领导及其机关的被领导与领导的关系，直接削弱了学术委员会作用与功能的发挥。这一方面来源于党委领导下的校长负责制对学术事务的掌控权，使得学校学术委员会作为学校最高学术机构的地位并没有得到切实保障；另一方面，从学校学术委员会主任人选确定来看，仍有不少学校规定其人选由校长提名，而后由校学术委员会全体会议选举产生；有的选举产生后还需要报学校党委常委会、校长办公会议审议后，方可由校长聘任，如《北京大学学术委员会章程》第十三条规定，校学术委员会设主任1名、副主任若干名，由校长提名，校学术委员会全体会议选举产生，报学校党委常委会、校长办公会审议后，由校长聘任，其规定将副主任人选的确定最终也仍由党政方来决定。此外，也有学校的学部学术委员会、学院学术委员会依学校章程规定程序确定了主任、副主任人选后，仍要报校长审核和聘任，这里就极大强化了学校对二级学院等单位的管理权限，如《北京大学学术委员会章程》第十三条规定："学部学术委员会设主任、副主任若干名，由学部主任办公会提名，学部学术委员会全体会议选举产生，报校长审核、聘任。学院（系、所、中心）学术委员会设主任1名、副主任若干名，由院长（主任）办公会讨论提出主任和副主任候选人名单，学院（系、所、中心）党政联席会全体会议选举产生，报校长审核、聘任。"

从学术委员会的职权范围看，在有关学术事务如学术人才的人事安排、学术资源分配与管理等重要事项中，学术委员会的作用仍然微弱，仍带有强烈的官僚主义色彩。

在大学学术委员会制度建立健全的过程中，难以避免地会受到来自内外部的各种干扰。外部干扰因素包括大学行政化、大学和政府之间的关系、管办评分离等问题；内部干扰因素包括大学内部的集权管理、学术权力与行政权力的冲突、行政管理的"官本位"等问题。这些内外部干扰因素的消解或化解程度决定了一所大学学术委员会制度的健全程度、作用发挥程度、运行机制通畅程度等。就内部而言，最大的干扰莫过于行政化对学术治理的干扰，使得学术治理行政化。学术治理行政化，可以理解"是以学术发展为己任的大学学术组织运用了行政管理的科层式管理理念和方式来管理学术活动和学术事务，使学术管理呈现出等级性、强制性等本属于行政管理的特征，大学学术组织权力变成行政化了的学术权力"[①]。目前，我国大学学术治理所呈现的主要特征仍是行政化色彩较浓。

学术委员会在职权行使上的模糊或与行政权力的冲突，"在根本上，还是一个学术事项的最终决策权，到底归属于学术委员会还是党委领导的问题"[②]。然而，无论是《高等教育法》还是《学术委员会规程》都回避了学术委员会决策权与党委领导下的校长负责制之间可能存在的矛盾与冲突，在强化党委领导下的校长负责制度的前提下，如何充分发挥学术委员会的功能与作用，将直接关系到学术委员会能否有效运行。

---

① 查永军. 我国大学学术组织科层化及应对 [J]. 中国高教研究，2009（3）：46-48.

② 湛中乐，王春蕾. 大学治理中的学术委员会制度建设：兼评《高等学校学术委员会规程》[J]. 北京大学学报（哲学社会科学版），2016，53（2）：76-82.

(四) 行政化的大学仍是我国大学治理现代化的重要阻滞因素

中国的大学，运行着官、学、商三种功能和目标完全不同的机制，大楼多于大师、设备重于师资仍是普遍的现实。我们的教育之体仍处于前现代的状态，经济困窘、人才流失的危机并没有过去，计划体制、官本位的弊端和政治挤压依然存在，而商业化的侵蚀和对教育的扭曲已经触目惊心。[1] 行政化深深地制约着我国大学治理现代化的进程。

中国高等学校的行政化问题，实质上是一个体制性问题。法治精神在大学治理改革中没有得到彰显。如大学章程从目前来看是一个没有任何法律效力的文件，一个没有任何法律效力的文件如何能够以大学宪法的地位自居，如何能获得大学利益相关者的尊重和信仰？在行政化的制度下，出发点极尽善意的《理事会规程》又如何充分发挥其应有的作用？众望所归的《教代会规定》也并未使教职工代表大会有效发挥其作用，甚至在实践中其权力仍存在被边缘化的可能，实施几年来也并未给高校教职工代表大会带来实质性的改变。

我们的大学仍然是一所行政化的大学。在行政化的一系列制度设计下，大学作为大学治理的重要主体，一直缺乏必要的主动性与积极性，很多治理改革也多是被教育部推着走，并且实施结果也不尽如人意，而且很多改革并没有在实质上触动深深嵌入大学治理体系中的科层结构。此外，大学本身及其治理过程中的很多方面都深深嵌刻在国家组织的框架中，包括大学校领导的任命、组织架构及有关治理制度的设计等。因此，不难理解大学在治理中缺乏自主性、自律性等诸种现实表现。虽然我国的大学名义上是具有法人资格的，但在实质上，即使就法律层面而言，这种法人资格仍是不充分的。无论是在经费预算，还是在组织、人事、校领导人选与任命等方面都受到政府或其有关部门的管理与约束。

我们不可否认的是，有关大学治理的一系列改革举措，确实加快了我国大学治理改革与迈向治理现代化的步伐，特别是使我国大学学术权力逐渐得到彰显和崛起，行政力量得到一定削弱，但是我们也不能否认的是，我国大学治理的格局仍然没有发生根本性的改变。

---

[1] 杨东平. 大学精神 [M]. 沈阳：辽海出版社，2000：9.

第四章 大学治理的环境

大学治理的理想如欲变为现实,就需要应势而为,并在变与不变之间找到平衡。恰如阿什比所言,任何类型的大学都是遗传与环境的产物。① 很多有关大学治理的思想、理论与实践来自于 21 世纪以前西方大学,但是当时间迈向 21 世纪——一个瞬息万变的时代,大学治理的理念、思想、制度还能照搬西方经验保持不变吗?本章旨在进一步梳理现代中国大学治理环境中的若干重要元素,以期能够由此对我国大学治理的中国方案有所参考与借鉴。

一、大学治理环境的变迁

1916 年 12 月 26 日,中华民国大总统黎元洪发布命令,任命蔡元培先生为北京大学校长,并于 1917 年 1 月 4 日到校履职。自此,北京大学开启了一个新的篇章。蔡元培先生任职于北京大学期间,不仅会聚了陈独秀、李大钊、胡适、鲁迅、周作人等一大批影响中国近现代发展的文化精英,而且在北京大学建立了评议会,实行教授治校。这使北京大学从组织上"根本摆脱了对国家官僚政治的依附与控制,实现了教育、学术、思想、文化的真正独立"②。北京大学评议会制度的建立和教授治校制度的实行使北京大学当时形成了自由而开放的学术氛围与学术空间,而北京大学当时能够对中国产生巨大的影响,除了一大批大师级人物的聚集外,其治理制度也是功不可

---

① 阿什比. 科技发达时代的大学教育 [M]. 滕大春,滕大生,译. 北京:人民教育出版社,1983:7.

② 钱理群. 精神梦乡:北大与学者篇 [M]. 北京:生活·读书·新知三联书店,2014:18.

没的。

人们也不断回忆着国立西南联合大学那时取得的辉煌成就,但是我们不要忘记,时间的车轮已经转到 21 世纪的今天,世界已经发生翻天覆地的变化,大学治理的环境也与以往有很大的不同。因此,此时大学治理的有关制度设计还能够以留恋过去的姿态自居吗?

(一) 高校办学规模与空间的扩大

1. 在校生规模的扩大

我国普通高等学校本专科在校生数,1978 年时仅为 85.6 万人①,这还不到 2016 年时江苏、山东、河南、广东等省本专科在校生规模的一半。2016 年,我国普通高等学校在校生规模已达 2 695.843 3 万人②,是 1978 年的 31.49 倍。我国普通高等学校本专科在校生规模快速增长时期是从 20 世纪末开始的,1999—2009 年是我国高等教育快速发展的重要阶段。1999 年共有 3 个对我国高等教育规模快速发展起到非常重要推动作用的决定:一是 1 月国务院批转教育部制定的《面向 21 世纪教育振兴行动计划》,提出高等教育规模要实现较快增长;二是 6 月第三次全国教育工作会议召开,提出要扩大现有普通高校和成人高校的招生规模,尽可能满足人民群众接受高等教育的要求;三是同样在 6 月,中共中央、国务院公布的《关于深化教育改革全面推进素质教育的决定》指出要"调整现有教育体系结构,扩大高中阶段教育和高等教育的规模,拓宽人才成长的道路,减缓升学压力。通过多种形式积极发展高等教育,到 2010 年,我国同龄人人口的高等教育入学率要从现在的百分之九提高到百分之十五左右"。自此,我国高等教育招生规模大幅度提高,所提出的"到 2010 年高等教育毛入学率要达到 15%"的发展目标实际上早在 2002 年就已实现,足足提前了 8 年时间,而 2010 年我国高等教育毛入学率已达 26.5%。③

---

① 巩在暖,刘为民,雷新华.中国高等教育 60 年发展历程与成就 [J].高等农业教育,2010 (2):13 – 16.
② 中华人民共和国国家数据 [EB/OL]. [2018 – 09 – 13]. http://data.stats.gov.cn/search.htm?s=%E6%88%91%E5%9B%BD%E6%99%AE%E9%80%9A%E9%AB%98%E7%AD%89%E5%AD%A6%E6%A0%A1%E5%9C%A8%E6%A0%A1%E7%94%9F%E8%A7%84%E6%A8%A12016.
③ 2010 年全国教育事业发展统计公报 [EB/OL]. [2017 – 12 – 02]. http://www.moe.gov.cn/scrsite/A03/s/80/moe_633/201203/t20120321_132634.html.

我国高等教育毛入学率已由 1978 年的 2.7%①提高到 2017 年的 45.7%②,提高了近 16 倍;同时高等教育在学规模③由 1978 年的 228 万人④提高到 2017 年的 3 779 万人,提高了 15.57 倍(见图 4-1)。

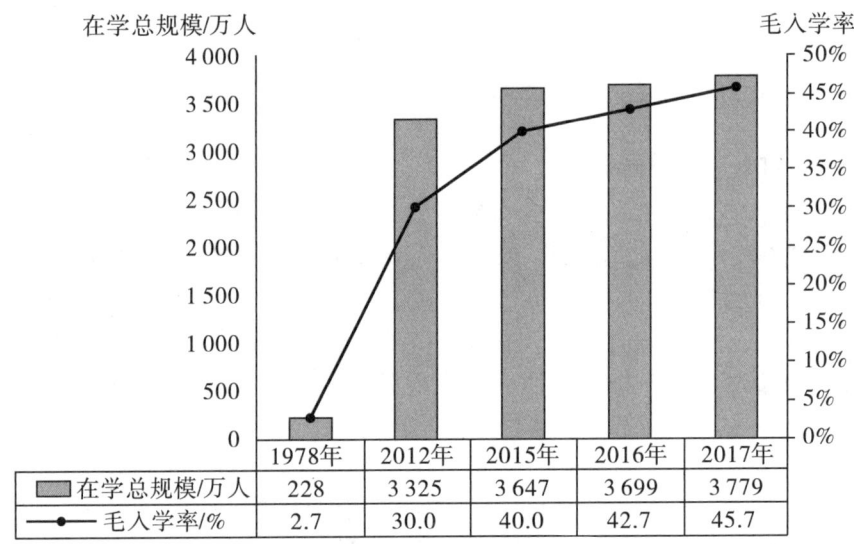

图 4-1 1978 年、2012 年、2015—2017 年高等教育在学规模和毛入学率⑥

与此相伴的还有高等学校校均规模的不断扩大。我国普通高校校均规模,1978 年为 1 413 人⑦,2000 年为 5 289 人,2007 年为 9 878 人,2016 年为 10 384 人。⑧这意味着我国普通高等学校在校生规模于 2016 年已达万人以上,某些高校在校生规模早已在 2 万~3 万人。

2. 高校办学空间的拓展

伴随着我国高等教育办学规模的不断扩大,我国高校办学空间也在不断拓展。主要有如下几种表现形式:一是高校合并。这是指在国家"共建、合

---

①④ 赵俊芳. 中国高等教育改革发展六十年的历程与经验[J]. 中国高教研究, 2009 (10): 3-10.

②⑤⑥ 2017年全国教育事业发展统计公报[EB/OL]. [2018-10-07]. http://www.moe.gov.cn/jyb_sjzl_fztjgb/201807/t20180719_343508.html.

③ 高等教育在学规格包括研究生、普通本专科、成人本专科、网络本专科、高等教育自学考试本专科等各种形式的高等教育在学人数。

⑦ 1978 年数据参见赵俊芳. 中国高等教育改革发展六十年的历程与经验[J]. 中国高教研究, 2009 (10): 3-10.

⑧ 2000 年、2007 年、2016 年数据根据国家统计局网站数据统计而得。

并、合作、调整"的高等教育政策方针的推动下,由2个或2个以上高校进行整合而使高校办学空间得到扩大。20世纪90年代末到21世纪初是我国高校合并潮产生且多校区办学形式比较集中的时期。据统计,1992—2001年的10年间,我国高校进行了275次院校合并,先后有612所高校进行了合并与重组,这也是我国的第一批多校区大学。① 另有统计表明,从1999年到2005年2月,全国高校共合并418校次,涉及高校1 056所,占高校总数的50%以上。② 二是高校扩建。这是指高校通过在同城或异地新建校区而使办学空间得到扩大。高校扩建新校区的主要目的是拓展原有的办学空间,以满足扩大招生规模的需要。在同城新建校区,较具代表性和示范性的做法是大学城模式,一般是由于坐落在中心城市的大学校园在原址扩建受限,只好新开校区,地方政府与高校采用市场运作等机制,统一、集中规划,建成了不同规格的大学城。③ 这种形式典型的代表有杭州大学城、广州大学城等。此外,也有一些学校基于一些沿海地区较发达城市对高等教育的需求,通过与这些城市合作等方式在异地办学,实现了二者各自在知识、文化等方面具有的辐射力优势和地理位置等的区域优势的互补,比如2000年左右,珠海大学城、深圳大学城和深圳虚拟大学园相继吸引了一批国内知名高校开展异地办学,并在国内产生一定的示范作用,随后在苏州、威海、青岛、合肥、杭州等城市也掀起高校来此异地办学的热潮。三是混合型。这是指高校办学空间之所以得到扩大,是通过合并和扩建共同达成的。

从异地办学来看,有高校与地方政府联合办校、高校与地方政府联合办学、迁校形成两地办学后独立办学等三种形式。④ 以上仅仅是列举了近些年来,中国高等学校校区在变迁中所呈现的几种主要形式,不排除在实践中还有一些其他更为创新的做法,如有的学校为了暂时缓解规模扩大所带来的教学用房资源的紧张等问题,租用某一场地作为学校的一个校区。

3. 高校类型的不断丰富

我国在大力推进高等教育大众化进程之前,高等学校以精英教育为主,很多高校可以称为研究型大学或研究型高校。但是在高等教育大众化推进过

---

① 唐宇聪,陈凤兵,翁晗. 高校多校区办学现状、问题与对策:以H大为例 [J]. 荆楚学术,2017 (7):36-40.

② 辜少强. 高校多校区办学管理问题的实践与探索 [J]. 高教探索,2015 (8):32-35.

③ 宋承祥. 高校多校区办学现象透视 [J]. 当代教育科学,2004 (11):24-26.

④ 史秋衡,康敏. 我国高校异地多校区设置管理研议 [J]. 国家教育行政学院学报,2017 (7):21-26.

程中，原来以研究型为主要特征的高校也承担了高等教育大众化的任务，使其精英教育的特色逐渐被淡化。不过，我国高等学校在高等教育大众化进程中仍然在不断丰富其类型和进行多样化发展，特别是 2010 年以来，高等教育内涵建设日益得到重视和加强，我国高等教育发展的主要思路已由规模扩张和空间扩展为特征的外延式发展向以质量提高和结构优化为核心的内涵式发展转变。一方面，《国家中长期教育改革和发展规划纲要（2010—2020年）》和《国家教育事业发展"十三五"规划》都明确规定要建立我国高校分类体系。省级政府也日益认识到高等教育资源分配方案应针对不同类型的高等学校进行设计。虽然从省级层面到国家层面一个完整的、权威的、系统的高等学校分类体系还没有完全真正确立，但是国家和很多省份都在积极探索和实践能够充分反映、符合当前高等教育发展的高等学校的类型体系。

比如，上海市早在 2001 年之前就已开始酝酿对高等学校分类，最初对高校分类的思路按两种方法进行：一是按照办学层次分为"985"高校、"211"高校、老本科高校、新建本科高校和高职高专院校；二是按照学科类型分为文科类高校和非文科类高校。[①] 然而，这种分类方案并未获得一些高校的认可。2015 年 12 月上海市教育委员会等五部门联合印发的《上海高等教育布局结构与发展规划（2015—2030 年）》，采用二维分类法对上海市高校分类发展体系予以明确规定：按照人才培养主体功能和承担科学研究类型等差异性，将高校划分为"学术研究、应用研究、应用技术和应用技能"四种类型；按照主干学科门类（本科与研究生）或主干专业大类（专科）建设情况，将高校划分为"综合性、多科性、特色性"三个类别（见表 4 - 1）。上海市高校分类发展体系采用的二维分类法，意在体现高等学校以人才培养为核心、以社会需求为导向的办学目标和服务方向，突破了目前我国学界和业界普遍采用的高等学校一维"阶梯式"分类模式。

[①] 李宣海，薛明扬，王奇，等. 上海高校分类绩效评估的思考与实践 [J]. 教育发展研究，2011（17）：1 - 5.

表 4-1　上海市高等学校分类发展体系（2015—2030 年）

类型/类别	综合性/多科性/特色性	人才培养	学位授予	学校层次
学术研究型	以"综合性""多科性"为主	以培养学术研究人才为引领	博士、硕士和学士	本科学校
应用研究型	以"多科性""特色性"为主	以培养应用研究与开发的人才为重点	博士、硕士和学士	本科学校
应用技术型	面向行业以"特色性"或"多科性"为主	以培养专门知识和技术应用人才为主体	专业研究生和学士	本科学校
应用技能型	面向行业、职业以"特色性"为主	以培养专科层次的操作性专业技能人才为主	—	高职高专院校

再如，山东省高校分类主要是通过高等教育名校建设工程实施得以体现与实践的。《山东省教育厅、财政厅关于山东省高等教育名校建设工程实施意见》（鲁教高字〔2011〕14 号）将高等学校名校建设分为三类，即应用基础型人才培养特色名校、应用型人才培养特色名校、技能型人才培养省级示范高职高专院校。此种分类的最大特色在于以人才培养的类型为核心来界定高校的类型，但是由于此种高校分类实践是依托名校建设工程而实施的，因此并不面向山东省所有高校。可以说，在一定程度上这种分类在山东省内更多的是具有一种示范性的意义。

而近年来，在高等学校分类实践中较有特色的应属广东，虽然其高等学校分类体系还没有完全建立，但其一些有益的探索可为部分省份学习借鉴。广东省于 2015 年开始相继推出广东高水平大学建设、广东高水平理工学科和理工科大学建设、普通本科高校转型发展试点、一流高职院校建设，特别是在 2018 年上半年，又提出高等教育"冲一流、补短板、强特色"提升计划，该计划紧密对接世界一流大学和一流学科建设，构建高等教育"冲一流""补短板""强特色"分类发展体系，引导高校科学定位，汇聚优质资源和力量在关键领域实现重点突破，推动高校在不同层次争创一流，实现特色发展。

虽然目前我国高等教育分类实践已形成研究型高校、应用型高校、职业技能型高校三种基本类型，但是由于我国地域广阔，各省份、区域的经济、社会、文化、教育等特点及其发展水平有差异，由此导致高等学校的多样性表现仍有不同，在三种基本类型内部仍有继续分类、分层的必要性与可能性。

（二）知识生产模式的变迁

根据吉本斯等学者的研究，知识生产模式主要分为两种：模式Ⅰ是以学科为基础，由学术兴趣所引发，由学术共同体和学者所主导的知识生产；模式Ⅱ是为了某种实用目的而进行的知识生产，是由政府、学界、企业等多种因素、多种主体共同作用的结果。黄文武等学者在其研究中提到的知识生产模式分为三种：模式1，即"洪堡模式"，是在"第一次学术革命"下产生的知识生产模式，它强调"为知识而知识"的理念并坚持大学学术自治，知识生产遵循严格的组织规则和学科范式；模式2，即知识生产已经从大学蔓延出来并越过组织边界，表现为从认知的能力需求到社会合理性及知识效用性的转变，知识开始资本化；模式3，由华盛顿大学教授伊莱亚斯·卡拉扬尼斯与坎贝尔首次提出并系统论述，是对模式1和模式2的逻辑拓展，核心要素是"创新网络"和"知识集群"，并包括人力资本、权力资本、社会资本和经济资本等要素，强调大学、产业、政府、公众及公民社会之间分形协同创新，并以竞合（co-opeting）、共同专属化（co-specializing）和共同演进（co-evolving）的逻辑机理驱动知识生产资源生成、分配和应用过程，最终实现知识创新资源优化融合。①

无论是知识生产模式Ⅱ还是模式3下的知识生产，都不再局限于大学内部，而是拓展到大学之外，包括非大学的研究机构，政府、企业的实验室，社会咨询机构，智库等，通过大学和大学之外的组织和机构共同组成的网络式结构进行。当下时代，知识生产已由模式1转向模式Ⅱ，且模式2正向模式3转变，这种趋势越来越明显，这必将对大学的人才培养、科学研究、社会服务等产生影响，其中当然也包括对大学治理的影响，如"带动大学内部的机构重组，跨学科组织的新型组织化图景已经在大学中蔚然成风，打破学科分界是必然趋势"，同时由于"高等教育由注重学术本位到更加重视社会本位，日益强调知识的应用价值，强调高等教育机构为社会做出的现实价值；由注重知识生产到注重知识生产与应用并重，重视产学研相结合"，因此"大学已不再仅仅是知识生产机构，而更重要的是作为一个知识传播与普及、扩散机构而存在"，这种"知识生产模式的变化带来了大学治理主体的

---

① 黄文武，胡成功，毛毅莲. 大学治理由自治到共治的理性审思与现实构建：知识生产模式转型视角 [J]. 学术探索，2018（2）：132-137.

复杂化和多元化"。①

从黄文武等学者的分析来看，模式1下的知识生产呈现出"大学基础研究—相关组织应用研究—政府、企业接纳与运用"单向线性创新模式，大学处于知识生产的上游；在模式2中，知识的生产与传播是一个被选择的结果，知识生产活动充分考虑到应用语境的知识需求，大学、政府、企业之间由"三元分立"转变为非线性的链环结构，以"大学—政府—市场/企业"的"三重螺旋"创新系统为适应性情景，知识生产横向联合趋势更加明显；模式3则在"三重螺旋"创新系统的基础上进一步拓展了知识生产的边界，将公众/公民社会纳入知识创新系统演变为"四重螺旋"创新系统，这里的"公众"或"公民社会"既包括知识创新行为主体，也包括公民社会中的知识创新文化、价值观以及公共媒体等要素。② 可见，知识生产模式2和模式3下的大学与外界之间是一种较为复杂的关系，这意味着大学在治理中不可忽略政府、市场/企业、公众/公民社会的诉求、意愿等。

知识生产并不仅限于"知识"本身，很多与"知识"生产有关联的和辅助性的活动同样具有不可忽视的地位与作用，甚至需要特定的机构来进行。"除学术系和ORUs③外，今天一个典型的规模较大的大学还会经营着旅馆和住宿系统、研究园区（可能与商业孵化器连在一起）、医院、大学出版社、广播台，可能还有电视台、继续教育部门以及体育娱乐综合体等。这样的院校目前都在进行着十亿美元计的运营。如果用美元测算，教学可能还占不到它们活动的一半，本科教学所占的比例可能更小。这种混合活动中的大多数活动和大学的知识核心有一些关联，但有时候这种联系很微弱。"④ 因此，伴随着现代大学知识生产活动模式的转变和与知识生产有关联、无关联活动的日益增多，大学内部管理事务日益呈现复杂性、多样性，甚至有的具有非常强的专业性，大学治理势必也无法再固守原有的模式与格局，也就是说"高等教育越卷入社会的事务就越有必要用政治观点来看待它，就像战争意义太重大，不能完全交给将军决定一样，高等教育也相当重要，不能完全留给教授们决定"⑤。

---

① 李立国. 大学治理的转型与现代化［J］. 大学教育科学，2016（1）：24-33.
② 黄文武，胡成功，毛毅莲. 大学治理由自治到共治的理性审思与现实构建：知识生产模式转型视角［J］. 学术探索，2018（2）：132-137.
③ 为organized research units的缩写，意为独立组织的研究机构。
④ 罗杰·盖格. 大学与市场的悖论［M］. 郭建如，马林霞，等译. 北京：北京大学出版社，2013：3.
⑤ 约翰·布鲁贝克. 高等教育哲学［M］. 王承绪，等译. 杭州：浙江教育出版社，1987：32.

(三) 大学不断由社会边缘走向社会中心

大学是时代的产物，并在时代潮流的推动下不断发展自己。自中世纪大学产生伊始，一直到高等教育大众化和普及化时代，大学的发展一直和时代脉搏紧紧相扣、相互交织，这里当然也包括大学治理的不断调适与发展，"大学一般已经越来越少地成为'国中之国'"①。弗莱克斯纳曾指出，"大学像其他人类社会组织——如教会、政府、慈善组织一样，处于特定时代社会结构之中而不是之外……它是时代的表现"②。

1904年，威斯康辛大学校长范海斯提出著名的"威斯康辛思想"，主张大学是"瞭望塔"，应作为"公用事业"的基本工具积极参加改造社会的活动，进而成为服务于本州全体人民的机构。③ 这一思想不仅深深地影响了美国高等教育的发展，而且对扩充世界高等教育职能也产生了深远的影响，社会服务由此逐渐被公认为现代大学的基本职能之一。在世界上，有那么一些大学，通过提升自己的社会服务职能成功转型并在所在区域、国家，乃至世界拥有卓越的声誉和影响力，如斯坦福大学、剑桥大学等。20世纪50年代，剑桥大学委员会提交了著名的《莫特报告》(Mott Report)，要求加强教学和科学的联系，着力将研究成果应用于工业、医疗和农业等领域，这标志着剑桥大学对工业发展及与政府合作的态度发生了重大转变。事实证明剑桥大学这一转变是成功的，剑桥大学通过工业领域与国家和社会发生了紧密的联系，不仅助推了英国经济的发展，也使剑桥大学保持了世界一流大学的地位。正如剑桥大学前副校长阿莱克·布罗尔斯所说："我们也许曾经被认为是一座象牙塔——但今天，全世界都可以看到，我们是一座拥有高技术和工商才能的宝塔。"④

与以往不同的是，当今时代的国家和社会对大学有着越来越多的要求，在此背景下大学所具有的人才培养、科学研究、社会服务、文化传承四大功能中，人才培养这一核心功能和中心功能地位，有时难免会被科学研究、社会服务这两项功能所淡化。

现代大学日益被视为国家创新机构，是国家创新战略体系的核心力量之

---

① 克拉克·克尔. 高等教育不能回避历史：21世纪的问题 [M]. 王承绪，译. 杭州：浙江教育出版社，2001：14.
② 亚伯拉罕·弗莱克斯纳. 现代大学论：美英德大学研究 [M]. 徐辉，陈晓菲，译. 杭州：浙江教育出版社，2001：1.
③ 陈学飞. 美国高等教育发展史 [M]. 成都：四川大学出版社，1989：64.
④ 别敦荣，隆芳敏. 剑桥大学的发展历程、教育理念及启示 [J]. 现代大学教育，2011 (4)：36-40.

一，国家有关经济、社会发展的战略部署都直接或间接依赖大学的力量。国家需要大学，大学也离不开国家，二者的关系日益紧密。但在此过程中，国家表现出一种强势的姿态，试图通过加大对大学的投入以更好地控制大学，导致对大学的过度干预，这不仅使得大学的学术自由受到越来越多的限制，而且对大学治理结构、治理权限范围等都有所影响。

随着政府对大学管理方式的转变，有一部分管理事务由第三方社会组织承接，现代大学需要比以往处理更多的与社会有关的一些事务，包括必须要与可能涉及的社会成员（既可能是企业，也可能是社区）打交道，还要面临家长和其他社会成员的问责等。特别是在全球化时代，大学日益成为市场经济的参与者，并乐此不疲，"正如经济学家和商业刊物时常提醒我们的那样，大学今天是在做为知识经济开发人力资本投资的生意"[①]。对于大学对市场的追求，可以举出很多例子，如学科专业的设置要考虑市场需求，追求经济利益，国家虽然赋予高校专业设置自主权，但是专业就业率仍是一些省份和学校决定某一专业是否能够得以继续开设的重要指标；近些年来，为提升大学的社会服务功能和人才培养质量，产学研合作或产教融合受到极大追捧，但从大学治理视角来看，产学研合作可能使大学为了追逐"产"和"研"而不得不接受市场的某些规则，并在市场化的熏陶下受到市场的过度干预。

当大学从社会边缘走向社会中心，与社会携手同行时，大学内部治理的结构与方式自然也要随之改变，有些事务处理也远远超出那些擅长处理学术事务的教授们的能力范围，即使他们能够处理，但教授们的兴趣往往并不在此。此外，"在全球化和反全球化角力、国际化势不可挡，大学和外部世界的边界日渐模糊的情况下，大学迎来了新的身份：交互大学（INTER-VERSITY）。交互大学的治理已经超出了大学内部的治理层面，涉及更为复杂的包括国际互动在内的内外治理问题"[②]。

二、作为复杂机构的大学组织

"无论是公共或私人、国家或地方、教学导向或科研导向、陈旧或新颖，大学都是一个复杂的组织。这种复杂性具有以下特色：（1）多元组织层次；（2）这些层次和外部环境具有各种互动的渠道；（3）与其他类型的组织层

[①] 埃里克·古尔德. 公司文化中的大学：大学如何应对市场化的压力 [M]. 吕博，张鹿，译. 北京：北京大学出版社，2015：20.

[②] 周作宇. 微观政治：大学治理中的一个特殊场域 [J]. 清华大学教育研究，2017，38（2）：14-25.

次相比，它们具有相对薄弱的世袭权；（4）密集和多样的价值体系；（5）与政治、社会、经济和文化环境动态关系的结果。因此，大学的权力和结构是高度分散的，目标多元化、复杂化，难以相辅相成，难以衡量，自主性与资源依赖相互并存等。"①

大学在很长一段时间里，其校长、副校长多从资深教授中选拔，在履行完校领导职务后再返回到他们的学术工作中。由于当时大学组织结构比较简单，即使这些大学校长对自身工作缺乏足够多的认识、知识与能力，对于当时的大学管理及其运行影响也不大，但现在不是。现在很多大学校长仍然是从一些资深教授中选拔出来的，但现代大学需要一个更为专业的管理团队，特别是一个专业的行政管理团队，而这些资深教授有的难以胜任。

大学组织的复杂性，主要体现为以下三个方面。

（一）大学是一个多元利益相关者的聚合体

改革开放以来，我国经济社会经历了很多重大调整，由计划经济体制逐步向市场经济体制转变，这种改革与调整也从多方面多层次对大学产生重要的影响，市场力量和社会力量不断介入大学管理及其办学活动，使得大学逐渐成为一个多元利益相关者的聚合体，包括政府、教师、学生、家长、合作办学者、捐资者、社会等。

（二）大学是一个学术组织与行政部门共存的组合体

大学，最初是纯学术性的，但是在其发展过程中，学术的纯粹性越来越难以保持。大学作为现代社会的轴心机构，缘于其在过去的一百年中，甚至在更久远的年代，并没有因社会动荡、石油危机、世界大战、经济危机等而消失。作为现代社会的轴心组织，它们"对社会的生存和繁荣是如此重要，以致它们越来越多地受中央政府的直接或间接的控制"②。在现代社会，政府对大学的控制方式主要是通过拨款，而且这种控制力有的也渗入大学治理

---

① 菲利普·G. 阿特巴赫. 世界级大学领导力［M］. 姜有国，译. 北京：中国人民大学出版社，2014：29.

② 伯顿·克拉克. 高等教育新论：多学科的研究［M］. 王承绪，徐辉，等译. 杭州：浙江教育出版社，2001：45.

内部，有学者将这称为"官僚组合主义"（Bureaucratic corporatism）①，随之在大学内部逐渐形成了学术权力与行政权力两大力量。学术权力与行政权力这两大力量天然具有一种对抗性，因此需要一些制度和机制促进二者的沟通、理解与合作。

（三）大学是一个为公共利益服务的公共机构

作为为当今社会提供公共教育、传播传承公共知识的公共机构，现代大学不再是私人场所。现代大学早已从中世纪的宗教和世俗的知识团体，演变成今日在以知识为基础、以科学为方向的技术型后工业社会中起关键作用的机构，大学是人类社会的动力站。② 公共性是现代大学的本质属性，也是现代大学的重要特征之一。美国总统托马斯·杰斐逊在1819年弗吉尼亚大学建立时有一句名言，即"为国家功用而建立的机构必须满足公共需求"③。大学的公共性，主要源于两个方面：一是高等教育的公共产品属性；二是国家对大学的干预。"这是现代大学的基本价值和准则，也是政府干预大学的合法性根源。"④ 关于大学的公共性，一般认为是指大学作为实施高等教育与知识创新的组织，具有公益性、公正性、共享性、参与性、责任性等基本特征。⑤ 在大学治理上，大学的公共性则表现为大学治理中的利益共享、民主管理和多方参与。⑥

三、成长在国家中的大学

现代大学治理制度的构建并非空中楼阁，而是深深地受到其所处的国家和社会种种制度的影响，其设立更加需要建立在有关国家制度和社会制度基

---

① "官僚组合主义"不仅开始成为大学的办学环境，而且渗透高等教育本身，并往往形成学者和专职行政人员之间对立的局面。大学内部的官僚主义化在意大利、联邦德国、英国这些具有学者管理传统的国家发展较缓慢，但在美国却发展很快。（伯顿·克拉克. 高等教育新论：多学科的研究［M］. 王承绪，徐辉，等译. 杭州：浙江教育出版社，2001：45.）

② 伯顿·克拉克. 高等教育新论：多学科的研究［M］. 王承绪，徐辉，等译. 杭州：浙江教育出版社，2001：24.

③⑤ 胡莉芳. 大学公共性的实现在于公共资源的优化配置［J］. 北京师范大学学报（社会科学版），2008（4）：26-30.

④ 叶赋桂，陈超群，吴剑平. 大学的兴衰［M］. 北京：清华大学出版社，2016：26.

⑥ 胡莉芳. 公共性视域下的现代大学治理［J］. 北京师范大学学报（社会科学版），2012（4）：29-36.

础之上。美国学者克拉克·克尔认为美国学院与大学治理是传统与体制的积淀。① 这也就说明，任何一所大学内部治理制度的设计无不受到其所在国家的政治、历史、文化的影响与制约。因此，西方任何国家的大学治理的经验都无法照搬到我国大学内部治理中。也就是说，"我们要在大学所蕴藏和传承的中华民族历史文化基础上，建立并不断完善具有中国特色的内部治理结构、体制与机制"②。

同样，大学的治理模式也离不开它所在国家的治理样态，因为它"也成为不同社会形态下所形成的不同质态治理策略的回应，从而形成符合自身内在逻辑的历史演变'谱系'"③。后现代主义学者让－弗朗索瓦·利奥塔把人类社会划分为前现代社会、现代社会和后现代社会。前现代社会是一个以前工业文明为基础，以理性与信仰为追求的社会；现代社会是一个以工业文明为基础，以科技为主要动力的变革社会；而后现代社会是一个以后工业文明为基础，尊重差异的多中心治理格局的社会。④ 由此，有学者指出，这三种社会形态对应的社会治理模式分别是权力主导型社会治理模式、管理主导型社会治理模式和服务主导型社会治理模式，与三种社会形态和社会治理模式相呼应，大学历经了自治主导型、管治主导型、共治主导型三种治理模式，构筑了大学发展的内在逻辑、制度逻辑、结构逻辑的历史脉络。⑤

因此，大学首先是国家的大学，无论它是公立还是私立的，它的发展及其相关制度体系、治理结构等都将呈现国家的影子。"大学按它们对促进普遍知识的性质而论，本质上是国际性的机构，但是它们越来越多地生活在一个对它们抱有企图的民族国家的世界。"⑥ 习近平总书记提出要扎根中国大地办大学，实质上也是在强调大学首先是国家的大学。从大学发展史来看，没有超越民族国家的大学。成长在国家中的大学，可能受到国家如下几个方面的影响。

（一）政治制度

1902 年，普林斯顿大学时任校长伍罗德·威尔逊认为，"学术机构不是为了个人，而是为服务公众存在的。随着国家事务日益复杂，国家利益

---

①② 刘尧. 大学内部治理亟待突破的八大困境 [J]. 高校教育管理，2017（1）：21 - 26.

③⑤ 柳翔浩. 转换与融合：大学治理模式的历史社会学分析 [J]. 教育研究，2016（7）：83 - 90.

④ 石中英. 知识转型与教育改革 [M]. 北京：教育科学出版社，2001：47.

⑥ 克拉克·克尔. 高等教育不能回避历史：21 世纪的问题 [M]. 王承绪，译. 杭州：浙江教育出版社，2001：5.

遍及全球，国家的需要是非常明确的。国家需要高效而智慧的人才"，同时"我的责任几乎完全是政治的，我自己总是将大学视为一个政治机构，我不是将大学看作一个直接处理政治问题的机构，而是指大学是一个促进国家权力和整个智慧的机构"。① 此外，我们在探讨中国大学治理时，主要关注了行政和学术这"二元"，而较少谈及"政治"，而行政并不能替代政治，政治同样是大学治理中不能忽视的"一元"。就大学治理而言，既包括宏观政治也包括微观政治，宏观政治主要指基于大学组织活动场域之外客观存在的政治。对大学治理改革构成主要影响的是宏观政治，突出表现为政党制度在我国大学组织中嵌入和政治力量对大学校长的"控制"。

1. 政党制度在大学组织中的嵌入

从国家建构角度看，当下的中国是"以党建国""以党代政"，这就使得政党制度在大学组织体的嵌入顺理成章地成为中国大学内部治理的一个显著特征，进而在中国大学内部治理的组织架构中形成"一个复杂而精巧的政党组织系统"②。这其中的原因，可以追溯到与西方不同的中国政党制度的产生。"中国的政党并不是西方国家宪政体制下的产物，而是国家危机情势的产物；不是国家秩序产生了政党，而是政党构建了国家秩序。政党首先创建了军队并建立了新的国家秩序，由此产生了国家秩序内的议会、政府和社会团体。中国这种'以党建国'、'以党代政'的政治实践策略，完全不同于西方早期发达国家的制度变迁路径，与西方国家'社会中心论'和'国家中心论'的理论导向均有很大差异"。③

我国《高等教育法》第三十九条规定，由国家举办的高等学校实行中国共产党高等学校基层委员会领导下的校长负责制，中国共产党高等学校基层委员会按照中国共产党章程和有关规定，统一领导学校工作，并履行和承担一定的领导职责。政党制度介入大学治理，主要途径与方式有：一是确立党委领导下的校长负责制；二是掌控校级领导的任命权，对大学所有党员身份的人员包括行政人员和教育教学人员都进行党组织管理。学者蒋达勇在现代国家建构视角下对中国大学治理脉络发展进行分析时指出：出于对新中国成立以来知识分子改造、"反右"、"文化大革命"以及"八九政治风波"的深

---

① 张澜，徐禹. 简论20世纪初普林斯顿大学改革［J］. 江西社会科学，2015（12）：102－108.

② 蒋达勇. 现代国家建构中的大学治理：基于中国经验的实证分析［M］. 北京：中国社会科学出版社，2014：202.

③ 蒋达勇. 现代国家建构中的大学治理：基于中国经验的实证分析［M］. 北京：中国社会科学出版社，2014：288.

刻记忆，无论是出于"自保"还是其他原因，高等学校广大师生逐步开始回避对政治的关怀，甚至不再主动触碰政治，也不轻易公开表达自己对政治与政策的真实理解。几方面因素汇聚到一起，最终这一阶段（1989—2010年）的大学不仅缺少对国家层面的政治关怀，甚至也不再将精力投入与国家政治密切相关的大学治理改革中，使得这一时期的大学整体上呈现出"发展替代改革"的趋势。因此，即使国家、社会和大学共同感觉到大学治理的不完善，但对于这方面的改革，既缺乏国家自上而下的"拉力"，也缺乏学校内部自下而上的"动力"，更缺乏其他社会力量介入的"推力"，中国特色的现代大学治理处于一种"改革等待"之中。①

特别是近年来《关于校长负责制的实施意见》《关于认真学习贯彻〈关于坚持和完善普通高等学校党委领导下的校长负责制的实施意见〉的通知》《关于加强和改进新形势下高校思想政治工作的意见》等文件的相继颁布，党委领导下的校长负责制得到进一步明确和强化，坚持党对高校的领导及加强和改善党对高校的领导是我国大学治理中一个突出的特征。

2. 政治力量对大学校长的"控制"

在中国的大学治理中，政党—国家对其进行了积极干预和深度介入，进而形成与西方大学治理不同的治理之路，"……当理性梳理1949年以来我国学术职业发展的脉络时，很难找到一条完整的内在逻辑发展脉络，学术职业的发展往往是被外部力量强行中断或被迫发生转型，学术职业发展内在逻辑的种子并没有在中国大学的土壤和环境中健康培育和茁壮成长。在所有的外部驱动力的作用中，政治力量及其相关的政策因素一直左右和控制着改革开放前我国学术职业发展的整体脉搏，是改革开放前我国学术职业兴衰的主导力量所在"②，这也鲜明地体现为大学校长主要以行政任命的方式选拔产生。③ 选拔标准主要是参照选拔政府官员的标准，因为大学校长都具有相应的行政级别，同时各大学基于其主管部门的不同而由相应级别的政府负责选

---

① 蒋达勇. 现代国家建构中的大学治理：基于中国经验的实证分析 [M]. 北京：中国社会科学出版社，2014：160.

② 宋旭红. 学术职业发展的内在逻辑 [M]. 武汉：华中科技大学出版社，2008：219.

③ 2011年，我国开始在东北师范大学和西南财经大学2所教育部直属高校开展大学校长公开选拔的试点工作；2012年12月，教育部再次在北京科技大学、北京中医药大学和中国药科大学3所直属高校开展公开选拔校长的试点工作。但之后较少见到有新的试点大学。虽然教育部以公开选拔大学校长试点的方式积极推进大学校长遴选方式的变革，但是从实质上看并未改变当前行政任命选拔校长的方式，同时公开选拔制度仍然延续着行政化的选拔思维，如遴选标准中对校长行政职务经历的要求等。

拔任命——采取的主要方式是遵循党管干部的原则，由大学所属的上级党委组织部门和政府行政部门选拔任命，一般先由上级党委组织部门对人选摸底考察，然后在特定范围内组织民意测验和推荐活动，经过综合考虑后交由上级主管领导作为决策参考，最终由上级主管领导决定。因此，以选拔任命方式产生的大学校长，需要执行政府的指令、任务、计划等，需要以行政手段来管理大学而不是治理大学，其身份具有浓厚的官僚色彩，因此我国大学校长并非是职业化的校长，而是"职务化校长"①。此外，行政任命的大学校长，往往与其他政府官员一样有一定的任期限制，"一项针对北京大学、清华大学、中国人民大学、浙江大学等8所著名研究型大学校长任职年限的抽样调查显示，这些大学校长的平均任期为5.9年"②，这显然与大学并不合适。

这种行政选拔任命，并非是一种公开性的选拔，其对大学治理带来的消极影响主要有三个方面。

一是大学校长主要是对上级负责，即对任命其的政府和组织负责。正是由于大学校长对政府表现出较强的负责与服从精神，易忽略对下级和师生的责任感与服务意识，易生唯上不唯实、偏好政绩的倾向。因此，中国的大学校长更像是官员，并且是行政级别并不低的行政官员。官场上的一些官僚作风和习气多多少少会侵袭和影响到大学校长，有些校长官本位思想和意识较浓，管理意识强而服务意识弱，在师生眼里校长往往高高在上、官气重等。梅贻琦曾说："教授是学校的主体，校长不过就率领职工给教授搬搬椅子凳子的。"③ 而如今能够"搬搬椅子凳子"的大学校长又有多少？现代大学治理中大学校长的角色并非"官员"而更像是"服务员"，有关现代大学治理改革的走向和趋势必然会削弱当下校长所具有的优越感，因此大学校长也会成为现代大学治理改革的阻碍因素之一。

二是校长充当了政府干预大学办学的媒介。政治觉悟是对大学校长的素质要求之一。政府的意志可以通过校长来表达、贯彻与实现，这就不可避免地对大学办学行为形成一些干预或干扰。这一方面使办学自主空间变得压抑，以致在强调下放办学自主权以来，很多高校并未感受到办学自主权得到实质性的扩大；另一方面也会使大学无法坚守办学方向，往往并非能够完全

---

① 刘新才. 我国当代大学校长职业化的现实路径 [J]. 现代教育科学，2007（6）：45-60.

② 熊丙奇. 行政级别阻碍大学校长职业化发展 [J]. 教育与职业，2015（2）：53.

③ 王洪才. 大学校长：使命·角色·选拔 [M]. 上海：上海交通大学出版社，2009：95-97.

自主决定如何办学，有时在无法找到自我办学定位与政府意志无法调适、平衡时，学校会选择向政府意志靠拢。政府对大学办学的干预，也充分表现在大学治理问题上。

三是并非所有大学校长都具备良好的大学治理能力。政府选拔任命大学校长时，更多关注的是其政治性，并未将选拔人选是否具备良好的大学治理能力列入考察的重要选项，如对与大学治理能力相关的道德品质、办学理念、行政能力等素养并没有给予充分的考虑。然而良好的大学治理能力与素养是大学校长候选人最需要具备的素质之一，理应予以重点关注。

上述这种政治制度对大学治理的嵌入，使得人们在大学治理中难以厘清政党、政府、大学之间的角色及其彼此之间的关系，甚至政党和政府有时是一种合体关系，大学看上去更像是政府及其职能部门的隶属单位，其仅具有一种虚化的法人主体地位。特别是"政党与政府的深度交融，使得大学更加容易丧失自主、自治的空间，进而导致大学的'盲目顺从'和'犬儒化'，不愿承担改革风险，因为任何对政府部门不当行为的抑制，都可能被上升为对党的不够忠诚甚至反对"①。

（二）文化传统

文化存在的基本形态是知识、艺术、道德和制度，核心是一种信仰。②在中国传统文化中，对大学治理产生较深影响的主要有集权思想、"官本位"文化和重实体轻程序思想。

1. 集权思想

集权思想作为一种处理中央与地方权力关系的方式，是中国文化的重要内容之一，它强调求中、同一和集权的必要性。集权，是大一统观念的基础，其理论体系是在独尊儒术后完成的，并成为千百年来中华民族的凝聚力，同时也是中国各类早期思想和学术派别有关政治观点的取向，即强调政治上的集权思想和专制主义，只是各家寻找的方式有别罢了。《国语·晋语八》中有云："图在明训，明训在威权，威权在君。君抢贤人之后有常位于国者而立之，亦抢逞志亏君以乱国者之后而去之，是遂威而远权。民畏其威，而怀其德，莫能勿从。"此处表达了威权在君不在臣、不在民，君主的威权使得民众畏惧其权势，进而达到天下太平的思想。孔子曾经对政治休制

---

① 蒋达勇. 现代国家建构中的大学治理：基于中国经验的实证分析 [M]. 北京：中国社会科学出版社，2014：296.

② 于媚. 文化视野下的大学治理研究 [J]. 江苏高教，2015（5）：41-45.

偏离集权的情况表示过愤慨,坦言道:"天下有道,则礼乐征伐自天子出。天下无道,则礼乐征伐自诸侯出。自诸侯出,盖十世希不失矣;自大夫出,五世希不失矣;陪臣执国命,三世希不失矣。天下有道,则政不在大夫,天下有道,则庶人不议。"此处,孔子所言之"道"就是中国传统文化中的集权思想。

至今集权思想不仅影响着我国的政治制度,也影响着政府对高等学校及高等学校内部的管理制度。集权思想,不仅促使政府对很多高校事务进行统一管理,而且过多干预办学行为,至今都没有给予大学充分的办学自主权;同时也促使高校内部管理日趋集权化,如近年来高校内部管理改革的主要做法是将学校的资源和权力一直在往上收,但责任一直在往下压,政府仍然掌控着高校办学的主要资源,办学经费仍以政府投入为主,捐赠等资金目前在大学仍没有有效的法律制度予以保障和监督,以致大学的捐赠资金及其他有关基金总额无法与世界一流大学相比。集权思想是对"官"威的强调,极大地影响了大学内部治理结构的构建,现有关于大学内部治理的一些改革措施无疑是在削弱"官"威。

2. "官本位"文化

"官本位"文化是封建官僚制度在人的意识形态上的反映,其社会价值观主要以"官"来评定,是否为官和官职的高低成为衡量一个人的社会地位和价值的核心尺度。从历史来看,"学而优则仕"思想与科举制度融为一体后,互为里表,形成"官学一体"的模式,并促使"学在官家""官本位"等社会心理的形成。官员的"恋官情结"和普通百姓的"拜官主义"共同构筑了某些人普遍的超强政治理性和延续数千年的"官本位"社会结构。这种"官本位"不但与科学发展观相背离,也与以人为本相对应,损害党和政府的形象,动摇党的执政基础。

"官本位"主要有五层含义:一是权力的运行以官员的利益和意志为准绳;二是构建严格的上下级制度体系,上下级之间是严格的服从与被服从的关系;三是社会资源的分配标准、分配方式、有关价值判断、社会权力结构等以官员的意志和利益为核心;四是官职有无、大小、高低是社会衡量人的价值的主要标准之一,因而有了"万般皆下品,唯有做官高"的观念;五是社会群体所拥有的敬官、畏官心理。"官本位"体现了一种唯官是从、以官职大小或高低来衡量人的价值的文化和意识。对于"官本位"文化的产生,有学者从历史角度进行了分析,认为主要有三个方面的原因。"第一,儒家'仁义礼智信'的伦理政治说教,表面上看秩序井然融融和美,但其核心总纲却是建构在等级特权之上的'君为臣纲,父为子纲,夫为妻纲'。这种旨在维护等级差序的道统,成为官本位体制的意识形态核心。第二,'学者非必为仕,而仕者必如学'的科举制,将天下士人的聪明才智都吸引到读书做官一条道上,使得官本位进一步制度化。第三,最根本的原因,就是过度发达的官僚政治。"①

"官本位"文化和意识,不仅在官场内部发挥着一定的影响,而且还深深渗透到某些社会群体的意识和文化心理,"在官本主义条件下,不仅社会的经济权益、政治权益和文化权益按照官职等级进行分配,而且对社会历史现象的叙述与评价,也是由官职等级为基本尺度"②,对于远离行政权力系统、以追求学术为主的大学也未能幸免。高校虽然有一定的行政级别,如副部级学校、厅级学校、副厅级学校等;但是高等学校的资源分配也和学校的级别、领导的级别等有着很大的关联性,这就使"官本位"文化有了可乘之机。可见,"官本位"文化及其思想不仅严重损害学术自由,而且还制约我国大学自治空间的进一步拓展。

3. 重实体轻程序思想

回顾几千年来中国法律的发展史,可以清晰看到刑法在我国古代法律制度中占有非常重要的地位,虽然也有一些民事法律,与其形成"诸法合体、刑民不分"、刑律为主的法律制度体系,但是其主要特征是漠视权利、详订义务,表现出浓重的重实体轻程序思想。重实体轻程序思想不仅作用于法律领域,而且也影响着其他社会生活领域。

我国现代法制建设的很多思想是学习、借鉴西方而得,法是权利之学也日益为越来越多的人所认同。对于一项权利而言,实体赋权即"确认"是其获得合法性的前提,"行使"与"保护"则是其存在的根基。正如美国联邦最高法院法官威廉·道格拉斯所说:"权利法案的大多数规定都是程序性条款,这一事实绝不是无意义的。正是程序决定了法治与恣意的人治之间的基本区别。"③ "无论是在客观事实上还是在理论逻辑上,'程序'实际上也应当是居于法律的观念与制度建构及其现实运作的优先且核心的关键地位。"④ 法律程序对权利的保障包括两个方面:一是指引权利人以一定的方式、步骤来主张、行使或实现自己的权利或指引义务人以一定的方式、步骤来履行义

---

① 李紫迪. 约束公权必须破除官本位文化观念 [N]. 东莞日报,2014 - 03 - 24 (B02).
② 俞可平. 什么造成社会的官本位文化 [N]. 社会科学报,2013 - 09 - 26 (6).
③ 季卫东. 法治秩序的建构 [M]. 北京:中国社会科学出版社,1999:3.
④ 姚建宗. 法治的生态环境 [M]. 济南:山东人民出版社,2003:289.

务；二是对纠纷的正当解决，以保障法律所肯定与确认的权利义务得到切实的享有或履行。由此，权利人才真正成为权利的"主人"。程序意识、正当程序等理念在西方国家远远超出了执法、司法等领域，是对社会生活全方面的深刻影响。然而，中国社会在传统上对"结果"的关注往往强过对"过程"的关注，一直存在着"重实体，轻程序"的倾向。我国传统法律文化有着极浓的重实体轻程序的思想，实体正义远比程序正义重要、更有价值、更值得法律去追求。这种思想或认识对当代中国法治化进程也构成了极大的阻碍，在我国现行法律制度及法治运行机制中，仍比较重实体法而轻程序法，虽然近年来我国《刑事诉讼法》对推动国人的程序意识起到了一定的积极作用，但是程序意识在政府的行政行为、学校的内部管理中仍然还有待进一步加强。

（三）经济制度

经济基础决定上层建筑，同时也对社会中各类组织和机构的构成、运行、活动等起着重要的影响与作用。经济制度是人类社会发展到一定阶段占主要地位的生产关系的总和，是指国家的统治阶级为了反映在社会中占统治地位的生产关系的发展要求，建立、维护和发展有利于其政治统治的经济秩序，而确认或创设的各种有关经济问题的规则和措施的总称。根据马克思主义的观点，经济制度是由社会生产力的发展状况决定的。目前我国现阶段的基本经济制度是以公有制为主体、多种所有制经济共同发展，当然此经济制度的确立是自新中国成立以来逐渐演变与确立的过程，而在此过程中计划经济制度曾经深刻地影响着我国的政治、经济和社会生活的各个领域。可以说，在改革开放四十年的今天，虽然随着我国市场经济改革的不断深化，在经济领域计划经济的成分越来越少，但是计划经济制度下所形成的思维定式对高等教育仍有深刻的影响，这其中也包括大学治理领域。

集权性、计划性、政本性是计划经济体制的主要特征。在计划经济体制下，政府对整个国民经济社会的管理是高度集中的，政府是众多国家组织、机构的权力中心，管理方式是典型的以命令与服从为主要内容的内部行政关系。就政府对高等学校的管理而言，政府是公办高等学校的主办者，并形成高度集权的条块分割的管理体制。条，指中央业务主管部门作为主办者并对公立高校进行管理；块，指地方政府作为主办者并对公立高校进行管理。但无论是中央业务主管部门还是地方政府作为公立高校的主办者，都是以中央政府的统一领导为基本原则的。在这种集权体制下，政府对公立高校的管理是一种垂直、直接的管理，并深入公立高校的各个具体细节之中，而其最为直接的表现之一就是高校办学自主空间的局限性和有限性。此外，我国高校办学体制仍主要以国家办学为主，对于社会力量参与高校办学的法律制度及其保护措施仍存在很多不足。

在计划经济体制下，政府有关指令性计划、指标、任务及其他各种具体规定，并未充分考虑到地区、行业、类型等之间的差异，"计划"具有高度的统一性。时至今日，高等教育管理领域仍残留着很多"计划"痕迹，如有关公办高校校领导的任命，我国高校校领导目前实行的是任期制和任命制，其任命由学校主管部门做出。计划性使得政府在对大学进行治理时仍然具有很明显的指令性、计划任务下达与分配性，而缺少市场意识。

计划经济的"计划"本身体现的是政府的意志和意愿，这种计划是需要有关主体予以贯彻、遵守与执行的。而"改革开放之后，新时期所带来的市场自由竞争的理念虽然在某种程度上淡化了学术研究的计划体制和学者身份的政治性，但却并未实质性地触动大学的行政单位性质和教育发展受外部计划调控的方式"①。

四、结语

（一）治理环境的变迁是推动大学治理与时俱进的重要因素

大学治理环境变迁所列诸现象，既是中国高等教育迈入大众化时代所呈现的结果，也是条件，在其共同作用下使得当下中国大学的治理环境更加复杂，使得当下的大学治理无法再延续原有的治理模式、治理理念、治理手段等。

1. 高校办学规模与空间的不断扩大使高校治理模式和格局都呈现多样化

大学数量的增长，使得大学不再是过去精英教育的代名词。实际上现代大学呈现出从事精英教育的大学和参与大众化教育的大学并存的局面。即使是从事精英教育的大学，其在校生规模也较以前有所增加。多校区办学在满足高校办学对空间需求的同时，也给分校区所在地的经济、社会、文化发展等起到了积极的推动作用，丰富了我国高等教育办学模式与经验，但是在校生规模的扩大与多校区办学多是相伴相生的，在此过程中不可避免地使得原有的治理结构面临适度的调整，因为多校区办学在大学治理上所面临的挑战表面上是多区域或多地理空间上管理的复杂性，实质上是多校区之间在办学

---

① 李海龙. 新时期中国大学学术治理改革研究［D］. 南宁：广西大学，2012：13.

思想、校园文化、学科专业、组织制度、人力资源配备等方面的协调、融合、整合等深层次、复杂性问题。如在高校权力机构下设的专门委员会种类的增加，高校治理中专业管理人员的介入；高校类型的不断丰富则对高校治理模式和格局造成更大的影响，因为无法再企望用同一种治理模式和格局来治理所有的高等学校。高校在办学空间和办学规模不断扩大的情况下，实践了三种大学管理模式，分别是以条为主的管理模式、以块为主的管理模式和条块结合的管理模式，其中：以条为主的管理模式指学校对多校区进行纵向式管理，即总校区的行政职能部门以总揽全局、统一规划和领导的姿态对各校区实行延伸性管理；以块为主的管理模式指学校对各校区进行横向管理，即各校区均设有相应的行政职能部门对本校区进行管理；条块结合的管理模式指学校对各校区既实行纵向管理又实行横向管理。

校区的扩大、在校生规模的扩张等使得大学管理机构也比以前要复杂得多，如负责发展国际交流、扩大海外学生生源的国际联络办公室；负责向社会宣传自己学校，扩大生源、扩大毕业生就业比例的市场办公室；为广开生源，日常工作包括向中学生介绍大学课程设置、招生条件、大学各种优越条件的中学联络办公室；主要为加强大学各系与企业联系，从合作开发科研合同中争取科研经费和研究生奖学金的企业合作办公室；等等。[①]

研究型大学的治理与普通本科高校、高职高专院校的治理有很大的不同，前者更需要学者的参与，后者更需要非学者的参与，"非学者对明细的管理的参与，可能对完成非精英功能的影响不偏不倚，或者甚至有益，但是这种参与对完成科研活动和高深学习的教学是具有破坏性的"[②]。克拉克·克尔在讲述加利福尼亚州高等教育总体规划时参考凯恩斯的观点，认为："无论全部是个人主义的经济，还是全部是控制的经济，都不是有效的。更好是在宏观层次实行有引导的经济，在微观层次由个人决定。在高等教育，我害怕个人主义的竞争将导致所有院校都寻求把它们自己均质化，具有作为研究型大学的相似的学术使命，尽管这样符合它们的学术抱负。其他职能对社会也很重要，包括普遍入学和中层高级技能的训练，这些职能将被忽视。"[③]

---

① 张宝泉. 美·苏·英·德·法高等学校管理比较［M］. 长春：东北师范大学出版社，1998：292.
② 克拉克·克尔. 高等教育不能回避历史：21世纪的问题［M］. 王承绪，译. 杭州：浙江教育出版社，2001：81.
③ 克拉克·克尔. 高等教育不能回避历史：21世纪的问题［M］. 王承绪，译. 杭州：浙江教育出版社，2001：145.

高校办学空间的拓展，使得高校的教师和行政管理人员数量也都数以千计，如何管理这些人员，如何提高教师的积极性，如何提高行政管理人员的行政效率等，都是大学在当下要长期予以关注、解决的问题。

2. 知识生产模式的转变和社会服务的深入使大学治理领域更加宽广

知识生产模式的转变，大学由社会边缘走向社会中心，使得大学的预算、大学经费等都较以前有了很大的变化，并使大学治理日益分为学术治理和非学术治理两个明显不同的领域。大学的经费达到几十亿元的学校日益增多，大学堪称世界上最大的雇主。正是基于这些变化，现代大学需要各种类型的专业管理技能人才，如金融、会计、法律、心理、资产运作、后勤服务、公关、营销等，所有这些都远远超出了学术管理的范畴。同时，在这种变迁下，大学的核心功能并未被撼动，人才培养、科学研究、社会服务、文化传承与创新仍是大学的四大功能，只是它们比以往需要更多的一些辅助性的行政服务。

因此，我们必须清醒地认识到，现代大学，既需要学术管理，即在学术管理上仍需要有学术人员的参与，甚至由他们来最终决定，也需要专业化的管理与行政，而这些并非是学术人员能够完全胜任的，甚至可能既不是大学教授们擅长的，也不是他们感兴趣的。显然，传统的学术治理已不能回应现代大学所面临的日益复杂的大学治理问题。在大学治理这个问题上，教授们对学术治理拥有更多的决定权，而较少涉足非学术治理领域。

3. 处在社会中心的大学治理主体呈现多元化

大学由社会边缘逐渐深入社会中心，使得大学与社会之间有了比以往任何历史阶段都更加密切、紧密的联系，二者甚至互相依存。在此过程中，社会也自然成为大学的一个利益相关者。作为利益相关者，社会如何寻求、保护自身在大学中应有的利益，参与大学治理无疑是一个有效的途径，而大学也需要通过一定的治理机构倾听来自社会的声音和利益诉求，以使自身和社会维持一种和谐的关系。当社会参与大学治理，成为大学治理的一个主体时，大学治理主体就变得更加多元化了。

（二）作为复杂机构的大学组织决定了大学治理结构和体系设计的复杂性

作为复杂机构的大学组织，在大学治理中必须充分考虑诸多利益相关者的利益，既要尊重又要最大限度地予以满足。这些利益相关者之间的利益有时是冲突的，有时又被共同的利益紧紧地联系在一起。因此，大学治理既要充分发挥这些利益相关者参与大学治理的积极性，又需要在它们之间找到一种平衡。平衡的要义即如何进行权力的分配，或者说大学治理实质上也是一个权力分配的过程。为了使大学治理在冲突中获得平衡，在平衡中获得发展，产生了大学的共治思想、理论与实践。共治，并不意味着凡事都需要所有利益相关者参与、表决等，这其中有多种可选择的方式。作为复杂机构的现代大学组织继续沿用大学发展初期的治理模式显然是不适宜的，"就像战争意义太重大，不能完全交给将军们决定一样，高等教育也相当重要，不能完全留给教授们决定"①。伯恩鲍姆也曾指出，"许多传统上通过学术人员来治理学校的大学面临着更急迫的改革需求，因为大学治理中僵化的体制不能应对快速变化的内外部环境这一需求"②。作为公益性的组织，大学需要接受社会的监督，同时也使政府参与大学治理有了合法性。

（三）成长在国家中的大学是大学治理的"国别性"标识

我国大学自诞生以来就孕育有政治基因和国家意志。③ 大学是成长在国家中的大学，意味着大学治理体系和结构的设计不可忽视国家政治体制对其重要影响与规制作用，但这并不意味着大学要一味地全盘接受种种因素的影响与制约，而是需要大学在保持大学精神和回应国家政治、文化、传统、经济等因素之间找到一种平衡。

从政治因素看，大学治理主体、治理机构的设计必须充分考虑政党以及政治力量的嵌入途径、方式、方法等，试图撇开这些政治因素来进行大学治理体系的构建是不现实的，并非可行之道。当然，政党以及政治力量的强力嵌入，使得政府意志和行政权力在我国大学治理中占据主导性，以致教师、学生乃至社会力量等非政府机构难以介入，同时在大学与政府的关系上，"政治因素在大学治理结构改革中发挥核心作用，大学本身对改革所设定的目标在改革中发挥影响作用反而居其次"④，这都是我国大学治理改革中需要考虑的。

---

① 约翰·布鲁贝克. 高等教育哲学 [M]. 王承绪，等译. 杭州：浙江教育出版社，1987：32.

② 严玉萍. 大学共同治理的新局面：基于组织文化和制度领导的视角：以北欧五所大学为例 [J]. 大学教育科学，2018（4）：78-83.

③ 刘宝存，段世飞. "双一流"背景下我国政府与大学关系重构探究：基于治理理论视角 [J]. 河北师范大学学报（教育科学版），2018，20（1）：8-14.

④ MCLENDON M K, HEARN J C. The politics of higher education [J] //黄文武，胡成功，毛毅莲. 大学治理由自治到共治的理性审思与现实建构：知识生产模式转型视角. 学术探索，2018（2）：132-137.

从文化传统看，大学治理体系的设计应尽可能克服诸如集权思想、官本位文化、传统法律文化的消极影响，要大胆突破这些消极影响给大学治理现代化进程设置的种种障碍。教育法制建设应克服重实体轻程序思想，侧重程序法制的建立与维护。

从经济制度因素看，在计划经济体制下，我国公办高校实质上是政府的附属机构。在市场经济快速发展的今天，这种局面仍未得到根本性的扭转，可以说国家和政府的政治权力和政治利益在公办高校中仍无处不在，"集权的管理体制、政本管理模式和计划运行机制就成为中国公立高校大学制度的主要特征"①，这些无不事关大学的治理结构。在大学治理中应更多赋予大学在治理体系构建中的自主权，减少一些不必要的行政干预。

除了上面提到的大学治理环境给大学治理带来的复杂性外，我们还必须注意到大学本身的保守性。虽然大学是世界上最有活力和最持久的社会组织之一，但是其本质是一个保守组织，而这也正是大学自1520年以来西方世界建立的人类机构中得以坚持到现在的若干机构之一的原因。大学的保守性，是我们在研究大学治理中不容忽视的一个方面。虽然中国大学来自西方，但它长在中国，自其落地生根后，它具有和西方大学同样的保守性。因此，改革开放四十年来，我们在大学治理上的改革不多，虽有改革举措，但效果远远低于改革方案的预期。西奥多·姆·赫斯伯格曾说："大学是所有社会机构中最保守的机构之一；同时，它又是人类有史以来最能促进社会变革的机构。"②"在学术界，改革非常艰难——不管一些教授有关别人事务的改革多么激进，高等教育机构有关他们自己的事务是最保守的。"③

大学的保守性在一定程度上反映保守性大学理想。保守性大学理想具有反思性，对大学现代思想方式所带来的弊端——科学化、理性化、专业化、功利性、实用性等——进行了批判，④ 其力图保持和维护大学的某些基本特质。诸多世界一流大学具有一定的保守性，并在保守中创新，不断走向和保持在世界一流大学之列，如耶鲁大学、牛津大学、剑桥大学等皆如此。

---

① 张俊宗. 现代大学制度：高等教育改革与发展的时代回应 [M]. 北京：中国社会科学出版社，2004：250.

② 叶赋桂，陈超群，吴剑平. 大学的兴衰 [M]. 北京：清华大学出版社，2016：155.

③ 克拉克·克尔. 高等教育不能回避历史：21世纪的问题 [M]. 王承绪，译. 杭州：浙江教育出版社，2001：32.

④ 王晨. 论保守性大学理想的来源、结构和发展 [J]. 清华大学教育研究，2007，28（6）：7-13.

在中国，大学的保守性在某种程度上也反映了大学在有关改革举措上的"惰性"或被动性。这与我国大学的办学经费主要来自政府财政支持及学生学费有关，无论是政府财政拨款还是学生学费，相对来说都具有一定的稳定性，且基本上不与学校办学水平或人才培养质量的优劣相关，在这种"衣食无忧"的处境下，我国大学的改革主要表现为一种自上而下的改革，换句话说大学在改革姿态上往往是被动的。可以说，大学的保守性是大学治理理念与格局保持基本稳定的重要内在因素。

第五章　世界一流大学治理的启示与借鉴

英国的高等教育历史悠久，除了牛津大学、剑桥大学、伦敦大学学院、帝国理工学院等世界级学府外，还有很多世界排名百强的大学，占据着世界一流大学的重要地位。当前无论是以世人所公认的还是以世界大学排行榜的数据为依据，美国在可数的世界一流大学榜上包揽着一半左右的大学。关于世界一流大学治理及关于大学治理的国别研究，国内诸多学者虽已开展了富有成效的研究，但都较为粗犷，因为很多表面上看是行政权力和学术权力分而治之的治理结构，但实则在权力行使过程中都可以发现彼此的影子。因此，对这些大学治理的考察唯有深入内部才可以发现大学治理的精髓和奥妙，而不是那一个看似很简单的框架。

世界上并不存在所谓的理想的大学治理模式。每所大学都是成长在国家中的大学，受到它所在国家的政治、经济、文化传统等因素的共同影响与制约，故大学治理的结构和体系是多样的，如果深入其内部，这种多样性就更加明显。因此，大学"治理模式的选择是与大学的建设目标及其所处的社会环境相联系的"[①]。大学作为存续上百年乃至上千年的少数几种社会组织之一，其多样的治理方式都共同服务于大学这一社会组织实体，那么在它们之间也必然存在一些共性的或者共同遵守的规则或原则，因为"当今世界各国的大学，除了开罗的艾资哈尔大学（Al-Azhar University）以外，均起源于共同的渊源——中世纪欧洲的大学，特别是教授治校传统的巴黎大学。这就意味着当代世界范围的大学的基本组织模式来自一个共同的传统，这是全球化

---

① KUZMINOV Y, YUDKEVICH M. 横向学术治理与纵向行政约束的博弈：俄罗斯大学治理模式变革案例分析 [J]. 韩梦洁，译. 中国高教研究，2016（5）：73-76.

的重要成分。……这种情况也存在于生来就具有坚实的本土学术传统的中国"[①],它们犹如无形的"推手","遵"之,大学就有成为"一流"的可能,"悖"之,大学则可能永居"平庸"。

一、世界一流大学治理的基本结构

从世界一流大学发展的历程与经验来看,有效率的大学管理架构及其制度是关键,这也正是一所大学之所以逐步发展成为世界一流大学的原因所在。在此,本章拟以英国牛津大学、美国普林斯顿大学为例,对世界一流大学的主要治理结构进行剖析,并在此基础上分析其治理结构的有效构成要素。

(一) 牛津大学的主要治理结构[②]

牛津大学是英语世界中最古老的大学,目前已拥有900多年的历史,是世界上现存第二古老的高等教育机构。牛津大学历史悠久、办学特色鲜明、文理学科并驾齐驱、科研成果卓越,培养了26位英国首相、27位诺贝尔奖得主等众多政治领袖、工商界精英、科学巨星、文化精英等。现有38个学院,6个永久性私人学堂(Permanent Private Halls)[③],截至2017年12月,有学生逾23 000人,其中本科生11 747人,研究生11 687人。[④] 2017—2018年,牛津大学在英国《泰晤士高等教育》杂志公布的最新世界大学排行榜中排名第一,在《美国新闻与世界报道周刊》(US News)世界大学排名中位列第五,在QS(夸夸雷利·西蒙兹公司)世界大学排名中位列第六,在世界大学学术排名(ARWU)中位列第七;2017年11月,在全球就业能力最强大学排行榜中,排名第十五。

20世纪80年代以来,牛津大学就面临着治理的困境。2004年10月,时任校长胡德发起了全校范围内围绕牛津大学治理改革的讨论,并发布了一系列文件,其中主要包括《大学治理结构绿皮书》(Oxford's Governance Structure: A Green Paper)、《治理讨论书》(Governance Discussion Paper)、《大学治

---

① 菲利普·G. 阿特巴赫. 高等教育变革的国际趋势 [M]. 蒋凯,等译. 北京:北京大学出版社,2009:21.

② 本部分内容如无特别注明,主要参考《牛津大学治理结构绿皮书》。

③ 参见 http://www.ox.ac.uk/. 最后访问日期:2018-12-22。

④ Student numbers[EB/OL]. [2018-01-06]. https://www.ox.ac.uk/about/facts-and-figures/student-numbers?wssl=1.

理白皮书》（*White Paper on University Governance*）等。虽然这场改革并未取得全面成功，但牛津大学在2002年以来对大学法规和规章的几次修订中，对上述三个文件的部分改革举措与精神仍有所接受与吸纳，主要治理结构也无大的变化。

牛津大学校级治理机构主要有校长（Vice-Chancellor）、副校长（Pro-Vice-Chancellors）、名誉校长（Chancellor）、大学理事会（University Council）和教职员大会（Congregation），见图5-1。① 校友与顾问委员会（Convocation）作为牛津大学历史交替过程中存留下来的一个机关，虽已不享有任何实质性的权力，但正如君主立宪制可以在英国发挥独特作用一样，其在牛津大学仍具有重要的象征意义与价值。

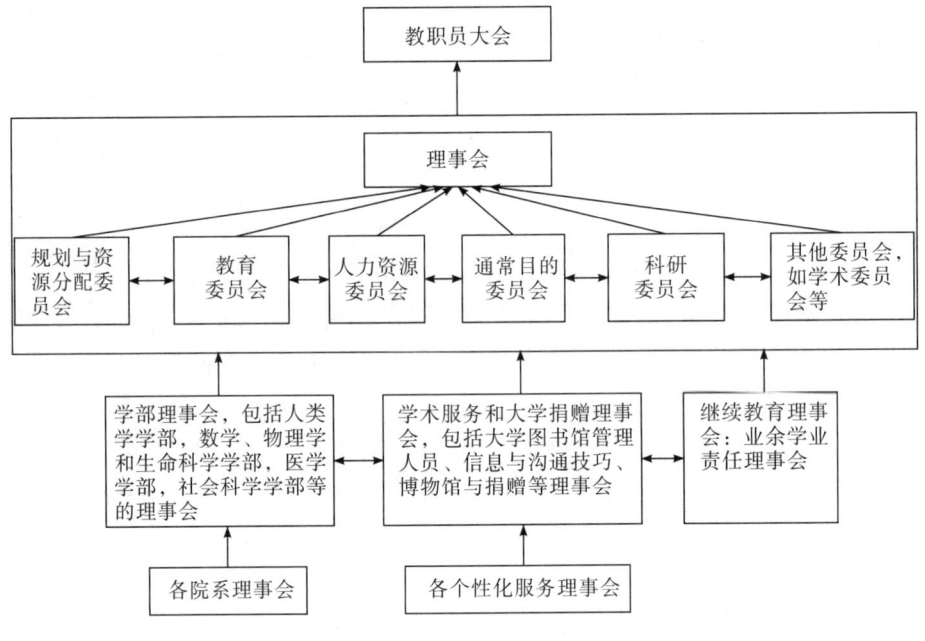

图5-1 牛津大学治理机构结构

注：→表示责任关系；↔表示建议关系

---

① 牛津大学的校级治理机构又有所变化，原大学理事会（University Council）改为理事会（Council），并将Colleges（学院）、学部（Divisions and Departments）等也明确为校级治理机构。（参见 https://www.ox.ac.uk/about/organisation/governance?wssl=1. 最后访问日期2018-12-26）

1. 教职员大会

教职员大会是牛津大学的立法机关和最高权力机构。由教职员大会通过的任何决议或依大学法规和规章采取的任何行动或决定,对牛津大学所有机构和成员具有约束力。

教职员大会由选举出来的大学官员和学院研究人员组成,具体包括名誉校长、事务官(High Steward)、校长、训导长(Proctors)、各系代表①,各学院、社团、永久性私人学堂的行政首长,各学院和社团的财务主管(Principal Bursar)或司库(Treasurer),大学规章规定的其他人员,以及1977年7月1日前教职员大会的成员,共3 000多人。教职员大会设主席一人,在学校庆典、授予学位或荣誉学位的场合由名誉校长担任(名誉校长不在时由校长或副校长担任),其他场合由校长担任(校长不在时由副校长担任)。

教职员大会的职权主要包括:①立法权。包括对大学法规和规章的修改权(有的需要报送枢密院批准,有的不需要),规章制定权,以及对大学理事会或理事提交的有关对大学法规和规章修改、撤销或增补的提案做出决策的权力。②授予学位权。③校长任命批准权。④依大学规章治校的绝对权。此外,教职员大会选出18名执行委员组成七日理事会(Hebdomadal Council),会同校中行政人员每周开会,决定学校的发展方向。

2. 大学理事会②

大学理事会(简称"理事会")是牛津大学行政事务执行机关,是大学机构治理的实体,不仅负责执行教职员大会的决议,而且还享有部分立法权。同时由于牛津大学是具有非常浓厚的联邦主义色彩的大学,各个学院是拥有很强独立性的机构,理事会实际上起着协调大学与各个学院关系的作用,因此理事会是名副其实的统治委员会(Governing Board),也是一个执行和协调机构。

目前理事会有25名理事。理事成员主要分为3类,即当然理事、校外理事和校内理事(不包括当然理事)(见表5-1)。

---

① 目前牛津大学有27个系。
② 也有国内学者将其称为校务管理委员会。

表5-1 牛津大学理事会理事构成情况

大学理事会理事类型及人数			产生方式
当然理事（9名）	校长 学院大会主席 训导长2人 辅政 学部主任4人（分别来自人类学学部，数学、物理学和生命科学学部，医学学部，社会科学学部）		大学章程
校外理事（4名）			大学理事会提名并经由教职员大会批准
其他校内理事（12名）	均为教职员大会成员	学院会议选举产生1人 数学、物理学和生命科学学部与医学学部4人 社会科学学部与人类学学部4人 其他任意成员3人	1名由学院会议选举产生，其他均由教职员大会选举产生

理事会的职权主要包括：①行政权。②大学财政与资产管理权。③执行教职员大会的全部决议，并受教职员大会的行为和决议约束。④依法授权权。即有权依法将其权力委托其他机关或个人行使，包括其所享有的立法权，并有权撤销其委托。⑤立法权。大学规章的制定、否决、撤销或修改权，但对规则委员会制定规章的否决、撤销或修改则须根据教职员大会的决定进行。

目前理事会下设5个重要委员会，分别是教育委员会（Education Committee）、通常目的委员会（General Purposes Committee）、人力资源委员会（Personnel Committee）、规划与资源分配委员会（Planning and Resource Allocation Committee）和科研委员会（Research Committee）。此外，理事会根据需要可以随时设立其他常务委员会或临时委员会，目前有31个常务委员会，临时委员会如选举委员会，负责推荐诸如学部部长人选等。各委员会的委员可以全部或部分为理事会理事，对于非理事身份的委员应由理事之外的个人或机构任命，但委员中不能全部都不具有理事身份（见表5-2）。

表 5-2 牛津大学理事会主要委员会理事构成情况

主要委员会		教育委员会	通常目的委员会	人力资源委员会	规划与资源分配委员会	科研委员会
人数		20~23人	13~15人	15~21人	20~21人	21~24人
主席		校长	校长	主管副校长	主管副校长	主管副校长
成员组成	副校长/校长	校长	校长	主管副校长	主管副校长	主管副校长
	训导长	2人	2人	2人	2人	训导长或辅政1人
	辅政	1人	1人	1人	1人	
	学部	学部教育委员会或相关委员会主席4人	各学部部长4人	学部部长4人；学部董事会任命4人	学部部长4人	各学部董事会任命2人，共8人
	理事会	理事2人①	校内理事3人②	理事1人	校内理事5人②；不动产管理人员委员会、建筑与不动产分委员会和现金使用效益分委员会的主席	理事2人；校外理事1人
	学院大会	学院大会主席或副主席；学院大会高级助教委员会主席、研究生委员会主席、招生委员会主席	学院大会主席	学院大会高级助教委员会主席	学院大会主席或副主席	—

115

续上表

主要委员会		教育委员会	通常目的委员会	人力资源委员会	规划与资源分配委员会	科研委员会
成员组成	学生	大学学生会的访问与学术事务部副部长和研究生部副部长	大学学生会主席	—	学生代表1人③	大学学生会研究生委员会任命研究生代表2人④
	其他	研究生招生委员会主席；继续教育部主任	—	校外人士1人（理事会任命）	校外人士2人（可为校外理事）；规划与资源分配委员会的人员	理事会任命4人（校外人士1人，其他3人来自学部）；学院大会从学院管理机构中任命2人
	可增选	3人（校外人士1人）	2人	6人	1人	3人

注：①由理事会任命，以确保相近学科之间力量的平衡，通常情况下其中1人为研究生教育主管。②此处校内理事仅限于由教职员大会选举产生的数学、物理学和生命科学学部与医学学部4人、社会科学学部与人类学学部4人和其他任意成员3人。③由大学学生会理事会从大学理事会学生代表中选举产生。④一人来自医学学部或数学、物理学和生命科学学部，另一人来自社会科学学部或人类学学部。

3. 校长和副校长

校长由教职员大会批准任命，任命程序由大学理事会制定。校长的权力由英国法律及大学法规和规章规定，或者由理事会赋权。除有例外规定，校长是所有委员会的当然委员和主席，有权参加所有委员会会议；是各类团体的主席，无论其是否为该团体的成员；当名誉校长因故无法履职时，校长可行使名誉校长享有的任何职权。

副校长的职权有一部分来自校长的授权，如校长常常委派副校长代其参加委员会会议并担任该委员会主席等。

4. 名誉校长

名誉校长由校友与顾问委员会选举产生。其和校友与顾问委员会一样，是牛津大学的代表和象征。名誉校长可以终身任职,除非其本人提出辞呈。名誉校长无实质性的权力,其主要职责是主持大学的主要仪式,并向理事会了解与确认大学的主要捐赠人情况。

(二)普林斯顿大学的主要治理结构

普林斯顿大学位于美国新泽西州的普林斯顿市,成立于1746年,是世界著名的综合性私立研究型大学,是美国8所常春藤盟校之一。截至2018年12月,学生共计8 105人(其中本科生5 260人,研究生2 845人),教师1 261人,本科生与教师比为5∶1。[①] 普林斯顿大学以其卓越的科学成就和本科教育享誉世界。2017—2018年,普林斯顿大学在世界大学学术排名(ARWU)中位列世界第六,在《泰晤士高等教育》世界大学排名中位列世界第七,在《美国新闻与世界报道周刊》大学排名中位列世界第九,在QS世界大学排名中位列世界第十一,并在美国大学本科排名中蝉联全美大学第一。此外,在《美国新闻与世界报道周刊》发布的全美高校排名中,普林斯顿大学不仅在1998年与哈佛的本科教育并列为美国之首,之后更有连续8年位列全美高校排行榜榜首的光荣经历。但是,普林斯顿大学的世界一流大学地位的奠定,与其大学内部管理结构及其一系列完善的、相互呼应协调和、与根据学校发展及时代变化不断调适和修正的管理制度有非常密切的关系。

1. 决策体系

普林斯顿大学实行董事会负责制,享有对学校全面事务的最高决策权,诸如有关教学、科研及日常管理均在其领导下开展。此外,在董事会之外,还设有普林斯顿大学共同体委员会,其有权对涉及大学治理和影响到大学共同体福祉的政策问题进行审查和提出建议。二者共同构成了普林斯顿大学的决策体系。

(1)普林斯顿大学董事会(Princeton University's Board of Trustees,简称"董事会")的董事构成情况见表5-3。

---

① Facts & Figures [EB/OL]. [2016-12-12]. http://www.princeton.edu/main/about/facts/.

表 5-3　普林斯顿大学董事会董事构成情况①

董事类型	产生方式	人数	任期	合计
特许状董事	董事会选举产生	依总数和另两种董事人数而定	8 年	23～40 人
任期董事		4～10 人	4 年	
校友董事	普林斯顿大学校友会选举产生	13 人 [至少有 1 名大四学生（由大三、大四学生和研究生一、二年级的学生选举产生）、1 名研究生院校友]	4 年	

　　董事会作为普林斯顿大学最高的权力机构和决策机构，与其他大学董事会一样，享有诸如掌管大学财务和基金、确定大学运行和资本预算等职权。② 凯利委员会（Kelley Committee）③ 在 1969 年提交的一份正式"官方代理政策声明"（Statement of Policy on Delegation of Authority）中强调任何没有被明确委托的事情都仍然是董事会的责任（注：着重号为笔者所加），董事会"不能够再委托给任何其他方，他们的最终责任是由法律规定的，并受普林斯顿大学章程条款约束"④。如今，该声明仍然具有价值，普林斯顿大学董事会会定期对该声明做审查和再确认，但通常只是做很细小的修正，该声明同时也是每年新董事入职培训的重要内容。

　　普林斯顿大学董事会的整体运行，具有如下几个特点。

　　第一，董事分 3 类，每类董事有一定数量限定。普林斯顿大学董事会成员为 23～40 人，但近年来其董事人数一直保持在接近 40 人的规模，如 2013—2014 年度普林斯顿大学董事会共有董事 39 人，2014—2015 年度为 40 人。董事分为 3 类，即特许状董事（Charter Trustees）、任期董事（Term Trustees）和校友董事（Alumni Trustees）。大学校长和新泽西州州长是享有表决权的当然董事。对于 3 类董事的人数构成，普林斯顿大学特别规定任期

---

① 数据来源：http://www.princeton.edu/vpsec/trustees/composition/.
② Powers and responsibilities of the board [EB/OL]. [2016-12-20]. http://www.princeton.edu/vpsec/trustees/composition/.
③ 20 世纪 60 年代后期，时任校长罗伯特·戈欣同意与全体教师和学生一起建立一个关于大学结构的特别委员会，这就是凯利委员会。该委员会由此成为可供普林斯顿大学全体师生对董事会及其他相关规章制度提出意见建议的机构。
④ 威廉·G. 鲍恩. 汲取经验：普林斯顿大学校长的反思 [M]. 王天晓, 译. 北京：高等教育出版社, 2012：9.

董事不少于4名且不多于10名，校友董事和特许状董事则没有明确限定。

第二，3类董事的产生方式和任期是不同的。特许状董事和任期董事均由董事会选举产生，任期分别为8年和4年；校友董事由大学校友选举产生，任期为4年。这种做法有两点好处：一是使得董事并非都由董事会选举产生，由此可对董事会的权力形成一种无形制约；二是3类董事任期的不同，意味着董事定期更换时只涉及其中部分董事，使得董事会工作能够保持有效衔接和各项工作的有序开展，也不会因为新任董事对工作的陌生或不熟悉而影响工作效率与质量。

此外，在董事选举上还充分照顾到在校学生的民主权利。普林斯顿大学董事会不仅有一定数量的校友董事，同时校友董事除了由大学校友选举产生外，每年由大三、大四和研一、研二的学生共同选举产生一名校友董事，并保证校友董事中至少有一名研究生院校友。

第三，董事基本上都是社会精英，且校友董事占有相当高的比例。普林斯顿大学董事会董事主要是来自商界、工业界、科学技术界等领域的社会精英。目前普林斯顿大学董事会40名董事中，校友董事13人，占比达32.5%。

在董事职责履行上，普林斯顿大学不仅要求每位董事首先对董事会权力与职责应有深刻认识与准确把握，而且还要求董事除了负有提升整个学校利益的责任外，还负有思考决策的长期影响的义务，虽然这仅仅是一条不成文的规定。对"所有参与学校治理的群体来说，董事应该具有最长远的眼光"①。

第四，依托下设的常务委员会来履行日常董事会职责。在实践中，董事会履行其权力与职责主要是通过其下设的10个常务委员会（standing committees，见表5-4）实现的，这10个常务委员会基本涵盖了董事会职责所及领域。必要的时候董事会也会增设临时或特别委员会。委员会制度可以大大提高董事会的工作效率，各委员会人员实行定期轮换制度，这就使得董事的机会主义得以抑制，舞弊的可能性大大降低。

---

① 威廉·G. 鲍恩. 汲取经验：普林斯顿大学校长的反思 [M]. 王天晓, 译. 北京：高等教育出版社，2012：10.

表 5-4 普林斯顿大学董事会常务委员会构成

执行委员会 (Executive Committee)	场地及建筑委员会 (Committee on Grounds and Buildings)
学术事务委员会 (Committee on Academic Affairs)	荣誉学位委员会 (Committee on Honorary Degrees)
校友事务委员会 (Committee on Alumni Affairs)	公共事务委员会 (Committee on Public Affairs)
审计和合规委员会 (Committee on Audit and Compliance)	学生生活、健康和运动委员会 (Committee on Student Life, Health and Athletics)
财务委员会 (Committee on Finance)	大学资源委员会 (Committee on University Resources)

（2）普林斯顿大学共同体委员会（Council of the Princeton University Community，简称"共同体委员会"，CPUC）。

共同体委员会成立于1969年5月，是在凯利委员会提议下建立的一个由大学所有重要群体代表参加的永久性协商机构，代表们可就与其利益相关事项提出问题并发表自己的观点。共同体委员会有权对涉及大学治理和影响到大学共同体福祉的政策问题进行审查和提出建议，如：有权对大学政策、治理的任何问题和有关福利的一般问题予以批准和调查；有权向大学决策部门和各类官员提出建议；制定对大学成员具有约束力的行为规则。共同体委员会也可以授权大学专门利益群体或相关利益群体制定行为规则，并对行为规则的制定与适用进行监督，监督的目的是保证这些行为规则是对个人权利和大学立法利益的保护。[①]

共同体委员会在具体运行上，具有如下特点。

第一，成员构成广泛。共同体委员会的成员包括校长、教师、职员、学生和校友等处在大学共同体这一范畴的所有群体的代表，并由校长担任委员会主席。具体包括校长、教务长及由校长任命的4名大学官员、15名教师（来自学校不同部门，并确保每个学部有2名、非终身制教师至少4名）、12名本科生（其中必须有本科学生会主席和副主席）、7名研究生（每个学部至少1名）、4名大学校友、图书馆专业人员1名、行政职员1名、研究专业

[①] Charter of the Council of the Princeton University Community [EB/OL]. [2016-12-20]. http://cpue.princeton.edu/sites/cpue/files/charter.pdf.

人员1名、技术专业人员1名、办公室人员1名、大学不担任任何职务且不属于任何群体的职员1名（见图5-2）。

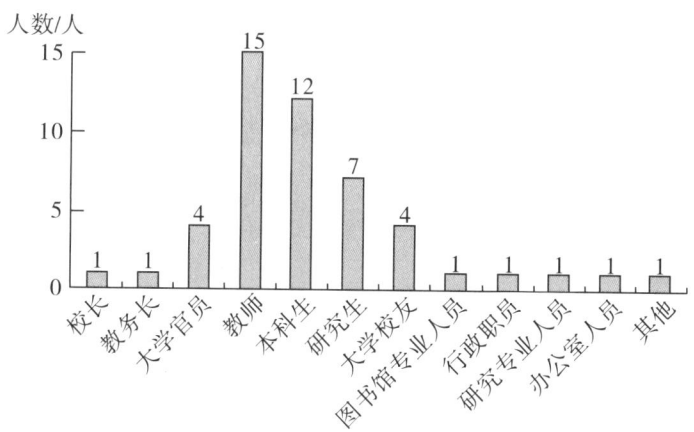

图5-2　普林斯顿大学共同体委员会成员构成情况[①]

共同体委员会制定了详细的提名候选人的规则与程序，校长和其他高级行政管理者都是共同体委员会委员选举过程中的一员，以确保共同体委员会及其常设委员会都能够具有广泛的代表性，防止其被任何一个群体或多个群体绑架。

第二，共同体委员会主席由校长担任，在校长缺席时由教务长主持共同体委员会的各种会议。这使得校长能够广泛、深入、直接了解不同群体就关于大学治理和影响到大学共同体福祉的政策问题的意见和建议。

第三，共同体委员会每年召开6次会议，法律顾问、大学研究理事会及其他大学官员在必要时也会出席共同体委员会，并可以就有关问题发表意见，但并不享有表决权；大学的其他成员受共同体委员会或其执行委员会邀请也可以参加共同体委员会的审议，但不享有表决权。

第四，共同体委员会下设的6个常务委员会具体履行共同体委员会的相关职责。这6个常务委员会分别是执行委员会（Executive Committee）、权利与规章委员会（Committee on Rights and Rules）、治理委员会（Committee on Governance）、优先等级划分委员会（Committee on Priorities）、资源委员会（Committee on Resources）、司法委员会（Judicial Committee），其委员不必要求是共同体委员会成员。

下设的6个常务委员会，人数各为9～14人，校长是执行委员会和治理

---

① 数据来源：Charter of the Council of the Princeton University Community。

委员会的成员并担任主席。在成员构成上,有些委员仅仅享有列席会议的权利,但并不享有投票权,如权利与规章委员会成员中法律顾问和公共安全办公室人员、优先等级划分委员会成员中负责发展规划的副校长、资源委员会成员中的普林斯顿大学投资公司人员等都不享有投票权,司法委员会主席仅在出现平局时才享有投票权,此种设计的目的主要在于保证上述委员会就有关事项表决时的协商性与共同体性。此外,下设的6个委员会成员都有学生代表,包括本科生和研究生(见表5-5)。

表5-5 普林斯顿大学共同体委员会常务委员会情况

委员会	人数/人	成员概况	主要职责
执行委员会	12	校长、教师6人,本科生管理主任、本科生2人,研究生2人,职员1人,校友1人	安排共同体委员会会议讨论日程及向共同体委员会各常设委员会建议年度工作日程安排等。教务长定期与执行委员会成员会面,在代表校长出席执行委员会议时享有表决权
权利与规章委员会	11	师资部主任、学生生活部主任、教师3人,本科生3人,研究生2人,共同体委员会任一常务委员会成员1人,法律顾问1人,公共安全办公室1人	代表共同体委员会审查所有与大学共同体有关的大学规章制度的适当性,以及这些规章制度制定与实施程序的适当性
治理委员会	7	校长、教师3人,本科生2人,研究生1人,共同体委员会任一常务委员会成员1人	代表共同体委员会审查与大学治理有关事项,与董事会下设的执行委员会就有关特许董事、任期董事的空缺填补问题进行磋商,如空缺董事的任职资格、提名人选、被提名人选的资质评价等都可向该执行委员会陈述自己的观点;与董事会下设的荣誉学位委员会就荣誉学位授予等问题进行磋商

续上表

委员会	人数/人	成员概况	主要职责
优先等级划分委员会	18	教务长、师资部主任、财务主管、行政副校长、教师6人，本科生4人，研究生2人，共同体委员会任一常务委员会员成员1人，负责发展规划的副校长	在学年初审查当年预算，并对预算制定过程中遇到的问题进行审查，以及对大学发展计划及与此计划有关的问题在做出最终决定前进行审查，有权向校长提出所有与预算有关的建议，并可在此之前向共同体委员会就此提出相关报告
资源委员会	8	财政副校长、教师3人，本科生2人，研究生1人，共同体委员会任一常务委员会成员1人，普林斯顿大学投资公司1人	就大学采购及财政资源管理方面的总体政策进行咨询
司法委员会	8	主席1人、教师3人、本科生2人、研究生1人、共同体委员会任一常务委员会成员1人	对违反大学共同体有关规章制度的行为进行听证或裁决

2. 行政管理服务体系

普林斯顿大学的行政管理服务体系主要由校长、教务长、执行副校长及其下设的若干办公组织体系共同构成。在具体运行上具有如下特点。

（1）以大学总体发展为核心的校长办公组织（见图5-3）。

校长是普林斯顿大学的首要执行官，出席董事会和师资部大会的所有会议，并在公众场合代表学校参加所有学术活动，董事会依法授予其对大学利益的全面监督权和对教学部门的专门监督权。

为保障校长作为大学首要执行官高效率地工作，普林斯顿大学构建了以校长为核心的校长办公组织。这一办公组织主要是围绕校长的基本职能进行构建。目前，普林斯顿大学校长办公组织除了校长外，还有8名成员，分工负责相关的工作，配合校长职能的行使与作用的发挥。

此外，普林斯顿大学校长办公组织设有面向学生的"校长对话时间"制

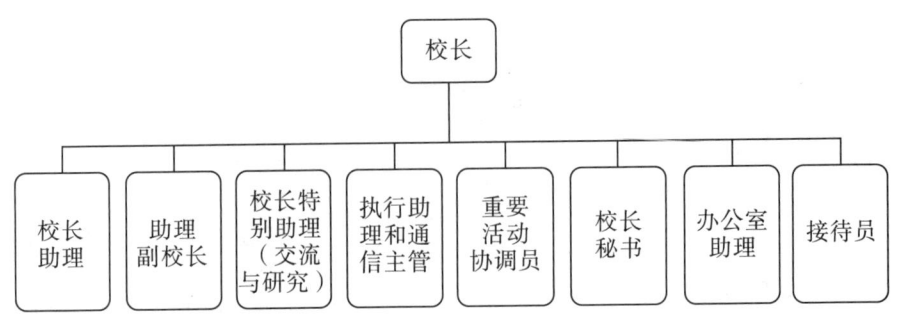

图 5-3 校长办公组织结构图

度。该制度仅限于普林斯顿大学住宿学院和研究生院的学生与校长的非正式对话,"校长对话时间"的日程安排及其额外细节性问题会由住宿学院和研究生院在校园网提前公布。"校长对话时间"制度的目的在于通过校长与学生的非正式对话,来共同探讨影响到大学未来发展和学生切身利益的相关问题。而对于向个人或团体项目提供有关基金和从哪里可以获取此类基金渠道等问题,不在"对话"探讨的问题范畴之列。

(2)以大学对外关系协调为核心的副校长及秘书官办公组织。

副校长及秘书官办公室是普林斯顿大学负责与董事会、共同体委员会管理协调诸如毕业典礼等重要大学学术活动及对外联系的重要机构。普林斯顿大学副校长兼任公共事务副校长。

副校长及秘书官办公室下设校友会、交流办公室、共同体和地区事务办公室、政府事务办公室、公共事务办公室等5个办公室。

(3)以大学学术管理为核心的教务长办公组织。

教务长是普林斯顿大学最重要的学术管理者和预算官,在校长的领导下,主要负责大学发展的长远规划和管理协调,以及以学术发展为目的的大学支持系统建设。在必要的情况下,教务长需要陪同校长或者代表校长出席董事会及其受托人委员会(Trustee Committees)会议。在校长缺席或因特殊原因无法履职时,由教务长代行校长职权。

教务长办公室的主要职责分工具体落实到各职员,职责内容涉及非常广泛,除了常规的课室和课程安排外,不仅包括学术活动与计划、学术规划、人员增补、与教育教学及学术活动有关的预算申请,而且还包括扩大本科生计划、创业计划、战略规划(学术、行政、设施、金融、国际、调查和数据收集等)、教学实验室改造基金、公共场所设备基金等,更有专人负责与学术规划小组(APG)、设施规划小组(FPG)、教室与课程安排教师委员会、图书馆和计算机教师委员会(FCLC)、大学平等计划小组、大学研究和调查规划小组、优先级别委员会（PriCom）、IT战略咨询小组（SAGIT）、机会目标委员会等委员会进行对接。

（4）以统筹学校行政服务为核心的执行副校长办公组织（见图5-4）。

执行副校长主要负责大学行政服务的全面领导和直接监督，具体包括行政规划、审计和合规、校园生活、环境健康和安全、设施、人力资源、公共安全、大学服务等方面行政服务的全面领导和直接监督。如在行政规划方面，执行副校长办公室和大学其他高级管理员保持紧密的工作关系，共同处理主要的大学发展计划，引领跨大学（cross-university）合作项目，负责协调财政事务，评估改进或增加设备的可能性与必要性；在审计和合规方面，其下设的审计和合规办公室是一个积极服务于大学管理和教职工的合作伙伴，通过更新业务流程以强化内部管理及通过预估与管理业务风险而形成的合规的管理机制，确保大学资产管理工作的推进和可操作财务信息的整合；在人力资源方面，其下设的人力资源办公室致力于为所有成员创造一个积极、包容、富有成效的工作环境，以使得大学社区的所有成员能为普林斯顿大学的使命贡献其价值，为大学共同体提供包括就业、薪酬、福利、工作和生活关系的协调、学习和发展、人力资源信息系统和组织的发展服务等领域的服务。

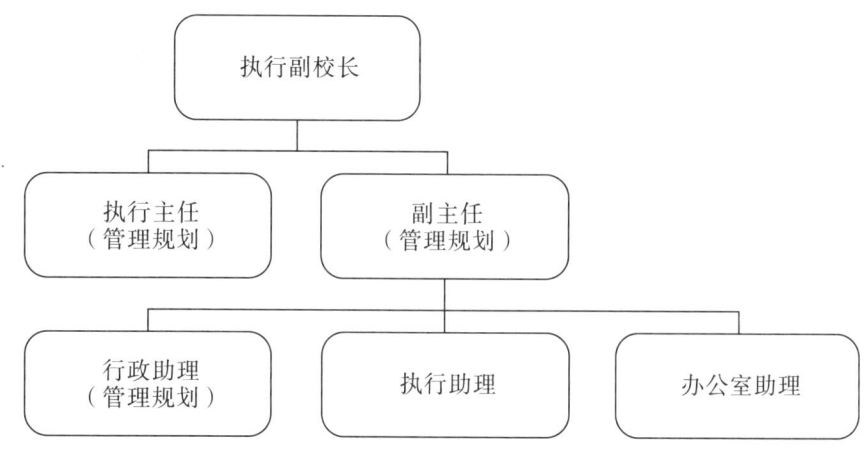

图5-4 执行副校长办公组织结构

（5）以专门领域服务为核心的其他行政管理服务机构。

除了上述有关行政管理服务机构外，普林斯顿大学还设有以分别负责金融和财政、大学发展、校园生活、信息技术、人力资源、大学服务等领域的副校长为核心的行政管理服务体系，及以大学总顾问、普林斯顿大学投资公司总裁、首席预算与合规官等为首的行政管理服务团队等，这些行政管理服务机构主要为大学共同体提供专门领域的管理与服务。

（三）大学治理结构的有效性分析

治理结构仅仅是大学治理能力和水平体现的必要条件，而不是充分条件。虽然牛津大学和普林斯顿大学有着不同的治理结构，但是作为世界一流大学而言，其治理能力和水平也当之无愧是现代大学治理的楷模，值得我们细细研究和学习。大学治理结构的有效性分析，乃是对大学治理结构从静态到动态、从文本到实施分析的过程。大学治理本身是一个严密的体系，诸多因素互相依存、影响、制约。纵观这两所大学的治理结构，可以发现有效的大学治理结构，或者说良好的大学治理，应具备完备的"授权式分权"系统、精致的制度体系、流畅的运行机制和交互式的沟通机制等四要素。

1. 完备的"授权式分权"系统

分权是大学内部治理的核心。所有有关大学治理问题的探讨无外乎是关于大学治理权力的分配问题。大学内部主要存在着两种权力，即学术权力和行政权力，在二者之间、在各自权力群体之间都涉及如何分配的问题，并非简单的二分法即可解决。大学作为一个独立的社会组织，其权力分配的模式可以概括为"授权式分权"。在这一点上，普林斯顿大学表现得尤为明显。

董事会作为普林斯顿大学治理权力的"母体"，形成了以董事会为"授权"起点的多层"权力"网格体系，由此形成以"授权式分权"为主线的多层交错的权力体系架构。首先，由董事会对校长进行授权，即董事会将其所享有的一部分决策权力及其执行权授权给校长，校长再将一部分权力授权给其他管理机构（人员）和学院（部）等；其他管理机构对学院（部）也发生授权行为。其次，董事会、校长分别将部分权力授权给共同体委员会行使，并将校园生活的有限事项授权给学生等。最后，董事会、校长，共同体委员会、其他管理机构、学院（部）等均会根据职能的不同对相关委员会进行授权，[①] 多层交错权力体系由此形成（见图 5-5）。

这种"授权式分权"使得大学的各权力群体之间可达到一种权力制衡。权力制衡首先是不同利益群体的"权力"制衡——牛津大学和普林斯顿大学治理机构的成员构成，不仅要求来自不同的利益群体，而且彼此之间有一定的数量要求，以保证不同利益群体之间力量上的平衡，其次才是不同治理机

---

① Powers and responsibilities of the board [EB/OL]. [2016-12-20]. http://www.princeton.edu/vpsec/trustees/composition/. Charter of the Council of the Princeton University Community [EB/OL]. [2016-12-20]. https://cpuc.princeton.edu/sites/cpuc/files/charter-5-13.pdf.

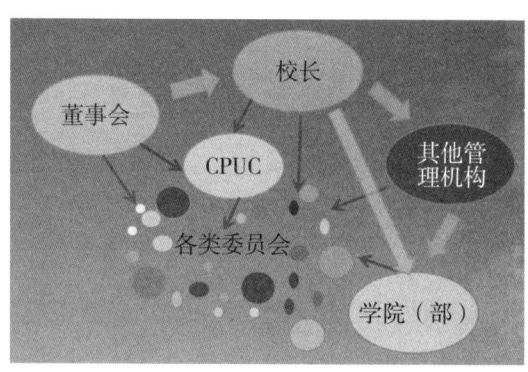

图 5-5 普林斯顿大学内部管理分权体系概况

构之间的"权力"制衡。前者是后者的基础,后者是前者的延伸与扩展。如牛津大学在对教职员大会和理事会分别赋以立法权和行政事务执行权的基础上,进一步强化理事会下设委员会之间的制衡。牛津大学法规和规章规定,在有关职权行使上需要相关委员会的共同行动,如教育委员会和规划资源委员会联合对学部的教育教学管理进行常规检查,科研委员会和规划、资源分配委员会共同制定大学有关科研经费方面的政策与程序等。

采取"授权式分权"并不能完全避免"权力"民主问题。不过,大学治理上的"分权"与"民主"并不是对等的关系,换言之,"分权"并不意味着在大学治理上不存在"集权"。普林斯顿大学前校长威廉·G. 鲍恩曾坦言普林斯顿大学是一所集权化的大学。① 因此,大学内部治理在分权的基础上也应有适度的集权,"集权"与"民主"在大学治理中并非不可共存,只是它们各自有其适合的领域,或者找到二者的最佳平衡点罢了,因为"民主只应当用在适当的地方"②。

2. 精致的制度体系

如同其他社会组织一样,制度是构成大学有机体的要素之一。大学自产生之日起,就通过不断建立、丰富与完善各种制度使自身不断得到发展。但制度若缺乏精致性,充其量也只是形式上完备而已。制度的精致性不足不仅是我国大学与西方大学治理水平的显著差距之一,也是我国大学治理结构优势与特色无法得以真正彰显的原因。这是因为,卓越的大学治理与其说取决

---

① 威廉·G. 鲍恩. 汲取经验:普林斯顿大学校长的反思 [M]. 王天晓,译. 北京:高等教育出版社,2012:58.
② 马克斯·韦伯. 学术与政治:韦伯的两篇演说 [M]. 冯克利,译. 北京:生活·读书·新知三联书店,2007:22.

于制度是否完备，毋宁说取决于制度的精致程度，二者之间具有一种正相关性。我们无法想象依托粗放的制度能够对大学进行高水平的治理。制度只有做到精致，才可以真正做到循之有章，才可以避免因制度过于具有原则性所导致的可操作性不强、走样、被架空等问题，也才能最大程度上确保组织及其制度目标的实现。在这一点上，无论是普林斯顿大学还是牛津大学都给我们提供了很好的示范。

普林斯顿大学通过 270 余年的发展，已形成了涉及教学、师资、科研、管理和社会服务等多方面多层面的制度体系，并"用体系化的现代大学制度将追求卓越、止于至善的大学精神和共荣共生发展机制明示出来，规范和服务于大学的发展"①，且每个层面的制度体系都"以民主和科学管理来保障卓越学术和领袖人才的发展需要"②为核心。普林斯顿大学正是仰赖于对正当程序及其有关细节的精致设计，保证了大学内部管理的公平、效率与民主。以董事会为例，普林斯顿大学为防止董事的机会主义和舞弊而进行诸如董事会规模及董事任期、类型、定期轮换的制度设计，以免新任董事对工作的陌生或不熟悉而影响工作质量与效率。

再以共同体委员会为例。为了保证共同体委员会成员构成的广泛性，普林斯顿大学详尽地规定了成员构成的范围和各类成员的人数及有关成员的来源范围；为了确保大学共同体委员会及其常设委员会都能够具有广泛的代表性，大学共同体委员会制定了详细的提名候选人的规则与程序等。③

以牛津大学理事会下设的主要委员会为例，在其理事构成上，不仅明确了各委员会组成人数的范围、主席担任人选，还十分详尽地规定了理事成员分别由哪些部门或人员组成和具体的人数分配情况，有关部门的人数分配还考虑到学科、教育层次的平衡等。如教育委员会理事会共由 2 名理事组成，理事人选虽然由牛津大学理事会任命，但任命并不是随意而为，必须要考虑到相近学科之间力量的平衡，而且通常情况下其中 1 人还须为研究生教育主管，这样也兼顾到教育层次之间的平衡性。再如，关于教职员大会和大学理事会成员选举问题，明确规定自 2006 年起"所有空缺的职位必须提前 49 天在大学宪报（University Gazette）上公布，公布时要注意出版日期和选举日

---

① 李石，陈桂云，韩立新. 大学办学理念及其发展方略研究：以普林斯顿大学为例 [J]. 扬州大学学报（高教研究版），2016（3）：14 - 17.

② 蓝劲松，宋吉缮. 现代大学制度：从制度链、制度网到制度体系：以普林斯顿大学人才培养制度为例 [J]. 中国大学教学，2003（6）：27 - 28.

③ Charter of the Council of the Princeton University Community [EB/OL]. [2016 - 12 - 20]. https://cpuc. princeton. edu/sites/cpuc/files/charter-5-13. pdf.

期，应注意满足选举在学期内举行的要求，选举办公室应尽早公布空缺职位，如"夏季学期年度选举应当不晚于春季学期的第 8 周公布"，且"选举提名至少有 4 个提名者，提名表格公布在学位网站上，表格打印手写均可，候选人和提名者须在上面签字，之后交到选举办公室。候选人在提交表格的同时需要再上交一份不超过 250 字的书面声明，用来阐述他有资格获得提名的原因，而这份声明也会刊登在宪报上"，"选举以投票的方式进行，投票由副校长主持，注册官（Registrar）负责清点选票，校长（Chancellor）和校监（Proctors）有权决定任何投票的有效性，在同等数量的选票下，学术地位高的候选人会当选。投票人不得向任何机构透露投票内容，不当的行为将会受到调查或法律追究"。① 可见，如此细致的规定是牛津大学章程及其他规章制定的风格与特色，这样就保证了大学治理架构能够有效运作。因此，一个健全完善的大学治理制度体系，必须是精致的。

3. 流畅的运行机制

完备的"授权式分权"系统和精致的制度体系仅仅解决大学治理由静止走向动态的条件准备，此外还需要一个"发动"机制，以推动治理结构中各要素的有序运作，以达到大学治理之目的，实现大学治理之宗旨。因此，以行政管理为主的运行机制之流畅与否就成为决定大学治理能力与水平如何的关键因素。随着知识生产模式的转变和大学日益走向社会中心，现代大学所需要的诸如金融、会计、法律、心理、资产运作、后勤服务、公关、营销等各种类型的专业管理技能，都远远超出学术管理的范畴，同时也使大学内部管理事务呈现出复杂性与多样性的特征。运行良好的大学行政管理体系对一所大学发展的决定性意义超越了以往任何一个历史时期，"无论在什么地方，行政管理（通过环境力量而不是通过选择）已成为大学的一个更为显著的特征，这是普遍规律。……由于机构变得更为复杂，行政管理的作用在使大学整体化方面变得更加重要了"②。在这方面，普林斯顿大学和牛津大学呈现出不同的风格。

牛津大学是一所学院制大学，大学和学院的管理彼此之间既独立又统一，同时相互交叉重叠。这主要表现为上至副校长下至系主任等学校各级管理人员大多来自学院，同时他们也是学院管理层的成员。这种机制安排既使大学和学院二者很好地维护了双方独立自主的自治地位，也使二者紧密地黏

---

① 赵彩军. 牛津大学内部决策制度及其对我国高校内部管理的启示 [D]. 石家庄：河北师范大学，2015：9-10.

② KERR C. 大学的功用 [M]. 陈学飞，等译. 南昌：江西教育出版社，1993：18.

合在一起，共荣共生。牛津大学"人员岗位的交叉重叠不仅有利于行政管理上的有效沟通，而且使分权制得以有效运行"①。

在此，要用更多笔墨来描述和分析普林斯顿大学的行政管理体系的运行机制。普林斯顿大学构建了主要由校长、教务长、执行副校长等大学行政长官办公组织共同构成的行政管理体系（见图 5-6），该体系具有阵容强大、运行高效流畅的特点。

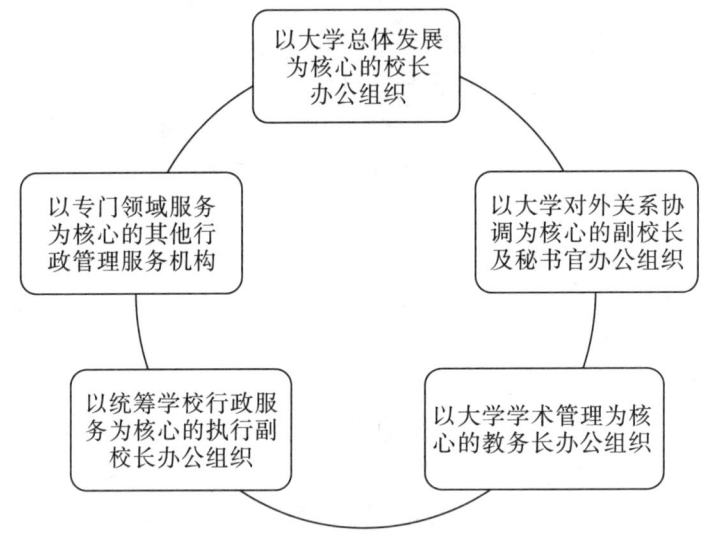

图 5-6　普林斯顿大学行政管理服务体系结构图

第一，每位大学行政长官都配有充足的办公组织。普林斯顿大学根据每位大学行政长官的职责需要为其配备了阵容强大的办公组织。所谓办公组织，就是辅佐大学行政长官履行行政职责的办公室或办公团队。以普林斯顿大学校长办公组织为例，包括校长在内共有 9 人，其他 8 名职员分别负责交流与研究、通信、重要活动协调、秘书、接待及其他相关工作，以配合校长职能的行使与作用的发挥。② 在我国，很多办学规模远远高于普林斯顿大学的大学校长办公室（现多为校办与党办合二为一）也没有达到 8 人的规模；即使有的超过 8 人，但这 8 人也并非为校长所专用。充足的行政辅助工作人员，使普林斯顿大学校长得以避免在一些纯粹事务性、程序性工作上消耗太

---

① 周常明. 牛津大学的"小大学"治理机制探析［J］. 教育评论，2014（11）：147-149.

② Who we are［EB/OL］.［2016-10-02］. http://www.princeton.edu/president/eisgruber/who/.

多精力。再以负责大学对外关系协调的副校长（兼秘书官）为例，其办公组织由校友会、交流办公室、共同体和地区事务办公事、政府事务办公室、公共事务办公室等5个办公室组成，① 这同时也足见普林斯顿大学对对外关系的重视。普林斯顿大学共有9位副校长，且每位副校长又配有由若干办公室组成的办公组织，以协助副校长开展工作。② 这些不同规模办公组织的存在，造就了普林斯顿大学非常低的师职比（目前大约为0.23∶1③）。

第二，以服务师生为导向且具有全方位性。在普林斯顿大学，行政管理工作名为"管理"实为"服务"。行政管理组织在结构设置、职能设定与分工、职员配备等方面，始终坚持以服务师生为导向，即如何为师生提供更好的服务。因此，普林斯顿大学行政管理体系的构建具有明显的按师生需求类别设置的特征，且面向师生在大学校园工作、学习的方方面面。这不仅体现在大学行政长官的职能所涉及的领域上，而且在大学行政长官所在的办公组织内部的具体职能划分上也体现得淋漓尽致，其中以教务长办公组织在这方面的表现尤为突出。教务长办公组织的职能和服务具体而细微，如前所述，其职能和服务共划分为课室和课程安排等10个领域，各领域都有专人负责；同时还派专人负责与学术规划小组（APG）等委员会进行对接。④ 正因如此，有普林斯顿大学教授不禁发出"卓越有效的管理体制才是普林斯顿大学成功的关键"的感叹。⑤

第三，职能充分聚焦与集中，专业化、专门化特色突出。这一点虽与上述第二点有所交叉，但这里有必要再予以强调的不仅仅是大学行政长官的职能之高度聚集于某一个专门领域，而且也涉及一些细节的设计。所谓术业有专攻，对于大学行政管理同样适用。

作为普林斯顿大学的首要执行官，校长不仅要出席董事会和师资部大会的所有会议，而且要在公众场合代表学校参加所有学术活动，此外董事会还授予其对大学利益的全面监督权和对教学部门的专门监督权。因此，作为大

---

① Vice President & Secretary [EB/OL]. [2016-10-22]. http://www.princeton.edu/vpsec/.
② Our leadership [EB/OL]. [2016-10-22]. https://www.princeton.edu/meet-princeton/our-leadership.
③ Facts & Fisures [EB/OL]. [2016-10-22]. https://www.princeton.edu/meet-pinceton/facts-figures. 根据普林斯顿大学网站上教师和职员数据计算而得。
④ Office of the Provost [EB/OL]. [2017-02-10]. https://www.princeton.edu/provost/what-we-do.
⑤ 李大玖. 普林斯顿：杰出源自卓越管理体制 [J]. 教师发展论坛, 2012 (1): 64-66.

学首要执行官的校长若要保持高效率的工作状态,则离不开其职能的充分聚焦。普林斯顿大学校长的日常工作始终围绕校长的基本职责展开,偏离其基本职责的事务一般难以由校长牵头处理。以普林斯顿大学"校长对话时间"制度为例,该制度仅限于普林斯顿大学住宿学院和研究生院学生与校长的非正式对话,对话的话题范围仅限于影响到大学未来发展和学生切身利益的相关问题,除此之外的其他问题不在"对话"之列。① 这是一个对校长何为"有所为有所不为"的典型例证。大学校长不是一个信访部门,不是什么事情都需要校长出面加以解决,但是这也必须要有一定的制度予以保障,否则校长的时间与精力不可避免地为一些"琐事"绑架,难以将主要精力专注于学校重大战略发展领域。

普林斯顿大学9位副校长的职能也都是聚焦于某一专门领域,分别负责对外关系协调、统筹学校行政服务及其监督、金融和财政、大学发展、校园生活、信息技术、人力资源、大学生服务等领域的管理。普林斯顿大学行政运行特色的形成,表面上与其行政管理部门的设置有关,深层上则与其治理理念密切相关。反观我国大学副校长主管的部门,多为几个部门,而且很多时候可能主管的是若干彼此并无关联的部门,这就面临着涉及多个部门的工作,管理效率在客观上不得不受到影响。

教务长的职能虽略显庞杂,但主线仍是围绕"教务"展开。此外,普林斯顿大学还设有大学总顾问、普林斯顿大学投资公司总裁、首席预算与合规官等为首的行政管理团队等,更具专业化和专门化。

4. 交互式的沟通机制

学术权力与行政权力的关系问题是大学治理的永恒主题。在现代大学治理中,学术权力与行政权力由对抗走向合作是大学应对竞争的时代选择,而二者的合作有赖于交互式沟通机制的建立。牛津大学和普林斯顿大学在此方面的做法,主要是通过广泛设立多层面多类型的专门委员会搭建起学术权力与行政权力的沟通媒介,以此促进二者的理解与合作。

牛津大学理事会下设5个委员会,各委员会主席均由校长或相应主管副校长担任,在理事成员构成上均包括行政人员和学部成员,可以说各委员会根据其职能最大范围地保证不同利益群体的参与,在大学官员与教师之间建立起沟通的桥梁。同时,牛津大学校长在这种交互式沟通机制中扮演着非常重要的角色,他不仅是教职员大会和理事会的成员,而且他还是大学内设所

---

① Conversations with the President/Office Hours [EB/OL]. [2016-10-22]. http://www.princeton.edu/president/eisgruber/conversation.

有委员会的主席和当然委员（除有例外规定），并当然参加所有委员会会议。作为大学的重要官员，牛津大学校长对涉及大学内部治理方方面面事务的各委员会工作的广泛与全面的参与，不仅加强了大学治理中权力共享的深度，而且拓宽了不同利益群体沟通的渠道。

普林斯顿大学董事会和共同体委员会均下设若干专门委员会。普林斯顿大学董事会共下设10个常务委员会①，这10个常务委员会基本上涵盖了董事会职责所及领域；共同体委员会共下设6个常务委员会②，其委员不必要求是共同体委员会成员③。以学术管理为核心的教务长办公组织极其重视与校内相关委员会的沟通，并派专人负责对接，有的专门委员会主席是由教务长担任，如优先级别委员会。④ 这些专门委员会在成员组成上的一个显著特点，不在于有教师或学生代表的参与，而在于其行政权力和学术权力人员的分配上，如果该专门委员会以行政决策事项为主，则学术权力人员的名额相对较少；如果以学术事项决策为主，则行政人员的名额相对较少，且这类行政人员有的只是列席，并不享有表决权。这种制度设计既关照到决策事项的专门性或专业性，又关照到相对权力群体一方的知情权、参与权，起到了很好的沟通与协调作用。加利福尼亚州大学原校长理查德·阿特金森认为，加利福尼亚州大学成为著名大学的经验是"教师们不仅在建立大学学术优异的标准方面，而且在保障大学被明智地治理方面也起关键的作用"⑤，而普林斯顿大学在这方面的表现毫不逊色于加利福尼亚州大学。普林斯顿大学在内部管理上正是广泛发挥这些专门委员会的作用，并有赖于这些专门委员会良好、有序、高效的运行，才使大学不断走向卓越。

以上是对牛津大学和普林斯顿大学治理结构的有效性分析。包括牛津大

---

① Powers and responsibilities of the board[EB/OL]. [2016-12-20]. http://www.princeton.edu/vpsec/trustees/composition. 必要的时候会增设临时或特别委员会，这10个常务委员会分别是执行委员会，场地及建筑委员会，学术事务委员会，荣誉学位委员会，校友事务委员会，公共事务委员会，学生生活、健康和运动委员会，审计和合规委员会，财务委员会，大学资源委员会。

② Powers and responsibilities of the board[EB/OL]. [2016-12-20]. http://www.princeton.edu/vpsec/trustees/composition. 6个常务委员会分别是执行委员会、权利与规章委员会、治理委员会、优先等级划分委员会、资源委员会、司法委员会。

③ Charter of the Council of the Princeton University Community [EB/OL]. [2016-12-20]. https://cpuc.princeton.edu/sites/cpuc/files/charter-5-13.pdf.

④ Office of the provost [EB/OL]. [2017-02-10]. https://www.princeton.edu/provost/what-we-do.

⑤ 王晓辉，刘敏. 理念与制度：现代大学治理 [M]. 济南：山东教育出版社，2015：151.

学和普林斯顿大学在内的世界一流大学治理体系无论如何设计和运行，也无论它们所在国家的文化背景有何不同，"致力于为学生、教师和社会提供尽可能好的学术服务"①是它们的共同之处。我国建设世界一流大学的最大制约因素不是硬件和资金，而是制度建设。"君子务本，本立而道生"，期待我国的现代大学治理体系早日建立与完善起来。

二、世界一流大学治理的特征

诸多学者在研究中都不约而同地发现，即使是同为一流大学，他们的治理模式也是非常不一样的。比如，哈佛大学的各个学院都是彼此相对独立的实体，"哈佛"则如同商标一样贴在各个学院身上，他们能以"哈佛"的名义从事大学章程所允许的各种办学活动，包括筹款，因此哈佛大学每年数亿美金的筹款实际上是各个学院单独筹款所合计的，其中商学院和医学院筹得的款项哈佛大学的校长是无权调用的；而斯坦福大学、耶鲁大学和普林斯顿大学的治理则与哈佛大学不同，他们的校级行政管理机构发挥着很大的整体协调作用。虽然高水平的大学治理结构、治理模式等有诸多不同，但是我们仍然可以从中发现国内外一些高水平大学在卓越治理能力与水平上所表现出来的一些共同特征。

（一）治理的基础和依据是大学章程，集中体现了依法治理的特点

从人类组织的发展历史来看，大学是一种可能永恒存在的社会组织。西方大学往往在创建之前或之初就制定了大学章程，而大学章程是指导大学日后规范发展的重要基础性文件，具有极强的权威性和严肃性。大学章程是西方大学学校层面的"法"，为大学设立提供了合法性基础，其最早可以追溯到由英国王室为学院颁发的具有法律效力的特许状，现已成为西方高水平大学制度建设和发展中不可或缺的重要部分。由于大学章程对大学的治理结构进行了规定，从根本上确立了大学的管理运作体制，因此大学章程是完善大学治理结构、建立现代大学制度的重要内容，在大学发展过程中发挥着举足轻重的作用。

世界一流大学的章程更有特色，无不重视大学章程的制定与实施工作。如牛津大学在副校长皮特·诺斯当任期间，于1997年以大学章程"过于细化影响章程的效力为由，对原有制度进行大规模修订，从而形成了目前的

---

① 菲利普·G. 阿特巴赫. 世界级大学领导力 [M]. 姜有国，译. 北京：中国人民大学出版社，2014：引言1.

《章程和制度》(*Statues and Regulations*)"①,并由章程(statues)、条例(reguwaltions)、规则(rules)、政策(policies)、守则(code)等不同效力层次的规章制度共同组成,更加夯实了牛津大学治理的基石。

在西方国家中,大学在获得设立许可时必须递交大学章程,明确将大学章程作为其"基本法",并在日后大学治理实践中起核心作用。大学章程不仅是大学治理的"宪法",还是大学开展办学活动的最重要的规则和最根本的依据,更是体现大学作为一个独立的法人实体的自主地位的首要标志。

大学章程本身是一个具有宽泛含义的概念。众所周知,大学章程起源于中世纪大学的特许状,其实质上是当时的教皇或国王给大学颁发的特许状(Charter)和章程(Parens),它们共同构成了中世纪大学的"大宪章"(Magma Charter),赋予大学诸如"开设课程、聘请教师、制定学术标准的权力,同时授予大学师生居住、审判、罢课、免税等特权"②。因此,大学章程具有三层含义:一是指办学许可,即 charter,反映的是大学与政府之间的关系;二是指大学内部规则,即 statue,反映的是大学对其内部各主体之间利益关系的调整方式和方法;三是指最高决策机构的议事规则,即 bylaws,反映的是大学治理机构之间的权力分配状态、运行规则、决策权限等。大学章程的三层含义,构成了对大学章程理解的完整体系,虽然时光流转,现代大学章程仍然包含着上述三层含义,其功能与中世纪以来的大学一致,并未发生根本的变化。

大学章程作为大学治理的基础和依据,是大学内部各种权力运行的规则,其主要功能在于调整大学的内外部各种关系,同时大学治理也是大学章程的核心内容。

(二)治理结构是由多个治理机构共同组成的,呈现出多中心的共同治理格局

阿特巴赫曾说:"大学不是一个整齐划一的机构,而是一个拥有一定自治权的各种团体组成的社会。"③ 世界高水平大学的治理结构多采取由多个治理机构共同组成的、多中心的共同治理格局,这主要是基于协调、平衡不同利益群体的目的。这种多中心的共同治理格局,可以概况为如下几种

---

① 薛青. 牛津大学依法治校的经验及启示[J]. 教育评论,2016(7):162-165.
② 周光礼,朱家德. 大学章程的国际比较[J]. 中国高校科技与产业化,2011(5):27-30.
③ 张慧洁. 利益、责任、信仰:世界一流大学治理结构的梳理与检讨[J]. 高教探索,2011(3):5-10.

表现。

1. 享有较高治理权限的董事会制度——顶层设计者

大学治理的发展，主要存在四种大学治理模式。一是学生型治理模式，在这种模式下大学受学生行会管理，如世界上最古老的大学博洛尼亚大学。二是教师型治理模式，在这种模式下大学受教师行会管理，如19世纪改革以前的牛津大学和剑桥大学。三是国家型治理模式，在这种模式下大学受国家或国家教育部管理，如法国的大学。四是法人治理模式，法人治理模式的核心就是实行董事会制度，让大学接受董事会①的管理。有学者指出"董事会的角色就是对公共利益的维护，……董事会能否确立一个有利于公共利益的目标是办学成败的关键"②。这也是董事会制度不仅为美国几乎所有的州立高校采用，而且在世界上被越来越多的国家和大学引入的重要原因，特别是日本经过长达7年之久的讨论和筹备最终实行的国立大学法人化制度也引入了董事会制度。实行大学董事会制度的美国至今仍然拥有世界上最多的一流大学，虽然无法证明以董事会制度为核心的法人治理模式相比其他三种治理模式来说是最好的或最优的，但是至少表明这种模式并不是最差的。

（1）董事会的职能。

董事会是大学的监护人，是大学的重要治理机构，并享有较高的大学治理权限。从目前采用董事会制度的大学来看，主要分两种情形。一是如牛津大学，其董事会是学校最高行政事务执行机关，教职员代表大会是牛津大学的最高权力机关。牛津大学董事会不仅负责执行教职员大会的决议，而且还享有部分立法权。由于牛津大学是具有非常浓厚的联邦主义色彩的大学，其各个学院是拥有很强独立性的机构，董事会实际上起着协调大学与各个学院关系的作用，因此，董事会实际上是名副其实的统治委员会（Governing Board）。二是诸如康奈尔大学、普林斯顿大学等诸多大学，它们赋予董事会最高领导机构的地位，作为最高权力机构，享有较大的立法权。以康奈尔大学董事会为例，按照特许状和州法律，它是大学包括每一个学院、学术单位、部门、中心的最高领导机构，保有所有的法人权力。后一种情形为多数大学所采用。

从董事会的具体权力与职责上看，其最重要的功能是确立指导学校实现办学目标的基本原则，制定学校的整体规划和大政方针，只是各大学在表述上略有差异。以普林斯顿大学董事会为例，其主要职能包括：对大学各类官

---

① 其他诸如理事会、监理会等类似名称的实体在此都统称为董事会。
② 张慧洁. 利益、责任、信仰：世界一流大学治理结构的梳理与检讨［J］. 高教探索，2011（3）：5-10.

员、教职工和大学其他成员予以授权；掌管大学账务和基金；制定有关由普林斯顿大学投资公司管理的大学捐赠基金的操作规则、资产预算，并对其投资行为进行监督；监督校园不动产和长期实体规划、建筑风格和景观的决定、大学实体运行的总体条件等。

当董事会作为学校最高行政事务执行机关时，其职能主要以行使大学行政权为主。以牛津大学董事会为例，其职能主要包括：行政权；大学财政与资产管理权；执行教职员大会的全部决议，并受教职员大会的行为和决议约束；依法授权权，即有权依法将其权力委托其他机关或个人行使，包括其所享有的立法权，并有权撤销其委托；立法权，如大学规章制定、否决、撤销或修改权，但对规则委员会制定规章的否决、撤销或修改则须根据教职员大会的决定进行。

（2）董事会的利益协调功能与作用。

董事会是大学运行的中枢神经。大学与企业虽然有诸多不同，但有一点是共同的，它们都是典型的利益相关者组织。如果说没有利益相关者的积极参与和支持企业目标就难以实现的话，那么大学的发展同样也需要利益相关者的积极参与。但显然大学不同于企业，为了更好地实现利益相关者的利益，在董事成员遴选上大学还要适当地考虑校外人士的参与，这就是校外董事成员。如果将董事会视为公共利益的维护者的话，那么这些校外董事被视为利益相关者也并无不妥。

可以说，董事会是大学自治、学术自由与公共责任的平衡点。一方面董事会保护大学自治与学术自由免受外界团体、利益集团等的过度干预与侵害，平衡大学与国家和社会的利益；另一方面董事会又通过积极与社会保持联系，以对公共利益负责。对于后一点，董事会的利益平衡作用主要是靠校外董事来发挥的。诚如美国学者奈斯贝特所说："高等教育的管理机构必须由专家和校外人士组成，学术自治才会实际有效。没有前者，大学就会信息不准；没有后者，大学就会变得狭隘、僵化，最后就会与公众的目标完全脱节。"①

2. 董事会约束下的校长——行政事务执行者

在制度设计上，校长作为大学治理结构中重要的一环，与董事会之间有一定的职责分工。从职责使命上看，校长的主要任务是执行董事会所赋予的任务，也就是说，校长是学校宏观政策与计划的具体执行者，是学校内部行

---

① 约翰·布鲁贝克. 高等教育哲学 [M]. 王承绪，等译. 杭州：浙江教育出版社，1998：37.

政管理事务的管理者，是大学的首席执行官。不过，牛津大学的校长虽然拥有一定的权力，但其象征性大于实质性，其权力重要程度要低于美国的大学，行政事务的具体管理权由牛津大学副校长行使。

(1) 校长的遴选与任命。

美国学者考利说过这样一段话："你举出一所杰出的美国学院或大学的名字，你会发现在它的历史上有一位或几位引人注目的领导人担任了校长；你举出一所曾有过杰出的成就但现在已走下坡路的学校的名字，你可以毫不费力地发现，阻碍学校发展的其实是几位软弱无力的校长。"① 由此可见，校长的遴选与任命显得尤其重要。

在董事会作为大学最高领导机构和最高权力机关的情况下，校长由董事会成员多数票选举产生并由董事会任命。但当董事会作为大学最高行政事务执行机关时，则有所不同，如牛津大学副校长，由教职员大会批准任命，董事会只负责制定任命程序。总体来看，高水平大学校长的遴选都具有较高的标准和严格的程序。

根据国内学者对上海交通大学2011年版世界大学学术排行榜中美国大学排名前20的大学校长的统计分析，从校长任命的标准来看，世界一流大学的校长群体一般具有的素质特征是：绝大多数校长本硕博学历齐全，九成校长获得过世界著名大学学位；均是专业学科领域的学术精英，其中理、法、医学出身的大学校长占八成；起任教授早，学术荣誉高，皆为美国国家院士或学术团体负责人；校长任职经历丰富，七成是担任过两所以上世界知名大学的校长；工作经历丰富，全部有在专业领域从事教学、科研与管理的经历。②

世界一流大学校长的遴选主要包括设计遴选程序、组建遴选委员会、征询校内各个利益群体对校长遴选的意见、筛选候选人、面试等环节。在这个过程中，校方在确定遴选程序后要面向世界发布招聘公告，且公告时间一般较长，这样可以保证较多候选人的范围和数量，如耶鲁大学第20任校长是在400名候选人中产生的，哈佛大学有过从900多名候选人中产生校长的经历，美国加州大学伯克利分校著名华裔校长田长霖是在与270名提名候选人竞争中赢得校长职位的。可以说，正是这样的严密、民主的校长遴选程序保

---

① 谷贤林. 美国研究型大学管理：国家、市场和学术权力的平衡与制约 [M]. 北京：教育科学出版社，2008：12.

② 耿有权，刘琼. 美国世界一流大学校长群体的素质特征及启示：以上海交大2011年美国大不排名前20名为依据 [J]. 东南大学学报（哲学社会科学版），2012，14 (6)：124-129.

证了世界一流大学校长的当选者一般都是非常优秀的，并引领大学继续向前发展。

（2）校长的职权。

虽然校长被视为大学管理的首席执行官，但从其职权来看，校长既没有诸如公司首席执行官所享有的决策权力，也没有公司首席执行官所享有的执行权力。具体到某一所大学而言，校长的职权则略有不同。

在牛津大学，副校长是所有委员会的当然委员和主席，有权参加所有委员会会议；是各类团体的主席，无论其是否为该团体成员；在校长因故无法履职时，副校长可行使校长享有的任何职权。在康奈尔大学，校长是学校最高行政和教育的长官，负责学校事务的全面管理；校长由全体董事会成员的多数票选举产生；校长为董事会的当然董事，是除审计委员会外的其他委员会的委员，还是学校各院系及各独立学术单位的成员、主席和主管；校长是大学董事会与各院系和学生团体之间公务交流的媒介；作为学校的最高行政和教育的长官，学校的学术和非学术人员都应接受校长的行政管理；校长有权界定所有负责人的职责以及界定章程与董事会决议中没有涉及的所有人员的职责。在普林斯顿大学，校长是学校的首要执行官，出席董事会和教职员大会的所有会议，并在公众场合代表学校参加所有学术活动，董事会依法授予其对大学利益的全面监督权和对教学部门的专门监督权。

从牛津大学副校长与康奈尔大学和普林斯顿大学校长所享有的实质性权力比较来看，共同点是他们都负有学校行政事务的全面管理职权，同时也是董事会的当然董事；不同点是他们首要助手的身份不同，牛津大学副校长的首要助手是代理副校长，而康奈尔大学和普林斯顿大学校长的首要助手是教务长。

校长所享有的职权，虽然表述各异，但总体上都将校长定位为大学行政事务的执行者，较少涉及学术事务领域的决策，美国少数大学中大学校长也要执行教授会决定的学术方针。"一般而言，校长的否决率占1%~3%，多半用在与政策有关的事务，或在决定性边缘的事务，或与州议会有关的政治性事务。"①

3. "肢解"董事会具体职能的专门委员会——专门问题决策者

由于董事会是大学非常重要的治理机构，为了更好地实现大学办学的长远规划和目标，大学董事会都会下设若干常设机构，即各种专门委员会。设

---

① 魏瑞星. 出奇才能制胜：访伯克利加大副校长田长霖［M］//谷贤林. 美国研究型大学管理：国家、市场和学术权力的平衡与制约. 北京：教育科学出版社，2008：218.

在董事会下面的若干委员会,主要包括学术事务、资源分配、策略、规划等方面的专门委员会。校长虽然负责行政管理事务,但很多大学校长也是校内包括学术委员会在内的绝大多数专门委员会的当然主席。

下设专门委员会的数量,一般都在5个及以上,如牛津大学设有5个专门委员会,康奈尔大学和普林斯顿大学分别设有12个和10个专门委员会。虽然牛津大学专门委员会数量比另两所大学少,但是牛津大学董事会根据需要可以随时设立其他常务委员会或临时委员会,目前有31个常务委员会,临时委员会如选举委员会,负责推荐诸如学部部长人选等(见表5-6)。

表5-6 西方大学董事会下设主要机构情况

学校	主要常设机构	
	数量/个	机构名称
牛津大学	5	教育委员会、通常目的委员会、人力资源委员会、规划与资源分配委员会、科研委员会
康奈尔大学	12	执行委员会、学术事务委员会、发展委员会、学生生活委员会、投资委员会、审计委员会、财务委员会、不动产和资产委员会、董事会成员资格与管理委员会、校友事务委员会、大学关系委员会、董事委员会
普林斯顿大学	10	执行委员会,学术事务委员会,校友事务委员会,审计与合规委员会,财务委员会,场地及建筑委员会,名誉学位委员会,公共事务委员会,学生生活、健康和运动委员会,大学资源委员会

4. 彰显教师独特价值——大学学术事务决策者

西方大学治理的实践表明,充分注重教师的参与是大学走向成功的关键。重视教师在大学治理中的作用与价值是英国大学和德国大学一直坚守的传统,然而20世纪初美国大学的教授仍然无法真正参与到大学治理中,很多学者,如经济学家凡勃伦和《科学》杂志主编、哥伦比亚大学教授、心理学家卡特尔,纷纷在学术性和大众性杂志上发表文章批评美国大学的这种专制,并指出美国需要像德国和英国大学那样的"真正的大学"。康奈尔大学校长舒曼曾经说过:"董事会不能代表大学,因为大学是一个知识分子组织,主要由致力于知识的人组成,不管他们是从事调查、交流,还是从事探究,但所有的人都献身于智力生活。大学的管理应该与大学的这一基本事实相一致。"①

在保障教师在大学治理中的主体地位和独特价值上,目前主要有如下两种做法。

一是董事会在下设的分委会中,充分保障教师的参与权,特别是学术事务更是以教师委员为主,甚至占有绝大多数。以牛津大学为例,其董事会下设的5个董事会中,又分别下设分委会,绝大多数分委会的委员都由教师组成。

二是设立教授会。教授会,主要通过制定学术管理制度、掌控学术事务和介入大学决策等方式来参与大学治理。有学者在研究中指出,美国包括两年制的初级学院在内,所有的高等学校都以不同的方式让教师参与学校的管理,有90%以上的高等学校建立了教授会。②

(三)各有特色,并非等齐划一

西方大学所在的国家一般都具有悠久的分权传统,并且实行分权制。孟德斯鸠的三权分立思想不仅深深影响了国家的政治制度,也深深影响了公司制度。大学治理制度设计有别于国家和公司,这也正是大学作为一种学术共同体的特殊性要求所在。西方大学内部治理结构和治理体系所呈现出来的并非是严格的三权分立,自然彼此之间的制约也并非是构建在分权基础之上的。由于受诸多因素所限,我们无法穷尽所有大学内部治理的结构与体系,但我们仍然看到了大学在治理结构与体系设计上彼此之间的诸多差异。由于大学作为学术共同体,也作为一种公共组织,其所涉及的利益相关者具有多样性与复杂性,因此其分权与制衡也具有自身的特点。

我们并不需要寻找一种统一的最好的高水平大学治理模式,也没有一种最好的高水平大学治理模式对所有大学都普遍适用,而这也恰恰符合管理理论上一个最基本的原则,即没有最佳的组织方式原则。西方高水平大学的治理模式和治理结构的设计与确定,更主要的是根据学校各自的传统、文化、学科的结构特点与优势等因素综合选择的。

---

① 谷贤林. 美国研究型大学管理:国家、市场和学术权力的平衡与制约 [M]. 北京:教育科学出版社,2008:214.

② 谷贤林. 美国研究型大学管理:国家、市场和学术权力的平衡与制约 [M]. 北京:教育科学出版社,2008:216.

三、结语

虽然中国大学与西方大学所在国家在政治、经济、文化及历史传统等方面有诸多不同,但是有些大学运行与发展的规律仍需要中西方大学共同遵循与坚守,因为"以高深学问为对象的高等教育有其自身超越于制度差异的共同规律、共同问题"①,就大学治理而言也是如此。中国高等教育发展百余年来,中国大学在世界一流大学的行列中仍只是依稀可觅身影而已,而每每提及美国加州大学伯克利分校在建校 30 年就已进入美国顶尖大学的行列、建校 60 年就有教师获得诺贝尔奖时都让人感慨不已。时至今日,除了感慨、感叹与向往外,我们必须思考那些在人才培养、科学研究、社会服务、文化传承等方面都异常卓越的大学走向一流的经验,同时我们也必须比以往任何时候更加重视在我们所看到的种种卓越表现的背后起支撑、保障与护航作用的大学治理机制与一系列的制度。大学治理是大学发展的基石,我国"双一流"建设唯有夯实大学治理的体制机制,才会有更高更快的飞跃。

大学不是社会机构也不是行政部门,因此在治理结构设计上应符合大学的基本运行规律。通过主要治理架构的分析,我们可以看到大学无论身居何国,具有何种文化传统,都有一种共同的规律性的东西需要各自共同遵守,同时这些共同的规律性的微观运行与处理手法当然又会因各国不同的政治制度、文化传统等而有不同,即"同质异形"。至于前些年为学者们津津乐道的教授会(教授治校)制度,其作用与境遇并非如同我们想象的那么大,教授会制度不是医治大学治理症结的万能药,诚如菲利普·阿特巴赫所言,教授会在"各大学的差别也很大。比如,波士顿学院在学校层次曾经有一个教授会,现在没有了,……哈佛大学有一个全校统一的教授会,但各学院没有教授会。……有些大学的教授会的权力很大,比如,加州大学伯克利分校的教授会就非常有名,它的权力非常大;哈佛大学教授会的权力也很大,其他大学的教授会则没有那么大的权力","但就治理结构而言,这却不是最重要的"。②

世界一流大学治理结构在设计上能够很好地激发、激活学校的办学活力。这主要体现在两个方面。一是分权与制衡。在分权与制衡问题上,有个

---

① 谷贤林. 美国研究型大学管理:国家、市场和学术权力的平衡与制约[M]. 北京:教育科学出版社,2008:247.

② 别敦荣,菲利普·阿特巴赫. 中美大学治理对谈[J]. 清华大学教育研究,2016,37(4):36-45.

较为普遍适用的原则,即"共同治理"原则。该原则主要强调学术人员与行政人员二者之间的协商与合作,特别是在美国这一模式运用得非常普遍。在治理主体之间的分权上,董事会的职能主要聚焦在"治"理上,而不是一个管理委员会,它应更富战略眼光,制定学校的长远发展规划,以使学校能够及时应对所面临的机遇和挑战;而关于一些具体管理问题则以"授权"方式"分"权给校长、副校长和其他行政官员,以及各类理事会、委员会等。在各治理机构之间及其内部的制衡上,强调以"权力共享"为基础,可以如牛津大学那样规定某些权力的行使需要相关治理机构或委员会的共同行动,也可如普林斯顿大学那样规定委员会成员多由具有行政权力和学术权力的人员共同组成,人员比例结构则由委员会职能确定,甚至有的委员仅仅具有出席会议的权利但并不享有表决权等,当然牛津大学也有类似的做法,但是制衡的方式和形式绝不限于此。二是促进学校各种资源的共享与协同。如在二级学院的设置上应更多关注如何促进学科之间的交叉与整合,在学校图书、人力资源管理上应更多关注如何更好地实现共享、打破各种壁垒与限制。

此外,应当充分认识到教师对于促进与保证大学治理能力与水平的重要性,特别是在涉及学术事务领域的决策事项上更应如此,要充分保证教师在大学治理中的参与权。对于决策而言考虑的因素主要是决策成本,而决定决策成本大小的关键在于决策者是否能够全面掌握或拥有与决策有关的特定时间、特定地点的知识。然而,我们在现实中不得不接受这样一种事实,即"某些知识,即与特定地点、特定时间相关的知识,本质上不能进入统计并很难以统计的方式传送到任何集中的权威那里",并且"决策者根本不会获得有关特定时间与地点环境的知识"。[①] 这正是为什么在西方大学,特别是世界一流大学将学术事务领域的决策事项交给熟悉学术事务具体情况的教师,尤其是教授来决策的原因。在大学的发展过程中真正决定大学发展方向、办学特色、学术水平的是教师,教师是大学的核心。

作为大学的最高决策机构,大学理事会的主要职能为大学立法、规划、资产管理、校长遴选等,其并不直接干预大学的运行。

---

① 程德俊,等. 知识的分布与组织的集权和分权 [J]. 外国经济与管理,2001,23(3): 7-10.

第六章　中国大学治理由理想到现实的可能路径

上述内容对我国改革开放以来有关大学党委、大学章程、学术委员会、董事会（理事会）等的主要改革举措及推进与实施过程中面临的困难、问题与挑战进行了理论分析、实际调查，并对国内外大学治理方式进行比较与借鉴，从而分析大学治理的理想何以在现实中遇到阻碍。对于中国大学的治理，安于现实状况是不可取的，高谈理想而不顾及中国现实也只能是妄想，都不可能为中国大学治理找到可行的路径。

一、回归大学的大学治理

大学发展到今天，已有千逾年的历史，虽然各国有其独特的大学模式和各异的制度安排，但是这些大学之间仍有一些共同的东西使它们都能够被冠以"大学"之名，这就是大学的原点。这主要包括大学自治、学术自由两个重要的理念。那么，大学治理的终极目标是为大学这一主体的发展而服务，也即为了促进和保障大学自治能力和水平的不断提升，以及学术自由的充分实现。因此，在探讨大学治理问题时，政府和行政的介入不能是任意和任性的，介入的方式、途径、程度等都应有一把戒尺，那就是大学自治和学术自由不能因此受到不必要的侵害、妨碍或损害等。多年来的大学治理实践，很多时候我们过多地考虑了行政管理的需要，而忽略了大学作为办学者的身份，特别是大学往往被忽视了它作为一种社会组织的真正身份，而被视作政府的一个部门，甚至法律所赋予的法人资格与地位也只有在一些场合才能获得应有的"法人"对待，同时大学作为一种独特的社会组织，具有区别于其他社会组织的运行特点。

因此，有关中国大学治理的改革与调整方向首先应回归到大学本身，回归到大学之所以为大学这一原点来重新思考和审视。

大学起源于中世纪的欧洲，最初它仅是一个具有行会性质的社团，由若干个学者组成。雅斯贝尔斯曾说，大学是由学者和学生共同组成的追求真理的社团。① 自大学产生和发展以来，对何谓大学有多种界说，如纽曼认为大学是探索和传播普遍学问的场所，洪堡认为大学是探索和传播高深学问的学术机构，梅贻琦认为"所谓大学者，非谓大楼之谓也，有大师之谓也"②。大学，作为一种专业化的组织，有别于其他社会组织。专业性是大学之所以为大学的重要特征。从早期的学术事务的高度专业性，到现在涉及其财务管理、规划、资产运作等非学术事务所具有的专业性，它是若干个具有专业性工作的结合体，而这都是以学术事务为基础和前提的。

(一) 大学自治：作为学术组织的大学得以发展的根基

大学自治是大学治理的起点，也是大学治理的内在逻辑。在希腊语中，自治（autonomy）的名词为"autonomia"，形容词为"autonomos"，是自己（auto）和法律（nomos）相结合的含义。大学作为一种社会组织，其具有同其他社会组织一样的自治要求，这是其组织生命力得以激发、持续的原动力，"自治是研究高深学问的大学最悠久的传统之一"③。大学，作为人类社会一个古老且常新的社会组织，最早可以追溯到12世纪的博洛尼亚大学和巴黎大学，它伴随着人类社会的发展，并且融入不同国家和不同文化之中，并在其所在国家和区域经济社会发展中扮演着越来越重要的角色，是除了天主教会外仍然活跃在人类社会中历史最为悠久的社会团体。大学作为一种制度化的实体，起源于行会自治，并在成立之初就通过罢课、迁移，甚至暴力抗争的方式与宗教、世俗势力等展开博弈，以维持其生存与发展所需要的自治空间。因不满世俗或宗教势力干预而由大学师生自发性迁移成立的大学，当首推牛津大学和剑桥大学，牛津大学主要是由迁移至牛津的巴黎大学师生建立，剑桥大学主要是因牛津大学部分师生迁移至剑桥而创建。

大学自治斗争的历史，就是一部在以教皇为代表的教会势力和以国王为代表的世俗势力所构成的夹缝中不断争取自治空间的历史。当一方挤压大学自治空间时，大学总是努力争取另一方的庇护，大学由此也不得不在世俗势

---

① 卡尔·雅斯贝尔斯. 大学之理念 [M]. 邱立波，译. 上海：上海人民出版社，2007：10.

② 许晓东，阎峻，卞良. 共治视角下的学术治理体系构建 [J]. 高等教育研究，2016，37（9）：22-30.

③ 约翰·布鲁贝克. 高等教育哲学 [M] 王承绪，等译. 杭州：浙江教育出版社，1987：28.

力与教会势力的冲突中做出艰难的选择。欧洲中世纪的大学通过不断地与罗马教会和世俗封建主斗争,从教皇和国王那里争取到具有法人性质的特许状和其他一些特权,成为名副其实的自治性组织,从而免受教会、世俗政权和其他法人机构的干扰,自主处理大学事务。

大学自治的形式和内容因所处社会环境、大学师生情况等不同而有所不同,主要有两种自治模式。一是以巴黎大学为代表的教师自治模式。巴黎大学学生以文学院为主,年龄普遍很小,尚不具备管理大学事务的能力,教师的权利在与教会的斗争中得以不断扩大,最终形成以教师为主导的自治模式。二是以博洛尼亚大学为代表的学生自治模式。博洛尼亚大学学生与巴黎大学学生的情况恰好相反,学生年龄多数较大,自治能力较强,同时由于博洛尼亚是典型的工商城市,世俗权力高于教会权力,由此形成了以学生为主导的自治模式。

因此,中世纪的大学具有很高的自治性,并在争取自治的过程中获得了各种特许的法律豁免权,如免除赋税及兵役、享有独立的司法权等,但是这种自治权限并不具有很强的稳定性,有时在强大的宗教神权和世俗王权面前大学也只好委曲求全。

近现代以来,新兴民族国家日益把大学视为国家经济社会发展的重要支撑力量,纷纷将大学置于政府控制之中,大学因此也成为政府机构。普鲁士教育部部长洪堡受命组建柏林大学。面对日渐兴盛的民族化和国家化取向,洪堡也承认大学应满足国家的需要,但在费希特,尤其是施莱尔玛赫等人影响下,他极力倡导大学自治。[①] 大家所熟知的讲座制和教授会制度,就是在当时情形下洪堡在柏林大学首创的用于有效保障大学自治而设立的制度,在洪堡及其他德国大学的引领下,大学自治理念及其优势得到充分展现,并为许多国家竞相效仿。但是在国家权力日益扩大的趋势下,大学若完全独立于国家则难以生存,高等教育的功能也从人才培养、科学研究拓展到社会服务,大学不再是与世隔绝的象牙塔,19 世纪 60 年代始于美国的赠地学院和 20 世纪初的"威斯康星理念"可视为高等教育功能发生转变的重要历史节点。

时至今日,虽然大学的许多特权被取消,但大学自治的传统仍然被较为完好地保存下来。中世纪的大学自治延续到今天,虽然其内涵已发生变化,但大学自治仍未失去其自身的特性。因此,今天的大学依然能够保持独立的地位,大学自治起着重要的奠基作用,可以说,自治仍是近现代大学发展的

---

① 秦琳. 洪堡模式的今日与研究型大学的明天:从《2010 洪堡备忘录》之辩看德国大学改革 [J]. 比较教育研究, 2011 (9): 1-6.

重要理念和制度，只是"现代大学理应在政府以'掌舵者'的身份对其实施适度而又富有成效的管控下以'划船者'的身份实行积极有限的自治"①。

从主体上看，大学自治可分为两个方面，一是大学作为一个社会组织对抗外部力量干预的自治，二是大学作为一个社会组织对其内部事务进行的自主决定。这两个方面共同构成了大学自治的领域。有学者对大学自治与大学治理两个概念进行了区分，认为二者之间有着本质的区别：大学自治是大学作为学者团体或学术机构对自身事务的治理，而大学治理还有另外更多的主体，如政府、教会对大学的治理等；大学自治往往是因学术发展的需要从大学内部自发产生的一种自下而上的要求，而外部权力机构对大学治理往往是因为外部的需要而对大学进行管理，更多的是一种自上而下的要求。② 此种观点失之偏颇，因为大学自治不仅仅涉及大学内部事务，也涉及大学与外部关系的处理。实质上，大学自治与大学治理在本质上是相通的，"二者的根本目的都是通过实现大学的学术自由与彰显大学的民主精神去推动大学的创新发展和促进人类的进步与文化繁荣"③。布鲁贝克认为，大学自治是大学悠久的传统之一，无论它的经费是来自私人捐赠还是国家补助，也不管它的正式批准是教皇训令、皇家特许状，还是国家的立法，学者行会都应该自己管理自己的事情。④ 自治，既是大学的一种权利，也是大学的责任担当。

（二）学术自由：大学治理的终极目标

大学之所以能够作为最悠久且充满活力的社会组织，且至今仍然活跃于人类社会，主要归因于其所持有的学术自由的理念，这也是大学的精神所在。一旦失去学术自由，则大学与其他社会组织无异。自由从来不会从天上掉下来，无论是就个人还是社会组织而言，都离不开持之以恒、坚持不懈的争取，并且争取到之后仍然需要悉心呵护。

学术自由主要包括探索的自由、科学研究的自由和教与学的自由。学术自由，以"人本"为取向，是学者共同体内在的需要，学术人员只有在自由的氛围里，才能自主进行探究性、开放性的认知，才能使自身的学术潜能真正、彻底地被挖掘和发挥，才能使学术活动真正具有创造性。

---

① 袁利平，杨洋. 现代欧洲大学自治及其限度 [J]. 大学教育科学，2017（5）：45-52.
② 陈文干. "大学自治"内涵新探 [J]. 江苏高教，2006（5）：4-6.
③ 孙刚成，拓丹丹. 大学治理与学术自由的同一性探究 [J]. 重庆高教研究，2018（1）：91-99.
④ 许海杰. 从高等教育哲学的视角解读美国大学与政府关系的复杂性 [J]. 煤炭高等教育，2007，25（1）：53-56.

学术自由是以学者为中心的。因此,学术活动及学术本身具有一定的独立性,它不可依附于任何权力或利益集团,否则学术活动就失去了自由。失去了自由的学术活动何以创造繁荣的学术,何以锤炼出深邃的学术思想,何以推动世界和人类真正走向真、善、美?

虽然学者对大学自治与学术自由的内涵、外延的看法不尽一致,但是大学自治范围包含学术自由则获得了多数学者的认可,不过也有学者认为学术自由和大学自治不是一回事。1988年联合国《关于高等教育机构学术自由和自治的利马宣言》对学术自由和大学自治做了区分,指出:"学术自由"是指学术共同体成员,无论个人或集体,都是通过探查、研究、探讨、记录、生产、创造、教学、讲演以及写作而追求、发展、传授知识的自由;"自治"是指高等教育机构在国家和其他社会力量面前的独立性,在其内部管理、财务、行政方面做出决定,并制定其教育、研究、附属部门工作以及其他相关活动方面的政策。① 但是从深层上思考,大学自治可以脱离学术自由而独自存在吗?

学术自由是大学的精神追求,更是大学自治的动力源泉和价值基础,这实际上是有关大学治理目的的探讨。从组织目标看,治理本身就是为大学组织发展服务的,而大学组织的发展之核心乃是实现自由的学术探究。大学是探究高深学问的场所,探究的本身就有对独立、免受干扰的内在需求。由此,大学治理又何以能够不以此为行动之依归?因此,大学治理的最终目的是促进学术自由,包括学术自治与学术繁荣。从组织核心要素看,大学素有大师而非大楼之谓,可见教师对于一所大学之存在具有无可替代的作用。"探讨大学内部治理机构之间的关系,必须承认大学探究和创新的核心主体是师生,主场域是教学和科研,其他主体都是师生这一核心主体及其活动的衍生物。"② 大学教师作为一个以学术生命和学术工作为重心的群体,需要良好的学术秩序和学术环境,需要学校能够为学术工作的开展提供周到的服务,这一切无不需要依托大学治理才能得以充分保障与实现,大学治理因此也就有了何以为、如何为的目标与一系列制度的设计。"大学内部治理从根本上就是以学术权力为中心协调政治权力、行政权力、学术权力和民主权力之间的配置和制衡。就是说,大学内部治理应当以尊重和保障教授的学术权力为核心,促使内部其他权力服务于学术权力。"③ 因此,大学治理与其他

---

① 徐小洲. 论博克的学术自由与大学自治观[J]. 浙江大学学报(人文社会科学版),2002,32(6):123-130.

②③ 刘尧. 大学内部治理亟待突破的八大困境[J]. 高校教育管理,2017,11(1):21-26.

组织治理有着本质上的不同，学术自由是大学治理改革的逻辑起点和终极目标。"大学治理与学术自由具有内在同一性，即现代大学治理必须在保障学术自由的前提下进行优化，让大学治理更好地服务于学术自由的实现。"①

二、共治格局的构建

共治是大学治理的一个关键词。共治，即共同治理（shared governance），强调大学内外利益相关者的决策参与，是一种外行与内行并置、行政与学术兼容、强势与弱势共处的治理模式。② 大学共同治理的概念源于1966年美国大学教授协会（AAUP）、美国教育委员会（ACE）及院校治理协会（AGB）联合发表的一份声明，其中提到，美国院校的利益相关者（董事会、以校长为代表的高级行政人员、学术人员、学生及其他相关者）在治理中应拥有适当参与的责任及合作行为。③ 在美国，共治也叫分享治理。关于共治，目前还没有一个明确的定义，其基本核心思想可以概括为大学的利益相关者共同参与大学的治理。

治理的核心思想是去中心化。同时，"大学治理是一个多主体不断协调的过程，是利益相关者之间持续的互动"④。大学，作为一个复杂机构的社会组织，在其中有诸多利益相关群体，包括"教师、学生、职工、管理队伍、校长、政府、与学校有合作关系的当事人，如科研经费提供者、产学研合作者、贷款提供者以及当地社区和社会公众等"⑤，这些群体的利益都需要在大学治理这个平台上得到尊重与表达，因为"大学是世界上最容不得独裁者的地方，学问总是共容的，只有偶像而无主人"⑥。虽然关于各相关利益者参与的方式、范围、程度等各大学的实践有所不同，但核心均是围绕如何保证学术人员参与学校的决策而展开的。

---

① 孙刚成，拓丹丹. 大学治理与学术自由的同一性探究［J］. 重庆高教研究，2018，6（1）：91-99.

② 张红峰. 大学共同治理的博弈机制研究［J］. 大学教育科学，2018（1）：76-83.

③ AAUP. Statement on government of colleges and universities［EB/OL］.［2017-04-05］. https://www.aaup.org/rep.

④ 俞可平. 权利政治与公益政治：当代西方政治哲学评析［M］. 北京：社会科学文献出版社，2000：113.

⑤ 李立国. 大学治理的内涵与体系建设［J］. 大学教育科学，2015（1）：20-24.

⑥ 黄文武，胡成功，毛毅莲. 大学治理由自治到共治的理性审思与现实构建：知识生产模式转型视角［J］. 学术探索，2018（2）：132-137.

人才培养是大学首要和最重要的使命,"大学育人这一基本属性,决定了大学既不能是以行政权力架构及其有效运行为目的的行政机构或其附庸,亦非以经济利益最大化为目的的商业组织,而是以知识追求和人力资源开发为使命的教育组织"①。因此,公司化的治理结构和模式并不适用于大学,而只能为大学有所借鉴而已。

在历史发展的潮流中,当服务型社会治理模式成为世界上多数国家治理的主导方式时,共治主导型的大学治理也是现代大学发展过程中的一个必然选择。"民主成为后现代大学治理的核心理念,合作、协调、平衡成为后现代大学治理的价值选择。知识的民主权力的后现代意蕴与治理理论的价值理念不谋而合,预示着未来大学管理模式将走向共同治理,即政府、市场以及各利益相关主体共同参与高校内部决策,政府不再将自己的意志强加给高校,而是在市场竞争的基础上将政府的政治理想和大学本身的价值诉求整合,使各方利益在大学管理中均得到体现,同时最大程度上减少制度摩擦及利益冲突造成的管理成本的增加。"② 因此,可以说共治是当前大学治理的一个主流趋势。

共治也是实现现代大学治理善治的一个值得选择的路径,因为它有助于培养大学内部利益相关者的共同体意识。这也意味着,在共治模式下多元主体之间的互动关系建立的实质是一种协同模式,而不是某个主体凌驾于其他主体之上。但是我们也必须看到,大学共治是现代大学应对大学所处环境不断变化而形成的一种治理模式,同时这种模式也因为决策过程和参与者类型的不同而不断变化,其内涵也不断被重新诠释。影响共同治理概念内涵的还包括:"大学学科不断重组,许多跨学科和新型学科研究机构不断出现。同时,高等教育的大众化、大学教学和科研任务的日益细化、高等教育的改革要求,都使得大学行政人员数量不断增加。大学行政人员的角色和工作任务也在不断变化,这就要求他们不断提升行政管理能力,为决策者提供更多建设性意见,而不仅仅是事务性的工作。行政人员往往承担着中间人的角色,平衡大学行政管理和学术发展的关系。以上诸多因素都对大学共同治理提出了新的挑战。"③

根据治理理论,共治的内涵可概括为三个方面:一是在主体类型上强调多重主体论,强调从政府主体走向多重主体;二是在权力运行的重心上强调

---

① 眭依凡. 论大学的观念理性 [J]. 高等教育研究,2013,34(1):1-10.
② 李曼. 香港地区大学教师聘任制度研究 [D]. 重庆:西南大学,2015:199.
③ 严玉萍. 大学共同治理的新局面:基于组织文化和制度领导的视角:以北欧五所大学为例 [J]. 大学教育科学,2018(4):78-83.

权力之间相互依赖，对于大学来说强调政府、市场、社会组织等多重组织的相互依赖；三是在主体间关系上强调充分协调与参与，在利益相关者共同参与的基础上形成协商性网格。① 也就是说，治理的运行基础是一定的治理结构或格局，而治理结构或格局的形成就是多元利益主体之间权力关系的分配、冲突的协调，并直接决定了治理能力与治理水平的高低。构建共治格局，实行共治，就是通过一定的制度安排让大学不同的利益主体共同参与到大学治理之中，以此改进和消解彼此之间利益冲突带给大学的消极影响，并意味着"一种有序的集体行动和自组织过程，一种主体间默契配合、井然有序的状态，一种通过集体行动和互动关联实现资源最大化利用和整合以及整体功能放大的效应"②。

大学治理的运行过程是在一定的治理结构下进行的，治理结构的构成奠定了大学治理运行的基本框架、方向，以及治理的成效。治理结构是大学治理权力在大学治理主体之间进行分配的总体呈现，是治理主体之间关系模式与状态的素描图。大学治理结构是"在多元社会变化中重建力量平衡的一种重要的社会机制，包括建立价值平衡、利益平衡与权力平衡"③，"所有与高校利益相关者均可以参与民主监督，这对于保障广大普通师生合法权益，建立健全现代大学制度，全面实施依章程自主治校的意义格外重大"④。

现代大学治理意味着大学治理主体的多元化、治理方式的多样化、治理结构的多中心化、治理过程的民主化，当然在不同文化、政治、传统背景下的国家有不同的实践模式。对于中国大学治理而言，这种共治格局的形成，主要是厘清大学与政府、社会之间的关系，以及大学内部的多元利益主体之间的治理权力分配，各主体之间并非是相互替代或各自相对独立的，而是在基于共同实现大学治理目标下形成密切联系的纽带，同时又保持各自目标的有机分离。这种共治格局既涉及大学与外部的关系，也包括大学内部的关系。它是静态的，更是动态的。

---

① 丁建洋. 学术权力的凝视：日本大学治理结构的历史演进与运行逻辑：日本大学高层次科学创新能力形成的一个视角 [J]. 清华大学教育研究，2016，37（1）：24-31.
② 鹿斌，金太军. 社会治理能力的结构体系及现代化转型 [J]. 晋阳学刊，2016（3）：102-109.
③ 龚怡祖. 大学治理结构：建立大学变化中的力量平衡：从理论思考到政策行动 [J]. 高等教育研究，2010，31（12）：49-55.
④ 许慧清. 大学章程实施的推进策略研究 [J]. 教育发展研究，2013（5）：63-69.

（一）大学与政府、社会关系的重构

现代大学治理中一直存在着自由与控制这一对矛盾关系。自由是嵌于大学生命中的基因，而现代大学却又不可避免地受到国家的控制，当"大学的规模发展到最大时，正是社会越来越依靠政府全面控制之日"，"就大学为了追求和传播知识需要自由而言，当种种控制力量软弱分散时，大学知识之花就开得绚丽多姿；就大学需要资源维持办学，并因此依赖富裕、强大的教会、国家或市场支持而言，当种种控制力量强大时，大学在物质上就显得繁荣昌盛，但是这种力量可能——也的确常常——以各种有害于教学和研究自由的方式实行控制"。① 在多元治理主体的大学体制中，高等教育的协调发展应该是大学与政府和社会三者关系协调的结果。因此，大学与政府、社会之间的关系应尽可能维持在一个可控的范围之内，这的确有点困难，但仍然需要找到一个适恰的点。

大学与政府之间的冲突主要来源于自治与控制之间所进行的博弈，因此从政府角度来说，当政府的控制力已过多侵犯大学的自治，那么政府应适时考虑转变自身的角色；大学与社会之间的冲突主要来源于自由与问责之间所形成的一种对立，大学需要自由，也需要接受社会的问责，而社会也必须在大学治理中有所责任担当。由以上基本思路来重构政府、学校、社会三者之间的良性发展关系。

1. 转变政府角色

政府与大学的关系，是高等教育改革的核心问题。无论时空如何变幻，大学作为以知识为基础的社会组织的特性不会改变，它仍然不会放弃追求真理的使命，而对真理的无限追求势必使得大学必须拥有一定的学术自由，而学术自由的捍卫无疑更主要依赖于大学自身的自治。因此，在现代社会中，政府通过立法、财政等手段获得对大学控制的主动权时，仍需要最大限度地保证日益走向社会中心的大学的自治空间。"在民主与自由等现代法治观念深入人心的今天，在推进大学治理现代化的过程中，重新定位大学与政府的关系就显得十分重要，即要将大学与政府间的行政关系、管理关系、不对等关系，及时转变为法律关系、治理关系、平等关系，以实现政府控制与大学自治之间的平衡。"②

转变政府的角色，即是改变政府管理高校的方式，重塑政府与大学的关

---

① 伯顿·克拉克. 高等教育新论：多学科的研究 [M]. 王承绪，徐辉，郑继伟，等译. 2 版. 杭州：浙江教育出版社，2001：26.
② 黄巨臣. 大学治理现代化的法理探析 [J]. 江苏高教，2018（1）：24－30.

系，转变政府本位的高校管理方式，切实由管制型政府向服务型政府转变。政府对大学施加的影响以不违背、不侵犯大学的办学宗旨和理念为原则和底线，尤其是不能强使大学违背其自由探究学术的原则和精神，这就需要政府给予大学充分的自由和充分的自治权。

长期以来，"政府在与高校的关系中处于优势地位，要么把高校视为政治的工具，以政治规律替代学术规律，以政治组织原则来规范学校教育教学活动，高校改革也时常带有政治的色彩而成为一种政府行为、政治行为；要么把学校视为经济的工具，高校越发屈从于经济活动的压力，扭曲了自身特性，并且因为单纯适应经济、市场而陷入了功利主义、工具主义的泥潭"[①]。可以说，我国大学对政府具有非常强的依赖性与顺从性，这种现状同时也得到了我国相关教育法律的认可与支持，"诸多内容都具有明显的政治倾向性，教育立法更倾向于政府对高校的有效管理，而非对高校等其他法律主体权益的保护以及对政府权力的限制与规范，使现行立法在设定政府与高校的权利与义务时，政府权力的开放性与义务的模糊性、高校权利的限定性与义务的不确定性更加鲜明"[②]。

首先，要在观念层面进行转变。政府需要大学吗？需要。政府需要对大学进行管理和控制吗？回答仍是需要。政府对大学进行管理和控制的目的是什么？这是一个需要好好思考的问题。相信任何一个政府无不希望大学都是世界一流，都能够为国家和区域经济社会发展提供高质量的服务，但是在过多或严格管理和控制下的大学能够实现政府这一美好的愿望吗？答案应该是否定的。因此，在政府与大学的关系上，政府观念的转变是非常重要的前提。在强势、强大的政府面前，大学难以有所作为。转变政府角色，一是要把大学视为一个独立的社会组织，而并非政府的一部分。当把大学视为政府的一部分的时候，往往会忽略大学的社会角色及其所具有的独立法人地位，政府难免会对大学的办学行为构成不正当的干预，因为大学的事务被理所当然地视为政府有义务、有责任处理的事务。因此，政府要尊重与承认大学的独特性，这种独特性需要一定的大学自主权来保证。二是政府对大学管理应从宏观、微观管理转变为以宏观管理为主，即由"划桨者"转变为"掌舵者"，而不是对大学事无巨细地进行"父母"操办式的管理。当然，观念的转变是困难的，政府需要在与大学的关系上秉持一种正常的心态与认识，政

---

① 李立国，赵义华，黄海军. 论高校的"行政化"和"去行政化"[J]. 中国高教研究，2010（5）：2-4.

② 祁占勇. 高等学校学术权力本位治理结构的现实困境与逻辑路向[J]. 高等教育研究，2011，32（2）：27-33.

府对大学办学活动的干预应当具有正当性和有效性，应当保持在一个合理的限度内，即"政府干预限于公共领域中的大学外部事务，止于教育自由，止于大学自治，止于学术自由等"①，换句话说，政府只需关注大学发展的宏观性、战略性、前瞻性问题，并对这些问题进行适度的干预。政府角色的转变，意味着政府在观念上要从大学的当事人身份向保护人身份转变。唯有观念转变了，行动才会发生实质性的改变。

其次，要在实践层面进行转变。一是转变政府职能，减少对大学办学的行政干预。政府要在考试招生、人事权限、经费使用与管理、学科专业设置、学位授予、科研评价，以及大学治理等方面切实赋予高校办学自主权，特别是有关教学、科研方面应当让大学将其视为自己的事情。二是政府对大学的管理应该是间接的法治化管理。从世界高等教育发展趋势来看，传统的行政干预手段已越来越不适应当今大学的发展，取而代之的是诸如经济手段等，这些非行政式命令的手段或方式可以更加充分体现政府对大学办学自主权的尊重，同时也易为大学所接受。可以考虑的途径有加强高等教育法治、信息公开、评价、财政资助等。此外，应以立法形式明确大学的办学自主权，虽然在我国《高等教育法》中有类似规定，但是这种保障还远远不够，必须使其更加明细化；明确政府对大学的管理实质上是一种行政行为，那么政府对大学的管理权限必须遵循法无明确授权则不可为的原则；政府对大学的管理核心是财政支持与保障，在法律上更应加强的是政府对大学投入的保障措施。三是可考虑成立专门的高等教育拨款机构。这就涉及我国高校拨款制度的改革。高校拨款制度是影响政府与大学关系的一个重要因素和主要环节。在我国高校拨款制度设计上，政府与大学之间是一种直接关系，政府的意志对财政资源的分配起了重要的决定性作用，这种制度实际上也强化了政府对大学的控制力，加剧了大学对政府的依附性。关于成立专门的高等教育拨款机构，国外及我国香港都有比较成熟的经验可以借鉴，这种专门的高等教育拨款机构是一种"基金制"式的拨款组织，它具有双重角色，可在政府和大学之间起到重要的沟通和缓冲器的作用，并在一定程度上可促使政府角色的转变。

2. 建立高校问责制度

政府在转变角色的同时，大学也会因此发生身份和角色的转变，突出的表现就是办学自主权的扩大，也即大学自治能力的增强。但是，大学自治是

---

① 朱新梅. 政府干预与大学公共性的实现：中国大学的公共性研究 [M]. 北京：教育科学出版社，2007：97.

相对的，世界上还没哪一所大学享有完全的自治，这是由大学的自然属性与社会属性共同决定的。克拉克·克尔指出："自治并不是一种权利，自治必须不断地获得，而且通过负责的行为和对社会有效的服务去获得。"① 大学自治的有限性，意味着大学必须接受政府、社会、公众等的监督，大学自治是实施问责制的前提和基础，问责制也是确保大学能够更好地享有自治，因此问责制并非是对大学自治的约束。诚如《经济学家》杂志指出的，美国的高等教育是"世界上最好的"系统，它不仅归因于它的财富，还有它不受政府干扰的相对独立性、每个层面的竞争精神以及使学术工作和成果与社会相关并适用于社会。……拥有完全自主权的大学也富有弹性，因为它们不被烦琐的官僚机构和外部强加的标准所局限，即使是那些根据合法的问责机制所加的约束。②

何谓高等教育问责？在高等教育发展的早期，问责与大学并未建立起紧密的关系。现代意义上的高等教育问责可以追溯到20世纪70年代，彼时以经济、效率、效益、绩效等为核心的新公共管理思想被引入高等教育改革与发展中，大学和其他公共部门一样成为问责运动的一部分。关于高校问责的含义，代表性的观点主要有：一是权力—监督视角的高校问责。马丁·特罗认为问责是对传统意义上的信任的一种替代，具体而言，问责是指向他人报告（report）、解释（explain）、证明（justify）和回答（answer）资源是如何利用以及产生了何种效果的一种责任与义务（obligation）。③ 从马丁·特罗所给的界定来看，问责主要强调对外部诉求的回应和对资源的合理利用。二是绩效视角下的高校问责。美国乔治亚州立大学教育学院教授奥尔松和理查德松认为，教育问责制是组织里的每一个成员为了某一对象，依据具体的计划做具体的事情，并按照固定的时间去表达实在绩效的一种过程。④ 三是责任视角下的高校问责。高校问责意味着高校必须向高等教育的消费者、投资者负责，在美国这样的民主社会里，特指以公众最大限度地履行说明的责任，包括市场和政治的责任。⑤ 综上，高校问责既强调"问"也强调"答"，因此它应是"问"与"答"的结合；既强调"惩"也强调"奖"和"改进"，

---

① 陈大兴.深化自治才能切实推动大学问责[N].中国教育报，2013-03-04(6).

② 菲利普·G.阿特巴赫.世界级大学领导力[M].姜有国，译.北京：中国人民大学出版社，2014：219.

③ 苏永建，李冲，李易飞.高校内部权力问责：内涵、动因、问题与改进路径[J].现代教育管理，2018（11）：70-75.

④ 杨明宏，王德清.高校问责制研究综述[J].黑龙江高教研究，2007（9）：6-9.

⑤ 冯遵永.美国高等学校问责制研究[D].上海：华东师范大学，2006：18.

后者应成为高校问责的主要目标。由此，高校问责可以界定为高校所负有的向政府、社会等报告、解释、回应其办学绩效、职责履行、教育质量等方面情况的责任。

为何问责？此问题可从三个方面来看，一是大学与外部力量互动关系的需要。大学一直以来都被视为自由、自主之场所，它们在象牙塔里我行我素。然而，时至今日，大学已无法自我娱乐，它必须对国家、政府、社会的愿望和需求做出反应，因为大学是扎根于一国的大学，高校在享有办学自主权的同时必须接受外部的监督。当政府角色发生转变，政府对大学的宏观管理还不足以促使大学能够满足政府对大学的预期。因此，政府需要通过宏观管理之外的手段或借助有关力量对大学的办学活动做进一步的监督，同时大学也需要通过某种方式来证实自己履行了政府所赋予自己的职责和绩效目标达成情况，以此来获得更多的政府财政支持、社会认可、社会捐赠等。在这种互动关系中"绩效"为大学和外部力量共同关注，此种关系下的高校问责制是以绩效为核心的。二是大学自治的应有之意。大学自治与其他权利、权力一样，都是需要制约的。当大学享有自治，对自身事务进行一系列治理活动的同时，也意味着责任的相伴相随。"所谓治理体系究其实质而言，又是一系列与权力相称的责任体系，只有强化问责机制，高校才能够形成一种自我约束机制。如果说顶层设计的目的是实现对政府权力的限制与约束，以保障高校根据其自身现实条件面向社会自主办学的权利，那么高校作为自主权力的主体则必须通过完善的内部制度体系建构来承担相关义务与责任；否则，我们就永远走不出'一放就乱、一收就死'的恶性循环。"① 三是提升大学治理能力的需要。克拉克把高等教育系统的协调看作国家、市场、学术三股力量之间相互博弈、制衡的关系。② 在这种制衡关系中，大学是应对国家、市场两种力量的一个重要基础，要保证自身的良性运转，以更好顺应生存与发展的内在需求。大学治理能力的提升，既需要内因的触动，也需要外因的推动，而问责制度就是其中一个很重要的外部推动力量。

如何问责？在此涉及四个问题：一是谁来问责。关于高等学校问责的主体，应主要指向高校的外部力量，即政府和社会，而非高等学校内部。政府作为高校问责的主体，缘于政府是高校主办者或管理者，还是高校办学经费的主要提供者；社会作为高校问责的主体，缘于高校作为社会的一类公共机

---

① 阎光才. 高等教育治理体系与治理能力的现代化［J］. 苏州大学学报（教育科学版），2014（3）：1-3.

② 伯顿·R. 克拉克. 高等教育系统：学术组织的跨国研究［M］. 王承绪，等译. 杭州：杭州大学出版社，1994：159.

构,承担一定的社会责任。二是问什么。这主要涉及问责的内容。关于问责的内容,美国学者克罗克认为包括教育方式、了解学生的学习意向、学校运营收益、招生计划、科研学术基础、师生提升途径、课程设置、教学内容研究、个人研究支持项目、毕业、校友管理等内容;澳大利亚著名教育家保罗认为高校问责制度意味着对高校进行绩效评估,从而迫使高校向公众展示自己预期目标的实现情况,以及在这个过程中资源和资金的使用状况;问责制之父莱森格将教育问责制的主要内容归结为经济问责、专业水平问责、学生成绩问责、监护问责、高校预备问责以及资源利用状况问责六个方面。① 从上述几个观点来看,关于学习意向、招生计划、课程设置、教学内容等方面,有的可以归入教育教学质量范畴,有的也不宜列入高校问责内容中,因为高校问责不可能面面俱到,更主要是从结果出发,对于高校办学或自治过程不宜关注过多,因此高校问责内容主要围绕经费使用、教育教学质量、资源利用等展开。三是问责的方式。我国当前的高校问责制表现出较浓的行政化特色,即高校行政化问责。"高校问责制行政化遵循了制度变迁逻辑,在高校管理制度改革中,产生的对传统行政管理模式的路径依赖。"② 目前关于高校问责的方式在实践上、理论上都还未达成共识,在分类上也有点混乱。高校问责的方式可以从问责主体角度进行分析,政府作为高校问责主体时,不宜作为问责的直接行为者,而是应借助法律、社会中介等进行问责以规避高校问责制的行政化,因此可采取的问责方式有法律问责、第三方问责。社会问责主要是指媒体、家长、校友、用人单位、捐助者以及其他公民、社会组织等对高校办学活动的评议、询问、调查、监督、评价等,可以说社会问责的方式较为灵活,其可以作为一种独立的问责方式,但针对不同的社会问责主体可以在高校问责制度实践中逐步形成一些制度化、规范化的做法或模式等。政府问责的具体方式之第三方问责,主要以专业的中介评价机构为主。第三方中介评价机构秉持学术至上、中立等原则和价值取向,对高校的教育质量、科研水平、学科专业建设、建设成效等进行总体或专项的评价、评估、考核等。在社会问责的具体方式中,我国可着力完善诸如学生满意度调查、校友满意度调查、媒体或有关机构的大学排名等目前已积累一定经验的社会问责方式。四是问责的后果。世界银行专家组认为,一个可行

---

① 岑君豪. 广东省高校内部问责制度存在问题与对策研究 [D]. 广州:华南理工大学,2014:3-4.

② 刘家明,陈标. 高校问责行政化:现状、困境及不利影响 [J]. 内蒙古师范大学学报(教育科学版),2016,29(7):12-16.

且有效的问责制包含三个基本要素：处罚性、回应性和强制性。① 问责的主要目的是改进，而非惩罚。我国高校问责制度变迁经历了三个阶段：高校"无权"状态下内部检查式的问责阶段，落实高校办学自主权状况下逐步规范化的政府问责阶段，以政府为主、社会逐步有限参与的问责阶段。② 在这三个阶段中，前两个阶段主要以处罚性和强制性为主，第三个阶段则兼顾了处罚性、回应性和强制性。未来我国高校问责后果的具体方式将根据问责主体不同而有所不同，政府问责后果应兼顾处罚性、回应性和强制性，可包括诫勉谈话、通报批评、责令公开检讨、免去职务、公开相关信息、发布问责报告、改进报告等；社会问责以回应性为主，可包括公开相关信息、发布问责报告等。

3. 建立健全社会参与大学治理的机制

当大学走向社会中心，大学与社会之间的关系就由松散型转变为紧密型。这种关系，并非大学简单地从学科专业设置、人才培养、科研服务等方面去迎合、满足社会的需求，以及社会以捐赠、提供其他各类资源的方式来支持大学办学等。社会需要参与到大学治理层面，从人才培养、教育教学活动、科学研究和社会服务等更深层面上影响大学。

第一，国家与社会有效分离。从我国大学生存发展的现状来看，政府的强大势力不仅抑制了大学的自主性发挥，而且社会力量也难以切入大学有关事务的处理中。因此，建立健全社会参与大学治理的机制，国家与社会有效分离是必要的。国家应当承认、肯定社会参与大学治理的法律地位及其与政府在大学治理中各自的角色定位、功能与作用，并确保社会参与大学治理的活动空间等，在此过程中，社会在政府与大学的关系中应是制衡者的角色，政府与社会之间更多的是一种合作与互动，而不是对立。

第二，提升社会参与大学治理的意识。意识是行动的前提和基础，在社会发展与变迁中意识的重要作用已被理论和实践充分证明，而社会参与大学治理的意识对于提升社会对大学治理参与行动的自觉性同样起着重要的作用。其中，加强社会参与大学治理的责任意识也是非常重要的。责任意识是社会主体拥有治理权力的同时而须承担的相应义务的自觉认识。长期以来，大学一直被视为政府的隶属部门，而没有被视为社会的一种公共机构，因此大学办好办坏似乎与社会关系不大，这使得社会组织向来缺乏乃至忽视了自身参与大学治理的权利与责任，在参与大学治理问题上极度缺乏主动性与自

---

① 世界银行专家组. 公共部门的社会问责：理念探讨及模式分析 [M]. 宋涛，译校. 北京：中国人民大学出版社，2007：7-8.

② 周湘林. 中国高校问责制60年：新制度主义视角的透视 [J]. 现代大学教育，2010（1）：27-36.

觉性。因此，在提升社会参与大学办学的意识和观念上，应向社会正确地阐释大学的社会职能与作用，使社会组织能够充分意识到自身参与大学治理的必要性、责任与使命感。

第三，拓展社会参与大学治理的深度。社会在现代大学治理中可以发挥积极的评价、监督、咨询等作用，而决定社会参与大学治理有效性之关键在于社会可以参与治理的事项和范围包括哪些。大学治理权力中最重要、最直接、最突出的权力就是决策权。那么社会可以参与哪些事项的决策？近年来，在教育部及有关省级层面政策、相关制度的推动下，吸纳社会力量参与大学治理的高校越来越多。严格说来，他们参与的仅仅是大学办学中的有关活动，有些还不能上升为治理层面，因为社会参与大学办学的活动主要集中在能够直接带来经济效益的产学研等合作领域。虽然有些社会组织在政府指导下承担了咨询、评价、监督等职能，但仍与切实参与大学治理有一定的距离。因此，拓展社会参与大学治理的深度，必须使社会能够切实参与到有关大学的宏观战略决策、规划等领域所涉及事项的决策。另外，在此过程中，政府对社会参与大学治理给予必要和充分的信任与支持也是非常重要的。虽然提出"管、办、评"分离已有多年，但是不可否认的是社会组织仍然没有得到较大的发展空间，"受传统政治管理模式的影响，政府往往习惯通过控制和监管来保证正常的社会管理。这种过度严格的控制与监管路径透露出对非政府组织的'不信任'"[①]，这多少限制了社会组织对大学治理的深度介入。对此，学者刘冬冬、张新平分析了政府对社会组织生存与发展存在矛盾心理的两种主要表现：一是政府希望社会组织通过资源性支持参与到大学治理中，目的是弥补大学教育资源的不足，甚至在一定程度上缓解政府提供教育资源不足的压力；二是在大学治理过程中，政府转变其职能适度向社会组织放权，让社会组织拥有参与大学治理的权力。同时又担心自己在大学治理方面的权益受损。因此，政府努力将社会组织或者机构纳入政府附属机构中，采取一系列措施限制社会参与大学治理的权力。政府对社会参与大学治理的支持度降低，进一步影响社会组织参与大学治理的权威性和地位，最终导致社会组织参与大学治理的深度不够，甚至造成在大学治理过程中出现社会组织的错位和缺位后果。[②] 因此，政府应转变对社会组织的管理观念，提升对社会组织的信任感，与社会组织之间建立一种平等、合作、互动的关

[①] 金绍荣，刘新智. 非政府组织参与公共教育治理：目标、困境与路向 [J]. 教育发展研究，2013（5）：49-54.

[②] 刘冬冬，张新平. 社会参与大学治理：必要性、现实困境、路径选择 [J]. 继续教育研究，2018（2）：16-22.

系，在此基础上搭建社会组织参与大学治理的平台、渠道，形成制度保障等。

第四，提高社会参与大学治理的能力。这就要求建立社会参与大学治理的法律保障，而不能仅仅停留在政府和大学的意识和观念层面。由于社会参与大学治理在我国仍然处于一个起步时间不长、经验还不丰富的阶段，这就更加需要吸取我国高校理事会制度建设的经验与教训，从法律层面对社会参与大学治理的途径、大学吸纳社会贤达人士参与大学治理的职能、权限、法律地位、范围等要从顶层上予以设计好、规范好。目前，虽然有一些教育中介组织已参与了有关政府委托的评价、监督、决策咨询等事务，但由于这些教育中介组织自身的自治能力不足，有关评价指标需要得到政府部门认可才可以使用，而有些评价结果、决策咨询意见建议也不足以影响政府的有关决策，故教育中介组织对大学的外部治理所产生的影响并不大，也并未真正打破政府干预大学办学自主权过多的僵局。因此，有必要厘清政府与教育中介组织之间的关系，减弱中介组织对政府的依赖，尽快制定和完善有关教育中介组织的法律法规，通过法律形式赋予教育中介组织参与大学治理的合法性和权威性，"以法律的形式，明确界定其准入、退出、性质、地位、权责利、义务、治理结构、经费财产、税收减免、参与范围和权限、参与方式和途径等"①，以使社会组织参与大学治理规范化、制度化。此外，还应充分利用立法、政策、规划、拨款、信息服务等方式对教育中介组织进行间接管理和宏观调控。

（二）重构大学党委的功能

英国著名教育家埃里克·阿什比指出："大学的兴旺与否，取决于其内部由谁控制。"② 在中国大学治理中，党委是政党对大学治理嵌入的一个重要方式与途径。党委领导下的校长负责制为新时期我国高等教育事业改革与发展的平衡推进，为全面贯彻党的教育方针、坚持社会主义办学方向，提供了坚强的组织保证，发挥了重要作用。这是我国大学扎根中国大地而做出的治理选择，对该制度应毫不动摇、长期坚持与不断完善。

我们毫不质疑政党与大学治理的结合具有中国语境下的必然性与合理性，问题的关键是政治权力以何种方式嵌入，因为忽视政治导向，党的领导

---

① 李子彦. 教育中介组织参与公共教育治理：功用、困境及路径 [J]. 黑龙江高教研究，2017（3）：44 - 49.
② 伯顿·R. 克拉克. 高等教育系统：学术组织的跨国研究 [M]. 王承绪，等译. 杭州：杭州大学出版社，1994：121.

弱化，就会导致办学方向偏离，产生重教书轻育人、重智育轻德育等现象。① 多年的党委领导下的校长负责制，虽然积累了较为丰富的经验，并在实践中不断予以完善，但是有关政党—国家—大学三者在大学治理权限、治理范围、组织体制等方面如何保持适度的分离与互动还没有得到很好地解决，因此，大学党委在大学治理的角色和定位仍需要进一步思考与完善，以实现政党对大学治理的有机嵌入，并保证这种嵌入不会妨碍大学组织的目标实现及相关办学活动的开展。

我国大学内部长期以来虽一直存在以校长为中心的行政管理系统和以党委书记为核心的党委系统，但两个系统在职能、权限等方面并没有严格区分。《高等教育法》规定，党委作为高等学校政治领导核心，主要负责把握学校社会主义办学方向，以及学校发展的重大事项决策等工作。依此规定并不能明确区分党委和校长的职权界限，恰如有学者指出的，正是因为"把这两者不加区别，视为一体，在很大程度上造成了大学管理的混乱"②。因此，大学党委的功能及运作方式有重构的必要性。

1. 大学党委与理事会功能的整合

在我国现实大学治理中，一方面理事会功能不彰显，另一方面党委对大学办学的全面领导地位虽然得以明确，但仍存在与校长职能不够明确的问题。由此，提出大学党委与理事会功能整合的设想，主要出于如下几点考虑：一是理事会制度存在的根本目的在于大学能够及时反映社会需求，避免内部利益群体对大学事务的控制，由此构建起政府与大学之间沟通的桥梁，并过滤掉那些来自外部的，包括政府对学校事务的非正常干扰。二是党委主要抓大学的办学方向，这一点与西方大学理事会（或董事会）所具有的最高决策权具有一致性。

大学党委与理事会功能的整合，主要思路是将大学党委的职能与作用有机嵌入理事会中。第一，在治理机构的名称上，可以命名为党委理事会，以区别于西方大学的理事会（或董事会）。第二，在职能使命界定上，明确党委理事会是大学最高决策机构，是学校实现科学决策、民主监督、社会参与的重要组织形式和制度平台。第三，在功能定位上，党委理事会应主要负责把握学校社会主义办学方向，传承大学的传统和大学精神，把握学校发展的重大事项决策，对学校总体规划、战略发展等在宏观及整体上行使最高决策

---

① 缪劲翔. 大学内部治理问题与中国特色现代大学治理体系建设 [J]. 北京教育（高教），2017（3）：65-69.

② 黄福涛. 大学与政府的关系再审思 [J]. 苏州大学学报（教育科学版），2014（3）：3-4.

权,对于诸如学生招生选拔、课程安排、教育方法、学生奖惩、教师聘任、师生需要遵守的学校规章制度等相关事项不享有决策权,也无权进行干涉。

2. 大学党委成员的外行与内行的混合模式

大学党委与理事会功能整合后,党委理事会在成员构成上应借鉴理事会成员组成所具有的开放性和代表性之特点。第一,大学党委理事会的理事长仍由政府指派和任命,在具体程序上可仍然按照当前选拔任命大学党委书记的相关规定和程序进行,但所任命人选应具有丰富的高等教育管理经验。第二,大学党委理事会除了理事长之外的其他理事,应具有较高的政治觉悟,党员理事占比应在半数以上,非党员理事应拥护中国共产党的领导。第三,大学党委理事会的理事可以有较为广阔、开放的职业背景,不仅仅局限于具有高等教育管理经验的条件,可以根据学校发展需要在有关行业领域进行理事遴选。当然,鉴于目前西方大学理事会运行中存在的诸如理事对大学发展关心度、热衷度有所减弱等现象或问题,我国大学党委理事会理事人选也可着重在校友中选聘。

(三) 学术权力与行政权力的平衡

共治实质上是一个关注大学弱势利益相关者的制度,学术人员在共治格局构建中也必须予以关注。大学作为学术机构,行政权力与学术权力二者共存于其中,二者的关系在大学治理架构中如何处理将在一定程度上决定大学治理的主要特征。

大学天生是一个以学术为本位的组织体。可以说,"一所大学的精神是反官僚的,因为一项学术决定涉及全体教学员工,但与此同时,院校的复杂性和规模却构成了官僚机构的要素。我们面临的挑战是要确保在这两个现实之间取得适当的平衡。在大多数国家,权力的天平已向管理人员倾斜,而学者逐渐远离管理层的核心"[①]。因此,学术权力与行政权力之间的关系似乎一直存在着不可调和的矛盾,特别是"当前,我国高校行政权力的治理结构导致行政权力对学术权力的控制与僭越、学术权力行政化、学术资源配置失范、学术信仰功利化等问题"[②],更加使得二者之间关系的处理成为大学治理结构和体系构建上必须考虑的一个核心话题。

在现代大学治理中,学术权力与行政权力是两个重要的权力,不可偏重

---

① 菲利普·G. 阿特巴赫. 世界级大学领导力 [M]. 姜有国, 译. 北京:人民大学出版社, 2014:引言3.

② 祁占勇. 高等学校学术权力本位治理结构的现实困境与逻辑路向 [J]. 高等教育研究, 2011, 32 (2): 27-33.

任何一方，它们对大学的发展同样非常重要。"完善大学内部治理结构的核心和关键，是建立一系列权力配置和利益平衡机制"①，特别是学术权力和行政权力二者之间维持一种平衡的状态对于大学治理的良性运行至关重要。

1. 对学术权力与行政权力平衡的理解

平衡不等同于均衡。在大学内部治理中，平衡有其更为特殊的含义。我们常说"恺撒的交给恺撒，上帝的交给上帝"，对于学术权力与行政权力而言也是如此。学术事务应主要由学术人员去决断，行政事务则应由行政人员去决断，特别是涉及规划、基建、财务等专业领域应交给专业人士去处理，但这种简单的归类处理，并不是说学术人员不能过问行政事务，行政人员不能过问学术事务。在一个共同治理的环境下，两个群体需要更多的沟通、理解，因此需要彼此对对方的事务有一定的参与权、知情权、旁听权等。学术权力与行政权力的平衡，并不意味着二者力量的等量齐观，也不是两种权力行使过程中你中无我、我中无你。

在综合性事务决策中，学术权力与行政权力需要彼此尊重和宽容，开展真诚对话和有效合作。在这个合作过程中，需要双方秉持公共理性，而不能各自仅从自身利益出发，否则可能陷入无休止的"争吵"旋涡，导致治理与合作的低效度。所谓公共理性就是指各处政治主体（包括公民、各类社团和政府组织等）以公正的理念、自由而平等的身份，在政治社会这样一个持久存在的合作体系之中，对公共事务进行充分合作，以产生公共的、可以预期的共治效果的能力，② 这就需要学术权力与行政权力双方都秉持、坚守从学校发展大局出发，找到双方共同利益所在。

学术权力与行政权力的平衡，只能是一种相对的平衡，是各自在自身所擅长的学术事务或行政事务领域内的治理能力的最大发挥和治理活动的最广泛最深入的参与，而不是治理过程中的处处平等、均衡、势均力敌，因为"当大学组织从一个学术行政一体化的微缩景观发展为一个国际化巨型机构时，人们发现让教授既充当专业权威，又作为管理人员，已是力不从心"③。

2. 各安分内

学术权力与行政权力在多数情况下可以有清晰的边界，也即学术权力主要专注于处理学术事务，行政权力主要专注于处理行政事务。因此，各安分

---

① 管培俊. 关于大学治理的辩证思维 [J]. 探索与争鸣, 2017 (8): 29 – 33.
② 约翰·罗尔斯. 公共理性观念再探 [M] //哈佛燕京学社, 三联书店. 公共理性与现代学术. 北京: 生活·读书·新知三联书店, 2000: 1 – 72.
③ 张学文. 大学如何告别平庸 [J]. 决策探索（下半月）, 2015 (4): 74 – 75.

内的前提是适当、合理区分行政事务与学术事务。在大学治理中，往往没有严格区分行政事务与学术事务，甚者可以说行政事务与学术事务不分，主要表现为行政权力过多过频介入学术事务中。"在我们的大学体系中，既有行政权力侵蚀学术权力，以行政思维处理学术事务，严重破坏学术生态的问题；也有以学术思维处理行政事务，学术文化干扰行政文化，管理不善效率低下的问题"①，无论是"以学术的名义和角色行使行政权力"，还是"以行政的名义和角色行使学术权力，对大学治理能力和效果将产生双重的伤害"。② 这是当前我国大学治理一直没有处理好的一个简单而又复杂的问题，在本应坚持教师治学的学术问题上，表现出明显的行政化，而在该加强行政职业化管理的领域又没有得到应有的加强。一味强调教授治校对现代大学治理而言是十分不切实际的，纵观世界一流大学的治理无不拥有强有力的行政管理服务体系和专业的、职业化的行政管理队伍。因此，学术权力与行政权力平衡的首要前提是使两种权力运行于各自所属的领域内。

学术事务，主要指与教育教学、科研等有关的事务。行政事务主要指保障学校运行、教育教学、科研等有序开展的有关管理、服务等事务。有调查显示，美国高校教师的权力主要集中在学位要求、课程、终身教师、教师聘任和学位颁发等学术领域；在教学工作量、院长和系主任遴选、教师治理形式等方面，教师也能发挥一定的作用，而在涉及学科规模、预算编制、决定薪酬和薪级标准、建筑工程计划等方面，教师似乎起不了太大的作用。③ 而高校行政管理人员则在预算、学校规划、资金分配等方面有更大的权力。从美国方面来看，高校人数增长最快的是管理人员，在学校中层发挥着越来越大的作用，"几乎不与学术工作发生直接联系"，是"大学里的一个新的'阶层'——一个与大学运行密切相关的永久存在的群体"④，这种状况使得行政权力日益膨胀，势必对学术权力有所削弱。从我国大学治理实践来看，目前能够赋予学术权力来处理的学术事务范围还不是很广泛，校校之间也有所不同。因此，在学术事务与行政事务的区分上，主要是不断扩大学术权力处理学术事务权限的范围，相应地对行政权力处理学术事务的范围和权限进

---

① 管培俊. 大学内部治理结构：理念与方法[J]. 探索与争鸣，2018（6）：28-31.

② 刘健，邹晓平. 大学治理：好制度何以失灵？[J]. 高教探索，2017（12）：11-15.

③ 加布里埃尔·E. 卡普兰. 学术之船的航行实况[M]//罗纳德·G. 埃伦伯格. 美国的大学治理. 沈文钦，张婷姝，杨晓芳，译. 北京：北京大学出版社，2010：127-159.

④ 菲利普·G. 阿特巴赫. 高等教育变革的国际趋势[M]. 蒋凯，等译. 北京：北京大学出版社，2009：13.

行缩减或限定。诸如课程设置、教师职称评定、学位授予、教师评价、院（系）负责人的推选、学科专业发展规划等可归属到学术事务范畴，教学条件支撑与保障、教师服务、后勤保障等可归属于行政事务范畴，而诸如学校发展规划、资金分配、预算等则以行政权力的行使为主，但这并非绝对，如华南师范大学在资源配置问题上，政府划拨的平台建设、人才培养、实验室建设等经费的配置都由学术委员会根据学者自主报建的建设任务和改革举措等来评定经费给谁、给多少。①

此外，为了保证学术权力能够真正享有对学术事务的处理权限，保证学术权力与行政权力的真正平衡，外在的制度保障更是不可或缺，如建立健全学术治理体系、改造现行行政组织结构等。关于此问题，将在后面予以论述。

3. 完善学术治理体系

在学术权力与行政权力力量悬殊的情况下，加强学术权力和学术治理是必要的，其中首要任务是完善学术治理体系。学术治理体系是大学治理体系建设的基础性、关键性工作，也是深化我国高等教育领域综合改革的重要环节。"大学的管理根本上是以学术为中心的管理，其目的是为了促进学术的发展。学术基础是学术思想的自由和探索的自由，发挥学术权力的主导作用，贯彻学术自由、民主管理的原则，大学内部营造一种民主的宽松的学术氛围，为科学创造提供良好的学术环境。"② 我国大学还没有构建起完善的学术治理体系，这严重制约了大学学术权力功能与作用的发挥，以及大学治理能力的提升。在学术治理体系完善上，可从如下几个方面着手。

第一，建立健全学术委员会体系。学术委员会是学术管理体系与组织架构的核心。正如有学者所表示的："把所有的学术机构都简单并入学术委员会中来，与我国长久以来的实践不符，也可能为学术委员会带来'难以承受之重'，是不可行的。应当立足实际、坚持统分结合，毕竟《学术委员会规程》第 24 条、第 25 条已经授权大学制定'与本规程不一致'的学术委员会规则。"③ 此种观点主要是从横向上构建学术委员会体系，而完整的学术委员会体系还应包括纵向的构建。因此，学术委员会体系的构建，在横向上以

---

① 雷雨，张安格，刘凌，等. 学校学术事务由教授们说了算［EB/OL］. ［2018-12-12］. http://news.163.com/14/1223/03/AE4DLJOR00014AED.html.

② 张应强，康翠萍，许建领，等. 大学管理思想现代化研究［J］. 高等教育研究，2001，22（4）：40-48.

③ 湛中乐，王春蕾. 大学治理中的学术委员会制度建设：兼评《高等学校学术委员会规程》［J］. 北京大学学报（哲学社会科学版），2016，53（2）：76-82.

建立健全与主要学术事务有关的专门委员会体系为主，可包括诸如学位评定委员会、学科建设委员会、教学委员会、职称评定委员会、科学研究委员会、学术道德委员会、科学伦理委员会等；在纵向上以建立健全学部、院系等学术委员会体系为主。纵、横两个维度的构建，使现行学术委员会体系更加丰满、完善。

学术委员会体系构建主体应以学校为主，省级以上教育行政管理部门以整体统筹和设计为主，因为有时指导和监督会比硬性的规定更有效。从教育部《学术委员会规程》的实践效果来看，其之所以没有得到有效执行，与学校的主动性、积极性没有被充分调动起来有一定的关系，学校并没有充分认识到学术委员会的建立和完善对自身的重要性。此外，学术委员会体系的建构实质上属于大学办学自主权事项范围，政府和社会需要做的就是能够确立一种监督机制来促使大学能够有动力和压力去不断完善学术委员会体系。

第二，强化学术委员会的角色定位和作用机制。明确学术委员会是处理有关学术事务的最高学术机构。作为最高学术机构，学术委员会在学术组织、学术监督、学术服务、学术动员、学术资源分配等方面享有自主权和决定权。作为最高学术机构，在大学治理体系和结构中，学术委员会应具有独立的法律地位，其秘书处应具有一定的独立性，而不是挂靠在规划处、科研处等的有关行政部门；学术委员会也有权独立发文，对其所做出的决定，有关院系、教师、行政部门应予以贯彻执行；等等。作为最高学术机构，学术委员会应有完善的制度保障体系来保障其作用的发挥，这就需要健全诸如《高等教育法》、学术委员会《学术委员会规程》、大学章程、学术委员会章程、各专门委员会章程、各学部（院、系）学术委员会章程等规章制度，以保证有充足的制度供给；建立激励制度以激励和调动学术人员参与学术治理的主动性、积极性和责任感，并确保学术委员会委员不因参与学术事务治理而受到偏见、不公正待遇，同时也要构建防止委员利用参与学术治理的职务之便谋取不当的学术利益等。

第三，确保学术委员会委员的民主、多元。学术委员会委员应由哪些人员构成，这是学术治理体系构建中的一个核心问题。学术委员会委员的构成，应秉持民主与多元的原则。学术委员会委员的民主性主要涉及学术委员会委员名额的分配问题，在保证所有学术组织即学部（院、系）都有机会参与学校学术治理的前提下，还应合理分配各学部（院、系）的委员名额。在名额分配上，可以考虑学部（院、系）的规模、专门委员会的职能等，此外，还可根据学校实际情况分配少量名额给学生、行政管理人员等。学术委员会委员的多元性主要是指学术委员会委员的多样性，其与民主性有一定的交叉，但并不仅限于此，还包括委员的年龄、性别、职称等。由多元、多样的委员所构成的学术委员会，就不再单纯是由教授组成的学术委员会。

第四，构建自上而下的学术治理垂直机制。学术治理垂直机制的典型做法就是以学部（院、系）为重心实行校、学部（院、系）二级治理。在二级治理体系下，校级学术委员会对学部（院、系）学术委员会具有管理、指导、监督等权限，后者还应每年向前者报告工作。合理确定校级与学部（院、系）学术委员会各自的职能、权限，一般来说，校级学术委员会主要处理学校层面的学术事务，学部（院、系）学术委员会主要处理学部（院、系）层面的学术事务，但是有些学术事务，诸如学位评定、教师职称评审等，学部（院、系）学术委员会仅有权对本学部（院、系）的学位评定、教师职称评审等享有初审、提名等权限，最终决定权仍在校级学术委员会。

4. 互为对方事务"参政"

大学内部事务虽然可以简单划分为学术事务和行政事务，但现代大学内部行政事务与学术事务的边界有时并非是明确、清晰的，甚至难以截然分开，此为其一。其二，学术权力和行政权力共存于大学内部，二者都是大学发展不可或缺的两种力量，特别是在当今时代，行政权力对于大学的重要意义已超越大学发展史的任何历史阶段，因此两种力量呈现出由对抗走向合作的趋势，因为"一所大学的发展，首要任务是规划、愿景和使命，而这些无疑是大学的治理主体（如董事会）、高级行政人员的重要职责。由于工作的性质，高级行政人员在大学内外交往、政策掌控、信息收集、严密的组织纪律等方面具有天然的优势，能够做出把握全局的决策，然而，即使在行政必须进行决策的领域，如人事安排、校长或行政人员的遴选、财政预算、政策决定等方面，亦需要有学术人员的广泛参与"[①]。正是鉴于上述原因，学术权力和行政权力二者之间应建立起互为对方事务"参政"的机制与渠道。

互为对方事务"参政"，即指在学术权力行使过程中，并不绝对排斥行政权力的参与；反之亦然。只是二者"参政"的方式略有不同而已。学术权力与行政权力如何合作？由于两个群体所具有的思维方式、权益立场、决议事项的关注点等都有很大差异，因此，互为对方事务"参政"并非要通过沟通和协作来消解这种差异或分歧，而主要的是增进双方的理解，提高合作成效。互为对方事务"参政"需要厘清或注意如下几个方面的问题：

第一，包括大学校长在内的行政人员如何参与学术事务的决策？在我国出于对大学行政化的担忧，对于大学校长不参加学术委员会似乎已达成某种

---

① AAUP. Governance of colleges and universities [EB/OL]. [2017-04-24]. http://www.aaup.org/AAUP/issues/governance.

共识，有越来越多的大学校长退出了学术委员会。关于包括大学校长在内的行政管理人员是否需要参与学术委员会，在美国主要有四种模式。第一种模式是管理负责人参与但无表决权，如斯坦福大学评议会包括了校长、教务长、秘书长、七大学院院长等重要管理者，但是这些人都不享有表决权。第二种模式是管理负责人参与且有表决权，如哥伦比亚大学评议会包含了校长、教务长、研究生院院长、本科生院院长以及校长指派的核心管理者，且均享有表决权。第三种模式是管理负责人参与且构成评议会全部成员，如麻省理工学院评议会，这种模式的前提是全校性教授会的体系非常健全。第四种模式是管理负责人不参与，如密歇根大学，但此模式实属罕见。① 由此可见，在美国的大学里，学术委员会成员构成以包括大学校长在内的行政管理人员参加为主要形式，至于是否享有表决权可依校而异。就我国大学而言，在学术权力行使过程中，根据学术决策事务的需要，应保证有一定的行政人员代表参加，但这些与会代表并不享有投票权，因为行政人员代表参加学术事务决策，主要是为了了解学术事务的整个情况，以便提供更好的行政决策与行政服务。

第二，学术人员如何参与行政事务的决策？此问题主要涉及如何促进与保证教师在大学治理的参与权问题，可从以下几个方面探索一些适合自己学校的参与途径、方式、保证机制等。一是克服学术管理的行政化。目前相当多的中国大学仍沿袭传统的行政管理模式来建立大学内部的组织架构，无论是校级层面还是院系级层面，在学校的管理机构设置上，大学的学术权力被行政权力取代或挤压的现象比较普遍；同时，大学的治理中心仍以行政系统为主，行政机构日益膨胀和臃肿，越是规模小的大学这种现象越发明显。如暨南大学共有31个党政管理机构、27个二级学院，华南师范大学共有26个党政管理机构、38个二级学院，南方医科大学共有26个党政管理机构（不含合署办公机构）、14个二级学院。② 这种高达30个左右的党政管理机构，甚至高达三十几个的二级学院教学机构设置，使得学校行政管理存在着机构膨胀、人员过多、部门之间缺乏密切配合、行政效率低等问题。大学若想取得成功，"在笨重的层级管理和从上面强加下来的管理体制中是不可能实现的"③。因而，我们需要克服学术管理的行政化，让学术管理成为大学治理

---

① 杨开忠. 深化高校学术委员会改革的几点思考［J］. 中国高等教育，2014（8）：21-24.

② 此数据的统计时间截至2017年6月。

③ 迈克尔·夏托克. 成功大学的管理之道［M］. 范怡红，译. 北京：北京大学出版社，2006：序言.

的中心，更加符合大学作为一个学术组织的特殊性。二是借鉴西方大学董事会下设的专门委员会等形式，让教师参与学术管理与决策制度化。要让学术管理组织与决策机构的成员中教师占多数，甚至可以全部由教师组成，并且让学术管理组织与决策机构的相应决定事项具有执行力。三是探索实行教授会制度。从立法层面上看，早在1912年我国的《大学令》就规定，大学要设立评议会、教授会，时隔12年的1924年《国立大学条例》也规定，大学设董事会、评议会和教授会。从实践层面看，蔡元培在北京大学的校、系两级分别建立评议会和教授会，实行教授治校，当时的教授会设立由评议会决定，成员从教授、讲师中选举产生，教授会主任从成员中推选，各系系主任由教授会投票选举产生。自2014年3月教育部制定的《学术委员会规程》实施以来，国内越来越多的大学日益重视学术委员会的作用，这是一个可喜的局面。然而，学术委员会的职能范围仍有些局限性，各大学可考虑将本校学术委员会职能未涉及的学术事务授权教授会。四是构建多层面的专门委员会体系，扩大师生广泛参与学校管理的渠道和平台，以此促进学校行政管理层与师生的沟通和对话，增进彼此理解、沟通与合作，推动学校管理的民主化。这些委员会根据不同的职能、功能与作用，在制度设计上可以有不同的"参政"方式：一是诸如学术委员会的决策应当被行政决策予以尊重；二是委员会的意见，仅仅是供行政决策提供参考，不要求一定采纳；三是委员会的意见虽然是供行政决策参考，但是行政决策时必须予以慎重对待。

第三，在制度设计上要适当考虑互为对方事务"参政"的效率与效果。学术人员和行政人员共治，强调不同利益主体之间的协同，但协同既有优势的一面，也有惰性的一面，"有大量的证据可以表明，协同各方在目标、文化、组织结构、语言、权力、能力等方面上的差异常常导致'协同惰性'的生成"，这是因为无论是共治还是协同都是建立在"差异"基础上，共治格局下的"协同惰性"风险主要缘于"行动目标往往难以达成、主体间信任不易建立、有关效率的担忧、成员结构变动不居"等。[①] 因此，在促进学术权力与行政权力平衡的问题上，意欲使双方在有关事项的决策、决议等都享有平等的决策权或决议权，这是不现实的，也不符合大学治理的真正目的。在制度设计上，尽量避免、克服因学术权力与行政权力立场的不同而导致的决策"僵局"，以提高决策效率和效果。

---

① 骆聘三，张才君. 大学治理中的主体结构形态及理性检视［J］. 学术论坛，2017（6）：160－165.

(四）大学行政组织再造：由纵向型向横向型转变

大学行政组织再造，就是根据大学行政的目标、人员、服务对象、服务内容等将行政组织要素进行重组，以实现大学行政组织要素的有效排列组合，提升大学行政组织服务于大学组织目标实现的能力。

1. 大学行政组织再造的政策与法律依据

从公办大学的性质上而言，其行政组织设置首先应遵循现有的政策和法律之规定。自改革开放以来，有关大学行政组织设置的政策与法律规定可分为两种情形：一是必设行政组织，二是可选设行政组织。从必设行政组织看，1978年以来的相关政策和法律规定主要聚焦于党在高等学校基层组织的规定，虽在个别文件及《高等教育法》中有提及行政职能部门设置的问题，但主要是赋予大学自主设置具体行政职能部门的自主权，2014年国家教育体制改革领导小组办公室《关于进一步落实和扩大高校办学自主权 完善高校内部治理结构的意见》，虽要求"高校可根据实际需要和精简、效能原则，自主确定教学、科学研究、行政职能部门等内部组织机构的设置和人员配备"，但并没有明确要求大学行政职能部门应具体包括哪些。这就意味着，在政策与法律规定的框架下，大学拥有一定的行政组织设置自主权。在政策与法律框架下大学行政组织的架构应该是统一与多样的有机结合，统一是指政策与法律要求的必设机构一定要按规定设置好，除此之外的行政组织则应由大学自主选择与设置（见表6-1）。

表6-1 我国大学行政组织设置的相关政策与法律规定（1978—2016年）

颁布时间	颁布/制定部门	政策文件/法律名称	有关规定	涉及行政组织
1978	教育部	全国重点高等学校暂行工作条例（试行草案）	高等学校的党委委员会，是中国共产党在高等学校的基层组织，是学校工作的领导核心，对学校工作实行统一领导	党委
1993	中共中央、国务院	中国教育改革与发展纲要	坚持党对学校的领导；要在招生、专业调整、机构设置等方面，分别不同情况，进一步扩大高等学校的办学自主权	党委、行政职能部门

续上表

颁布时间	颁布/制定部门	政策文件/法律名称	有关规定	涉及行政组织
1996 2010	中共中央	中国共产党普通高等学校基层组织工作条例	高等学校实行党委领导下的校长负责制	党委
2000	中组部、人事部、教育部	关于深化高等教育学校人事制度改革的实施意见	高校应根据工作任务和精干、高效的原则，合理设置学校党政职能部门，可合并主体职能相近的部门，对任务性质基本相同的机构实行合署办公	党政职能部门
2015	全国人大	高等教育法	国家举办的高等学校实行中国共产党高等学校基层委员会领导下的校长负责制。中国共产党高等学校基层委员会按照中国共产党章程和有关规定，统一领导学校工作……领导职责主要是……讨论决定学校内部组织机构的设置和内部组织机构负责人的人选	党委、行政职能部门
2012	教育部	全面推进依法治校实施纲要	在公办高等学校完善党委领导下的校长负责制	党委
2014	国家教育体制改革领导小组办公室	关于进一步落实和扩大高校办学自主权完善高校内部治理结构的意见	高校可根据实际需要和精简、效能原则，自主确定教学、科学研究、行政职能部门等内部组织机构的设置和人员配备	行政职能部门

续上表

颁布时间	颁布/制定部门	政策文件/法律名称	有关规定	涉及行政组织
2014	中共中央办公厅	关于坚持和完善普通高等学校党委领导下的校长负责制的实施意见	校长组织拟订和实施学校内部组织机构的设置方案	党委
2015	教育部	关于深入推进教育管办评分离促进政府职能转变的若干意见	进一步加强和改善党对学校的领导	党委
2017	国务院	国家教育事业发展"十三五"规划	完善公办高等学校党委领导下的校长负责制……鼓励高校推进内设机构取消行政级别试点	党委、行政职能部门

注：《关于深化高等教育学校人事制度改革的实施意见》《高等教育法》以最新修改颁布时间为准。

2. 大学行政组织再造的基本路径

大学行政组织再造不仅是承接大学治理外部环境改变和提升大学治理能力与水平的重要基础，而且事关大学的竞争软实力。特别是伴随着大学日益走向社会的中心，大学发展越来越依赖于社会的各种资源、信息等，大学行政组织的僵化、臃肿已显然不合时宜，这也要求大学行政组织必须重新审视自身存在的逻辑，同时对自身进行改进与改造。

第一，由典型行政模式转向学术模式。虽然大学比之前任何一个历史时期都更加走入社会中心，但是大学特有的"贵族"气质——知识生产的品性始终无法全然抹去，大学仍然是当今时代具有知识生产功能的重要社会组织，知识生产是大学首要的职责与使命。现代大学学术组织既非官僚机构，也非企业性经营组织，而是"社会系统中输出知识和能力等文化产品的社会受托系统（the Fiduciary System）"①。知识生产有知识生产的规律，以知识生产为职责与使命的大学组织之管理也自有其管理的规律与特性，不仅异于其他社会组织，更与政府部门的管理有显著差别。因此，作为以知识传承及创造为核心的学术性组织，大学不能简单套用典型的行政模式来构建行政组织，而是应由典型行政模式转向学术模式。

所谓学术模式，即要求大学行政组织的架构及其功能等应围绕大学学术活动按学术思维与逻辑展开，而非典型行政模式下的行政思维与逻辑。学术模式下的大学行政组织以服务为宗旨，即为师生提供良好的学术服务，为大学组织目标服务，有别于行政模式下以管理为目的的大学行政组织，可在一定程度上避免学术管理行政化。"大学之所以为大学，在各类纷繁复杂的'社会构成'和'社会属性'中，以学术活动为导向和以学术自由为核心，应该成为大学区别于其他组织和共同体，也是最重要的社会属性。"②

基于学术模式的大学行政组织之架构在设计时应考虑的因素是师生有哪些服务需求，服务提供的方式、途径等是否方便学校师生。因此，学术模式的大学行政组织实现了服务对象与服务类别的有机整合，也即行政组织机构的"大部制"，而难以看到典型行政模式的大学行政组织下条块分割的组织架构体系所呈现的臃肿与庞杂。基于学术模式的大学行政组织具有简洁性，这有助于催生新的跨学科教学和科研联合体，实现学术资源的共享，优化学术和研究系统结构，增强大学学术竞争力，避免院系林立、各自为政与无序竞争，避免学术壁垒、专业设置重复、机构重叠等问题，有助于实现扁平化管理。如此，才有可能让大学的学术流强于行政流。

第二，由层级管理转向扁平服务。在大学内部衍生的类国家权力与大学内部管理活动的结合，使原本正常的大学行政活动呈现出科层制、管理与被管理等不符合大学作为一个学术组织原本需要的"行政"产生，为"行政化"提供了滋生的土壤。

"学术活动是大学最本质的活动。"③ 因此，大学师生需要大学行政人员提供围绕学术活动的开展所需的多方位、多角度的服务，以激活、激发大学师生的学术创造力、活力与生产力，只有以服务为导向的大学行政组织才能

---

① 展立新. 西方高等教育理论一次深刻的社会学总结：评 T. 帕森斯和 G. M. 普莱特的《美国综合性大学》[J]. 北京大学教育评论，2008，6（4）：179-187.

② 蒋达勇. 现代国家建构中的大学治理：基于中国经验的实证分析 [M]. 北京：中国社会科学出版社，2014：49.

③ 胡弼成，孙燕. 文化精神：大学内部治理之魂 [J]. 清华大学教育研究，2016，37（3）：24-29.

赋予学术人员对知识的信仰，以及获得借由知识所赋予他们的力量与尊严，也才能让学术工作真正具有引领人类精神的意义。这种服务在层级制下的行政组织结构中难以有效实施，而扁平的行政组织结构可以为其提供外在的条件。

"无论在哪里，高等教育的工作都按学科（discipline）和院校（institution）组成两个基本的纵横交叉的模式"①，而"高等教育中的知识生产正是在这些交叉点上完成的，学科和事业单位的生产力也是在这些交叉点中汇集的"②，同时由此形成学术权力与行政权力两种力量。这两种力量，从大学产生的历史及高等教育逻辑看，学术权力具有主体性权力的特质，行政权力具有权力的特质，因此在根本上行政权力应服务于学术权力。基于这样一种逻辑推演，大学的行政组织之再造自当由管理向服务转变，这乃大学行政组织使命的回归。

此外，只要大学行政组织层级管理的强势存在和管理逻辑的固定思维没有得到有效转变，那么学术权力及其依托的学术组织机构对行政权力的依赖性就不会得到有效消解，学术权力地位就难以得到真正的彰显。

第三，行政权力与学术权力由对立转向合作。行政权力与学术权力作为大学组织体内存在的两种权力，由两个不同的大学群体所行使，理论上有关行政权力与学术权力的厘清、辨析，加深了两种权力在大学组织管理实践中的对抗，但是这种对抗、分立状态对于大学而言不是一种最优选择。实际上，在西方现代大学治理中，行政权力与学术权力二者之间往往是一种合作关系，这不仅体现在其治理结构中，更具体到机构成员构成及有关的决策程序中，特别是在大学行政组织构建中，一些由学术人员为主组成的各种委员会的办公室往往就设在相关的行政组织机构中，该机构中会有专门的工作人员负责与相关委员会对接，这些由学术人员为主组成的委员会是大学行政组织的重要咨询机构，甚至对大学行政组织的某些决策起决定性作用。因此，大学行政组织再造，应促进行政权力与学术权力由对立走向合作，而不是一味地强调行政权力相对于学术权力是一种辅助性的权力，或是处于从属性的地位，合作会让行政权力能够更好地发挥为学术权力提供服务的质量与水平，特别是现代大学为了适应当今时代日益复杂的生存与发展环境及其带来的竞争与挑战，比以往更需要一支专业化程度非常之高的行政管理团队，显然学术权力与行政权力形成一种合作关系更有助于大学组织目标的实现。

---

①② 程广文. 去行政化：大学组织文化的旨归 [J]. 泉州师范学院学报，2012，30（3）：27-33.

（五）结语

共治不仅是现代社会治理中一个重要的发展趋势，也是当今世界各界和谐相处的一个重要原则，对于大学治理而言，同样如此。正如加布里埃尔·卡普兰在总结治理时写道："虽然目前教师和高等教育观察者对共同治理存在忧虑，但收集到的数据表明，共同治理并没有一些批评家所说的那么运转不佳，不受待见，也没有一些人所担心的那样会产生威胁。在许多学校，教师在学校治理中似乎起到了非常重要的作用，他们的参与显得很有价值。几乎没有行政人员表示教师的参与会对有效治理产生障碍。"① 但是，共治"并不意味着各利益相关者在治理结构中具有同等的地位和权力，发挥同样的作用，更不是说大学决策要通过各利益相关者采用民主投票方式"②。

当共治格局形成后，大学现存的教职工代表大会恐怕会转变为大学工会中一个权力机构，回归其本真的职能与使命，努力为教职工争取应有的薪酬、工作环境等，而不是对大学治理产生影响力。此外，在大学的共治格局体系中，学生也是一个非常重要的利益相关者，但是相对而言，学生仍不是大学治理中最为重要的治理主体（如果把学生视为治理主体的话），当然学生是否参与到大学治理中，可以因校而异，但可以肯定的是在大学治理或大学管理中对学生的权利诉求都不应忽视，我们也不应忘记学生是大学最重要的服务对象之一，学生培养的质量和水平是大学生存与声誉保证的一个最为重要的要素。当然，即使学生参与大学治理，其所参与的领域是十分有限的，在美国，不仅"当下能直接参与大学治理的学生人数极少，且不能代表全体学生的利益"③，而且"在参与大学的事务范围方面，很多大学和学院的学生只具有校园边缘性事务的话语权，如决定学校餐饮服务的提供商、管理学生俱乐部等。学生参与更大范围事务和学校核心议题的机会比较少甚至没有"④，"分享治理的主体只包括教师和行政领导，有时候也包括董事，但不包括学生，不包括校友"⑤。

---

① 德里克·博克. 大学的未来 [M]. 曲强，译. 北京：中国人民大学出版社，2017：62-63.

②⑤ 别敦荣，菲利普·阿特巴赫. 中美大学治理对谈 [J]. 清华大学教育研究，2016，37（4）：36-45.

③④ 马培培. 论美国大学治理中的学生参与 [J]. 高等教育研究，2016，37（2）：104-109.

三、路径设计时需要遵循的原则

(一)法治精神

大学治理是以法治为基础的治理,对于大学治理中诸多问题的破解都需要从法治角度来进行。所谓大学治理中的法治或法治精神,并不是要求大学治理的所有制度都上升到法律层面,而是用法治的理念、法治的意识、法治的思维来进行大学治理。

法治精神下的大学治理,是由"人治"走向"法治"的大学治理。亚里士多德曾说:"至于谁说应该让一个个人来统治,这就在政治中混入了兽性的因素。常人既不能完全消除兽欲,虽最好的人们(贤良)也未免有热忱,这就往往在执政的时候引起偏向。法律恰恰正是免除一切情欲影响的神祇和理智的体现。"① 在大学治理中倡导法治精神,旨在防止内部人意志的恣意性和随意性,也最大可能地克服大学治理中的道德风险,因为任何制度都会有漏洞、不足。

纵观改革开放以来我国高等教育改革的发展历程,主要是在法律之外的政策推动下进行的,寥寥几部有关高等教育的法律更多的是被选择性地适用,且法律位阶整体偏低,缺乏有效的执法人员、执法手段,以及缺失畅通的司法救济途径。"要使事物合于正义(公平),须有毫无偏私的权衡;法律恰恰正是这样一个中道的权衡。"② 正是因为大学治理的法律体系不够健全、完善及实效性偏弱,使得大学治理中的法治意识没有被很好地培养起来,当然我国整体的法治环境也对大学治理的法治精神培育有一定的抑制作用。可以说,法治精神的缺失严重制约了当代大学治理改革与推进的进程。

遵循法治的前提,首先要厘清、明确大学的法律地位。大学往往既被当成一个具有完全民事行为能力的民事主体,在政府管理下也被当作政府的一个部门。然而,这两个身份是具有一定的冲突与矛盾的。作为民事主体,其所适用的法律原则是"法不禁止即可为";作为政府的一个部门,其所适用的法律原则是"法律允许才可为"。当将两种具有不同法律属性的身份赋予同一个法律主体时,导致了大学的双重品性。大学在本质上是一个纯粹的民事主体,理应被充分赋予民事主体的法律主体资格和法律地位。只有明确这一点,才可有效防御政府对大学办学活动的不当干预,才有可能进行回归大

---

① 亚里士多德. 政治学 [M]. 吴寿彭,译. 北京:商务印书馆,1965:172.
② 亚里士多德. 政治学 [M]. 吴寿彭,译. 北京:商务印书馆,1965:173.

学的治理路径设计。

法治精神要求大学治理的活动应受到法律的规范与保证，其中尤以确定大学章程的法律效力为要。大学章程对大学治理的重要性不言而喻，但是要真正发挥大学章程对大学治理进程、治理水平、治理能力的作用，就必须赋予大学章程法律的外衣。路径有二：一是大学章程的核准权应由大学主管教育行政部门所属的立法机构即人民代表大会行使。二是修订《教育法》《高等教育法》中有关大学章程制定的规定，使大学章程的制定与核准可在其上位法中找到法律依据。

法治精神要求大学治理主体和机构的治理权限及其运行过程都应有章可循。也就是说，大学治理需要在适度的范围内摒弃人的恣意性，基本的、主要的治理活动都应在各种规则的规范、指引、约束下进行，而不是根据领导的意愿、意志等随意更改。当然，法治精神并非排斥人的主观能动性，仍然需要最大限度地激发大学治理参与人员的积极性、主动性和责任感，但这些都是在一定规章制度规范下进行的。

（二）正当程序

大学治理活动可以归结为一种程序性活动。全球知名的管理决策专家R. A. 罗宾斯曾说："正确做事很重要，但更重要的是做正确的事，换言之，执行很重要，但比执行更重要的是决策。"① 而如何决策、怎样决策就是一个有关程序正义的问题。程序正义的核心要义是程序本身要正当，也即正当程序。

正当程序理论是西方宪政理论的基石，体现了西方法学独特的历史文化传统与西方法律文化的独特性。正当程序（due process），在法律用语较早时被称为"正当法律程序"。"正当法律程序"这一概念最早明确出现在1354年爱德华三世颁布的《伦敦自由律》第三条的规定，即"任何人，无论其身份、地位状况如何，未经正当法律程序，不得予以逮捕、监禁、没收财产，或剥夺其继承权"②。正当程序，一般喻指规范公共权力运行状况、确立行使权力者与权力对象之间的互动秩序、体现某种正义理念的程序性或

---

① R. A. 罗宾斯. 决策的陷阱：对美国著名决策理念和技巧的阐释［M］. 袁汝涛，阐释. 长春：吉林文史出版社，2004：26.
② 光复书局《大美百科全书》编辑部. 大美百科全书：第9卷［M］. 台北：光复书局企业股份有限公司，1990：203.

实质性评价准则。① 在西方法律意识中有着很深的正当程序情结，其将法律正义分为程序正义和实体正义，而实体正义的实现必须通过程序正义达成，通过正当程序达成的结果是正义的。因此，正当程序是一种体现最低限度公正的权益保障标准。

大学治理何以需要正当程序？关于大学治理正当程序的深刻认识，可以追溯到田永诉北京科技大学案和刘燕文诉北京大学案，这两个案件所争议的焦点均为程序问题。在大学治理中，在思维惯性上以关注结果正义为主，只要结果是正确的，就可以忽略过程中的瑕疵。因此，在大学的各种规章制度中，包括大学章程的规章也主要以规定实体性内容为主，而比较缺少程序性的相关规定。这一点与西方大学的章程及其他制度内容的风格形成了鲜明对比，而我国大学章程及有关规章制度缺乏可操作性，也多与程序性规定不足有关。人—文化主义（过程主义）认为，治理过程是关键和核心，治理结构的基础性作用需要经由治理过程得以充分实现，治理结构即使不完善，治理体系依然可以运行，而人际关系一旦恶化，治理失灵或失效则不可避免，所以优化治理过程更重要。② 大学治理过程的优化离不开正当程序的合理、有效设计。正当程序可以视为治理结构所蕴含的治理理念、治理目标得以有效落实的途径，甚至也可以适当弥补治理结构自身所具有的不足。大学治理是讨论和协商的过程，而讨论和协商如何进行，对于不同的意见如何认知、分析和处理，以及最终决策如何做出等，都需要一定的程序设计予以保障。没有正当程序护航或者缺少正当程序的大学治理，那也只是冠以"治理"之名的大学治理。

大学治理中如何实现程序正当？程序正当的目标是为了保证有关决策、决定内容的正当性、合法性、公平与公正等，正当的程序应当包括程序流程的规范化、程序过程的公开化、实体结果的约束力。程序流程的规范化，指程序设计的有关步骤、环节、方式、形式、时限等应科学、合理、严谨，并具有一定的可操作性、明确性等。在大学治理中程序过程的公开化有两种方式：一是有关决策、决议等过程向师生公开，允许师生旁听，这主要适用于有关校内申诉的处理；二是有关决策、决议等内容的公开，除不宜公开的以外，在大学治理的程序设计中广泛适用。实体结果的约束力，指依照既定程序所做出的决策、决议等具有一定的执行力或影响力。执行力主要指对于有关决策、决议等相应的主体应予以遵守或执行。影响力主要指有关决策、决

---

① 郑成良，杨云彪. 关于正当程序的合法性与合理性思考：兼及中国宪政制度的反思 [J]. 法制与社会发展，1999 (3)：7-14.

② 顾建民. 大学内部治理创新从何处发力 [J]. 探索与争鸣，2018 (6)：37-39.

议、咨询意见和建议等，行政职能部门做出最终决策时应予以参考、采纳等。

（三）制度的精致性

一个运行高效的大学治理体系必须依托于制度的精致性，即制度设计的精致程度决定了大学治理能力与水平的高低。大学治理体系是一套可以在现实中有效运行的制度体系，而制度的有效运行离不开制度内容本身的明确性、具体性及其可操作性，并能够对实施或操作过程中的有关环节、步骤、影响因素及其他目前可以预见和不可以预见的情形、冲突等做出妥当的制度安排。这就是制度的精致性。

我国大学治理，虽不乏完备的制度，但缺少精致的制度。大学治理的有关制度建设以粗放性、原则性、框架性居多，有关条文或规定还可以有丰富的想象空间，实施弹性也比较大；有关制度在理解上可以有多种解释，在操作上可松可紧、可左可右等。这些极大地影响和制约了制度的有效性、实效性和权威性。制度的精致性或者说精致的制度有助于提升我国大学治理能力和治理水平。

制度的精致性是制度落到实处的重要前提和保证。制度总是具体的，抽象的制度是难以在实践中得到认真贯彻与执行的。大学治理不是一种口号，是一个事关大学发展的行动和活动。精致的制度应满足如下几个方面。

第一，制度体系的完整性。从大学内部来说，在大学章程之下还应有与大学章程主要内容相配套的一系列制度，也就是说在大学内部也应有一个制度效力层级体系，下位的制度不应与上位的制度相冲突。

第二，制度内容的明确性。制度内容的明确性要求其文字表述要明确、准确，尽量减少原则性、模糊性、不确定性的用语，意思要唯一，没有歧义。

第三，制度内容的详尽性。制度内容的详尽性要求制度内容应尽可能详细，并穷尽一切可能的情形，尽量减少人为的恣意空间，而不是寥寥数语，对于现实中可能发生的情形不予理睬或予以回避。

第四，制度实施的可操作性。制度实施的可操作性表明制度的实施必须依赖严谨、合理、正当的程序来实施。制度实施的可操作性要求在制度实施程序设计上要有明确的实施主体、完整的实施步骤、具体的操作规范等。

四、结语

大学治理这个话题，需要人们不断探讨。没有完美的大学治理，也没有一个可为所有国家和大学广为采用的大学治理模式,因此,大学治理也颇具个性,是诸多外部因素与大学自身的结合体。

有关大学治理由理想到现实的变革或改革,不宜采取过于激进的方式,因为大学治理与其他社会组织的治理方式有所不同。在大学治理中,效率并非是一个优先选项,即使大学基于适应不断变化的内外部环境而需要在治理方式、结构等方面做出调整,大学还是要权衡这种调整是否会使其失去作为学术机构的特征。

此外,诚如美国学者所提出的,"在多元共治过程中,政府、社会、市场应秉承共同价值目标,并为共同认可的愿景同心协力;政府在多元共治中应避免对社会与市场的角色越位,发挥其引导作用;加大对社会力量的培育力度,从而使其在社会管理中发挥应有的作用;激发社会、政府、市场三者的自我效能感与成就感,从而培育其具有社会奉献精神"[①]。在大学治理共治格局的构建及实现中,政府的角色转变是至关重要的,只有政府角色积极转变和开展有效的行动,社会和市场的潜力才能被培育和激发,大学也才能获得真正的治理空间。同时,培育政府、大学、社会以及市场之间拥有共同的大学治理理念与目标是共治格局有序运行的基础和前提。

关于中国大学治理由理想到现实的可能路径,囿于能力所限,此处仍然探讨得不够深入,所提出的也仅仅是笔者粗浅的、不成熟的想法,希望在此基础上能够继续深入思考并不断丰富其内涵。

[①] 埃莉诺·奥斯特罗姆,帕克斯,惠特克. 公共服务的制度建构:都市警察服务的制度结构[M]. 宋全喜,任睿,译. 上海:上海三联书店,2000:23-26.

参考文献

一、著作

[1] 陈平原. 大学何为 [M]. 北京：北京大学出版社，2016.

[2] 张德祥，黄福涛. 大学治理：权力运行制约与监督 [M]. 北京：科学出版社，2016.

[3] 张瑞鸿. 中国公立大学法人治理结构研究：以 A 大学为例 [M]. 上海：复旦大学出版社，2014.

[4] 刘敏. 法国大学治理模式与自治改革研究 [M]. 北京：北京师范大学出版社，2015.

[5] 吴慧平. 西方大学的共同治理 [M]. 北京：北京师范大学出版社，2012.

[6] 钱理群. 精神梦乡：北大与学者篇 [M]. 北京：生活·读书·新知三联书店，2014.

[7] 埃莉诺·奥斯特罗姆，帕克斯，惠特克. 公共服务的制度建构：都市警察服务的制度结构 [M]. 宋全喜，任睿，译. 上海：上海三联书店，2000.

[8] 李均. 中国高等教育政策史：1949—2009 [M]. 广州：广东高等教育出版社，2014.

[9] 光复书局《大美百科全书》编辑部. 大美百科全书：第 9 卷 [M]. 台北：光复书局企业股份有限公司，1990.

[10] 李友梅，徐中振，陆铭. 市场、社会、政府：共和国 60 年发展理论解读 [M]. 北京：中国大百科全书出版社，2009.

[11] 劳凯声. 中国教育法制评论：第 9 辑 [M]. 北京：教育科学出版社，2011.

[12] 马陆亭，范文曜. 大学章程要素的国际比较 [M]. 北京：教育科学出版社，2010.

[13] 陈立鹏，等. 大学章程研究：理论与实践的探索 [M]. 北京：北

京师范大学出版社，2012.

[14] 陈瑞华. 刑事诉讼的前沿问题［M］. 北京：中国人民大学出版社，2000.

[15] 乔·萨托利. 民主新论［M］. 冯克利，阎克文，译. 北京：东方出版社，1998.

[16] 朱新梅. 知识与权力：高等教育政治学新论［M］. 北京：教育科学出版社，2007.

[17] 罗杰·盖格. 大学与市场的悖论［M］. 郭建如，马林霞，等译. 北京：北京大学出版社，2013.

[18] 约翰·布鲁贝克. 高等教育哲学［M］. 王承绪，等译. 杭州：浙江教育出版社，1987.

[19] 克拉克·克尔. 高等教育不能回避历史：21世纪的问题［M］. 王承绪，译. 杭州：浙江教育出版社，2001.

[20] 亚伯拉罕·弗莱克斯纳. 现代大学论：美英德大学研究［M］. 徐辉，陈晓菲，译. 杭州：浙江教育出版社，2001.

[21] 陈学飞. 美国高等教育发展史［M］. 成都：四川大学出版社，1989.

[22] 埃里克·古尔德. 公司文化中的大学：大学如何应对市场化的压力［M］. 吕博，张鹿，译. 北京：北京大学出版社，2015.

[23] 菲利普·G. 阿特巴赫. 世界级大学领导力［M］. 姜有国，译. 北京：中国人民大学出版社，2014.

[24] 伯顿·克拉克. 高等教育新论：多学科的研究［M］. 王承绪，徐辉，译. 杭州：浙江教育出版社，2001.

[25] 叶赋桂，等. 大学的兴衰［M］. 北京：清华大学出版社，2016.

[26] 埃里克·阿什比. 科技发达时代的大学教育［M］. 滕大春，滕大生，译. 北京：人民教育出版社，1983.

[27] 石中英. 知识转型与教育改革［M］. 北京：教育科学出版社，2001.

[28] 蒋达勇. 现代国家建构中的大学治理：基于中国经验的实证分析［M］. 北京：中国社会科学出版社，2014.

[29] 宋旭红. 学术职业发展的内在逻辑［M］. 武汉：华中科技大学出版社，2008.

[30] R. A. 罗宾斯. 决策的陷阱：对美国著名决策理念和技巧的阐释［M］. 袁汝涛，译. 长春：吉林文史出版社，2004.

[31] 王洪才. 大学校长：使命·角色·选拔［M］. 上海：上海交通大

学出版社，2009.

［32］季卫东. 法治秩序的建构［M］. 北京：中国社会科学出版社，1999.

［33］姚建宗. 法治的生态环境［M］. 济南：山东人民出版社，2003.

［34］张宝泉. 美·苏·英·德·法高等学校管理比较［M］. 长春：东北师范大学出版社，1998.

［35］张俊宗. 现代大学制度：高等教育改革与发展的时代回应［M］. 北京：中国社会科学出版社，2004.

［36］威廉·G. 鲍恩. 汲取经验：普林斯顿大学校长的反思［M］. 王天晓，译. 北京：高等教育出版社，2012.

［37］马克斯·韦伯. 学术与政治：韦伯的两篇演说［M］. 冯克利，译. 北京：生活·读书·新知三联书店，2007.

［38］KERR C. 大学的功用［M］. 陈学飞，等译. 南昌：江西教育出版社，1993.

［39］王晓辉，刘敏. 理念与制度：现代大学治理［M］. 济南：山东教育出版社，2015.

［40］谷贤林. 美国研究型大学管理：国家、市场和学术权力的平衡与制约［M］. 北京：教育科学出版社，2008.

［41］亚里士多德. 尼各马科伦理学［M］. 苗力田，译. 北京：商务印书馆，1965.

［42］卡尔·雅斯贝尔斯. 大学之理念［M］. 邱立波，译. 上海：上海人民出版社，2007.

［43］纽曼. 大学的理想［M］. 徐辉，等译. 杭州：浙江教育出版社，2002.

［44］雅斯贝尔斯. 什么是教育［M］. 邹进，译. 北京：生活·读书·新知三联书店，1991.

［45］俞可平. 治理与善治［M］北京：社会科学文献出版社，2000.

［46］俞可平. 权利政治与公益政治：当代西方政治哲学评析［M］. 北京：社会科学文献出版社，2000.

［47］朱新梅. 政府干预与大学公共性的实现：中国大学的公共性研究［M］. 北京：教育科学出版社，2007.

［48］世界银行专家组. 公共部门的社会问责：理念探讨及模式分析［M］. 宋涛，译校. 北京：中国人民大学出版社，2007.

［49］哈佛燕京学社，三联书店. 公共理性与现代学术［M］. 北京：生活·读书·新知三联书店，2000.

[50] 罗纳德·G. 埃伦伯格. 美国的大学治理 [M]. 张婷姝, 译. 北京: 北京大学出版社, 2010.

[51] 菲利普·G. 阿特巴赫. 高等教育变革的国际趋势 [M]. 蒋凯, 等译. 北京: 北京大学出版社, 2009.

[52] 德里克·博克. 大学的未来 [M]. 曲强, 译. 北京: 中国人民大学出版社, 2017.

[53] 亚里士多德. 政治学 [M]. 吴寿彭, 译. 北京: 商务印书馆, 1965.

[54] 杨东平. 大学精神 [M]. 沈阳: 辽海出版社, 2000.

[55] GUTMANN A, THOMPSON D. Why deliberative democracy? [M]. Princeton: Princeton University Press, 2004.

二、论文

(一) 期刊论文

[1] 丁建洋. 学术权力的凝视: 日本大学治理结构的历史演进与运行逻辑: 日本大学高层次科学创新能力形成的一个视角 [J]. 清华大学教育研究, 2016, 37 (1): 24-31.

[2] 施晓光. 一流大学治理: "双一流"建设所必需 [J]. 探索与争鸣, 2017 (8): 39-42.

[3] 李从浩. 改革开放以来中国高等教育管理体制改革的回顾与启示 [J]. 现代教育科学, 2007 (1): 121-123.

[4] 徐娟. 我国大学发展中政府治理导向的演进及审视 [J]. 高校教育管理, 2018, 12 (4): 66-72.

[5] 阎光才. 高等教育治理体系与治理能力的现代化 [J]. 苏州大学学报 (教育科学版), 2014 (3): 1-3.

[6] 别敦荣, 菲利普·阿特巴赫. 中美大学治理对谈 [J]. 清华大学教育研究, 2016, 37 (4): 36-45.

[7] 刘健, 邹晓平. 大学治理: 好制度何以失灵? [J]. 高教探索, 2017 (12): 11-15.

[8] 骆聘三, 张才君. 大学治理中的主体结构形态及理性检视 [J]. 学术论坛, 2017 (6): 160-165.

[9] 刘尧. 大学内部治理亟待突破的八大困境 [J]. 高校教育管理, 2017, 11 (1): 21-26.

[10] 刘宝存, 段世飞. "双一流"背景下我国政府与大学关系重构探

究：基于治理理论视角［J］．河北师范大学学报（教育科学版），2018，20（1）：8－14．

［11］李立国．大学治理的转型与现代化［J］．大学教育科学，2016（1）：24－40．

［12］袁福．多元共治参与大学治理的内涵、方向及路径保障［J］．内蒙古社会科学（汉文版），2018，39（1）：184－188．

［13］罗向阳，林瑞娟．大学章程的效力约束及对策思考［J］．教育发展研究，2016（19）：79－84．

［14］柳翔浩．转换与融合：大学治理模式的历史社会学分析［J］．教育研究，2016（7）：83－90．

［15］周作宇，刘益东．权力三角：现代大学治理的理论模型［J］．北京师范大学学报（社会科学版），2018（1）：5－16．

［16］宣勇．什么是好的大学内部治理［J］．探索与争鸣，2018（6）：35－37．

［17］黄文武，胡成功．大学治理由自治到共治的理性审思与现实构建：知识生产模式转型视角［J］．学术探索，2018（2）：132－137．

［18］陈超．大学内部治理能力提升路径探析：基于权威与自治的包容性增长［J］．清华大学教育研究，2017（6）：23－29．

［19］李先富，柳友荣．美国州立大学治理结构及其对我国新型大学治理的启示［J］．重庆高教研究，2018，6（1）：100－107．

［20］姚荣，王思懿．"上下分治"：西方公立大学内部治理结构的变革：基于任务导向型法权配置的视角［J］．江苏高教，2016（6）：6－14．

［21］刘益东．大学治理：国外研究动态及其启示：基于WOS数据库2016—2018年文献的分析［J］．江苏高教，2018（11）：42－46．

［22］张继明，王洪才．我国大学章程有效性评估的六个基本维度［J］．大学教育科学，2016（1）：41－45．

［23］陶光胜，付卫东．我国大学章程执行"肠梗阻"的病理解剖：基于64所高校的数据分析［J］．理论月刊，2017（10）：70－74．

［24］别敦荣．我国大学章程应当或能够解决问题的理性透视［J］．中国高教研究，2014（3）：1－71．

［25］卢威．大学章程建设如何走出收效不彰的困境［J］．河北科技大学学报（社会科学版），2016（4）：90－96．

［26］王海莹，王大磊．西方大学转型与章程创新［J］．教育研究，2016（11）：133－137．

［27］湛中乐，徐靖．通过章程的现代大学治理［J］．法制与社会发展，

2010（3）：106-124.

［28］董柏林. 协商民主视阈中的大学章程合法性建构：基于大学章程制定与实施的理性反思［J］. 高教探索，2017（4）：22-28.

［29］符琼霖. 对教育部首批核准的六所大学章程分析与建议［J］. 高校教育管理，2015，9（1）：45-50.

［30］陈名利，焦志勇. 大学章程建设已进入法治的"监理"阶段［J］. 北京教育，2015（10）：48-49.

［31］杨波，祝湘陵. 党委领导下的校长负责制制度沿革、内涵界定与实践创新探究［J］. 教育教学论坛，2013（9）：166-168.

［32］严蔚刚、王金龙. 完善我国高校党委与行政议事决策制度的探讨［J］. 中国高教研究，2015（2）：20-33.

［33］劳凯声. 创新治理机制、尊重学术自由与高等学校改革［J］. 教育研究，2015（10）：10-17.

［34］湛中乐，王春蕾. 大学治理中的学术委员会制度建设：兼评《高等学校学术委员会规程》［J］. 北京大学学报（哲学社会科学版），2016，53（2）：76-82.

［35］孙曙光. 高校理事会：现代大学治理的制度创新［J］. 煤炭高等教育，2015，33（3）：16-19.

［36］熊怡. 大学董（理）事会制度在中国的探索与实践［J］. 中国电力教育，2014（19）：29-32.

［37］李爱彬，杜晓虹. "双一流"建设背景下我国公立高校理事会制度建设探析：加拿大阿尔伯塔大学参议会建设的经验与启示［J］. 中国矿业大学学报（社会科学版），2018（5）：70-80.

［38］阎凤桥，康宁. 中国大学管理结构变化的实证分析［J］. 高等教育研究，2004，25（5）：36-41.

［39］郑毅，等. 组织结构视角下的中国大学行政权力泛化［J］. 高等教育研究，2012，33（6）：25-29.

［40］韩水法. 世上已无蔡元培［J］. 读书，2005（4）：3-12.

［41］刘家明，陈标. 高校问责行政化：现状、困境及不利影响［J］. 内蒙古师范大学学报（教育科学版），2016，29（7）：12-16.

［42］叶飞帆. 大学行政权力与学术权力的分离：三级组织二级管理模式［J］. 教育研究，2011（2）：64-68.

［43］宋伟. 大学组织行政权力生成的哲学基础［J］. 清华大学教育研究，2005，26（4）：5-10.

［44］姜继平，高芳，等. 上海市教育系统贯彻《学校教职工代表大会

规定》情况的调研与思考［J］. 工会理论研究，2014（5）：23-26.

［45］查永军. 我国大学学术组织科层化及应对［J］. 中国高教研究，2009（3）：46-48.

［46］刘新才. 我国当代大学校长职业化的现实路径［J］. 现代教育科学，2007（6）：45-49.

［47］巩在暖，等. 中国高等教育60年发展历程与成就［J］. 高等农业教育，2010（2）：13-16.

［48］赵俊芳. 中国高等教育改革发展六十年的历程与经验［J］. 中国高教研究，2009（10）：3-10.

［49］唐宇聪，陈凤兵，翁晗. 高校多校区办学现状、问题与对策：以H大为例［J］. 荆楚学术，2017（7）：36-40.

［50］辜少强. 高校多校区办学管理问题的实践与探索［J］. 高教探索，2015（8）：32-35.

［51］宋承祥. 高校多校区办学现象透视［J］. 当代教育科学，2004（11）：24-26.

［52］史秋衡，康敏. 我国高校异地多校区设置管理研议［J］. 国家教育行政学院学报，2017（7）：21-26.

［53］李宣海，等. 上海高校分类绩效评估的思考与实践［J］. 教育发展研究，2011（17）：1-5.

［54］马培培. 论美国大学治理中的学生参与［J］. 高等教育研究，2016，37（2）：104-109.

［55］别敦荣，隆芳敏. 剑桥大学的发展历程、教育理念及启示［J］. 现代大学教育，2011（4）：36-40.

［56］周作宇. 微观政治：大学治理中的一个特殊场域［J］. 清华大学教育研究，2017（3）：14-25.

［57］胡莉芳. 大学公共性的实现在于公共资源的优化配置［J］. 北京师范大学学报（社会科学版），2008（4）：26-30.

［58］胡莉芳. 公共性视域下的现代大学治理［J］. 北京师范大学学报（社会科学版），2012（4）：26-30.

［59］顾建民. 大学内部治理创新从何处发力［J］. 探索与争鸣，2018（6）：37-39.

［60］张澜，徐禹. 简论20世纪初普林斯顿大学改革［J］. 江西社会科学，2015（12）：102-108.

［61］熊丙奇. 行政级别阻碍大学校长职业化发展［J］. 教育与职业，2015（2）：53.

［62］于媚. 文化视野下的大学治理研究［J］. 江苏高教, 2015（3）: 41-44.

［63］孙丽昕. 我国教育法律的完善［J］. 现代远距离教育, 2011（2）: 51-54.

［64］严玉萍. 大学共同治理的新局面: 基于组织文化和制度领导的视角: 以北欧五所大学为例［J］. 大学教育科学, 2018（4）: 78-83.

［65］周湘林. 中国高校问责制60年: 新制度主义视角的透视［J］. 现代大学教育, 2010（1）: 27-36.

［66］王晨. 论保守性大学理想的来源、结构和发展［J］. 清华大学教育研究, 2007, 28（6）: 7-13.

［67］KUZMINOV Y, YUDKEVICH M. 横向学术治理与纵向行政约束的博弈: 俄罗斯大学治理模式变革案例分析［J］. 韩梦洁, 译. 中国高教研究, 2016（5）: 73-76.

［68］李石, 陈桂云, 韩立新. 大学办学理念及其发展方略研究: 以普林斯顿大学为例［J］. 扬州大学学报（高教研究版）, 2016, 20（3）: 14-17.

［69］蓝劲松, 宋吉缮. 现代大学制度: 从制度链、制度网到制度体系: 以普林斯顿大学人才培养制度为例［J］. 中国大学教学, 2003（6）: 27-28.

［70］周常明. 牛津大学的"小大学"治理机制探析［J］. 教育评论, 2014（11）: 147-149.

［71］薛青. 牛津大学依法治校的经验及启示［J］. 教育评论, 2016（7）: 162-165.

［72］周光礼, 朱家德. 大学章程的国际比较［J］. 中国高校科技与产业化, 2011（5）: 27-30.

［73］张慧洁. 利益、责任、信仰: 世界一流大学治理结构的梳理与检讨［J］. 高教探索, 2011（3）: 5-10.

［74］耿有权, 刘琼. 美国世界一流大学校长群体的素质特征及启示: 以上海交大2011年美国大学排名前20名为依据［J］. 东南大学学报（哲学社会科学版）, 2012（6）: 124-129.

［75］文胜利. 关于创建世界一流大学的几个问题［J］. 高等教育研究, 2003, 24（2）: 11-14.

［76］程德俊. 知识的分布与组织的集权和分权［J］. 外国经济与管理, 2001, 23（3）: 7-10.

［77］许晓东, 阎峻, 卞良. 共治视角下的学术治理体系构建［J］. 高等教育研究, 2016, 37（9）: 22-30.

[78] 秦琳. 洪堡模式的今日与研究型大学的明天:从《2010 洪堡备忘录》之辩看德国大学改革［J］. 比较教育研究,2011(9):1-6.

[79] 袁利平,杨洋. 现代欧洲大学自治及其限度［J］. 大学教育科学,2017(5):45-52.

[80] 陈文干. "大学自治"内涵新探［J］. 江苏高教,2006(5):4-6.

[81] 许海杰. 从高等教育哲学的视角解读美国大学与政府关系的复杂性［J］. 煤炭高等教育,2007,25(1):53-56.

[82] 徐小洲. 博克的学术自由与大学自治观［J］. 浙江大学学报(人文社科版),2002,32(6):123-130.

[83] 展立新. 西方高等教育理论一次深刻的社会学总结:评 T. 帕森斯和 G. M. 普莱特的《美国综合性大学》［J］. 北京大学教育评论,2008(4):179-187.

[84] 胡弼成,孙燕. 文化精神:大学内部治理之魂［J］. 清华大学教育研究,2016,37(3):24-29.

[85] 孙刚成,拓丹丹. 大学治理与学术自由的同一性探究［J］. 重庆高教研究,2018,6(1):91-99.

[86] 张红峰. 大学共同治理的博弈机制研究［J］. 大学教育科学,2018(1):76-83.

[87] 杨开忠. 深化高校学术委员会改革的几点思考［J］. 中国高等教育,2014(8):21-24.

[88] 李立国. 大学治理的内涵与体系建设［J］. 大学教育科学,2015(1):20-24.

[89] 眭依凡. 论大学的观念理性［J］. 高等教育研究,2013,34(1):1-10.

[90] 鹿斌,金太军. 社会治理能力的结构体系及现代化转型［J］. 晋阳学刊,2016(3):102-109.

[91] 龚怡祖. 大学治理结构:建立大学变化中的力量平衡:从理论思考到政策行动［J］. 高等教育研究,2010,31(12):49-55.

[92] 许慧清. 大学章程实施的推进策略研究［J］. 教育发展研究,2013(5):63-69.

[93] 黄巨臣. 大学治理现代化的法理探析［J］. 江苏高教,2018(1):30-36.

[94] 李立国,赵义华,黄海军. 论高校的"行政化"和"去行政化"［J］. 中国高教研究,2010(5):2-4.

[95] 祁占勇. 高等学校学术权力本位治理结构的现实困境与逻辑路向

[J]. 高等教育研究, 2011, 32 (2): 27-33.

[96] 苏永建, 李冲, 李易飞. 高校内部权力问责: 内涵、动因、问题与改进路径 [J]. 现代教育管理, 2018 (11): 70-75.

[97] 杨明宏, 王德清. 高校问责制研究综述 [J]. 黑龙江高教研究, 2007 (7): 6-9.

[98] 金绍荣, 刘新智. 非政府组织参与公共教育治理: 目标、困境与路向 [J]. 教育发展研究, 2013 (5): 49-54.

[99] 刘冬冬, 张新平. 社会参与大学治理: 必要性、现实困境、路径选择 [J]. 继续教育研究, 2018 (2): 16-22.

[100] 李子彦. 教育中介组织参与公共教育治理: 功用、困境及路径 [J]. 黑龙江高教研究, 2017 (3): 44-49.

[101] 缪劲翔. 大学内部治理问题与中国特色现代大学治理体系建设 [J]. 北京教育, 2017 (3): 65-69.

[102] 黄福涛. 大学与政府的关系再审思 [J]. 苏州大学学报 (教育科学版), 2014 (3): 3-4.

[103] 郑成良, 杨云彪. 关于正当程序的合法性与合理性思考: 兼及中国宪政制度的反思 [J]. 法制与社会发展, 1999 (3): 7-14.

[104] 管培俊. 高校内部治理体系创新: 理论与实践: 关于大学治理的辩证思维 [J]. 探索与争鸣, 2017 (8): 29-33.

[105] 张学文. 大学如何告别平庸 [J]. 决策探索 (下半月), 2015 (8): 74-75.

[106] 管培俊. 内部治理结构创新: 大学"双一流"建设的阿喀琉斯之踵: 大学内部治理结构: 理念与方法 [J]. 探索与争鸣, 2018 (6): 28-31.

[107] 张应强, 等. 大学管理思想现代化研究 [J]. 高等教育研究, 2001, 22 (4): 40-48.

(二) 硕博论文

[1] 刘英. 民主视野下的高校教职工代表大会制度 [D]. 重庆: 西南政法大学, 2012.

[2] 李海龙. 新时期中国大学学术治理改革研究 [D]. 南宁: 广西大学, 2012.

[3] 赵彩军. 牛津大学内部决策制度及其对我国高校内部管理的启示 [D]. 石家庄: 河北师范大学, 2015.

[4] 李曼. 香港地区大学教师聘任制度研究 [D]. 重庆: 西南大学, 2015.

［5］岑君豪. 广东省高校内部问责制度存在问题与对策研究［D］. 广州：华南理工大学，2014.

［6］冯遵永. 美国高等学校问责制研究［D］. 上海：华东师范大学，2006.

三、报纸

［1］刘尧. 高校内部治理的中国模式确定（下）［N］. 中国科学报，2014－12－11（7）.

［2］储朝晖. 大学章程亟需从纸上走到路上［N］. 中国教育报，2014－10－10（2）.

［3］清华大学社会发展研究课题组. 十字路口的选择：重建权力，还是重建社会［N］. 南方周末，2010－09－26（9）.

［4］李紫迪. 约束公权必须破除官本位文化观念［N］. 东莞日报，2014－03－24（B02）.

［5］俞可平. 什么造成社会的官本位文化［N］. 社会科学报，2013－09－26（6）.

［6］陈大兴. 深化自治才能切实推动大学问责［N］. 中国教育报，2013－03－04（6）.

四、电子资源

［1］《高等学校学术委员会规程》实施一年多 多所省属高校学术委员会领导人数仍超标［EB/OL］.（2015－05－21）［2016－10－22］. http://www.gy-wb.cn/content/2015－05/21/content_3128414.htm.

［2］雷雨，等. 学校学术事务由教授们说了算［EB/OL］.（2014－12－23）［2016－10－22］. http://news.163.com/14/1223/03/AE4DLJOR00014AED.html.

［3］2010年全国教育事业发展统计公报［EB/OL］.（2012－03－21）［2016－10－22］. http://www.moe.gov.cn/srcsite/A03/s180/moe_633/201203/t20120321_132634.html.

［4］2017年全国教育事业发展统计公报［EB/OL］.（2018－07－19）［2016－10－22］. http://www.moe.gov.cn/jyb_sjzl/sjzl_fztjgb/201807/t20180719_343508.html.

［5］发展规划处简介［EB/OL］.［2016－10－22］. http://dev.jlu.edu.cn/

bmgk1/bmjj. htm.

[6] Charter of the Council of the Princeton University Community[EB/OL]. [2016-12-20]. https://cpuc.princeton.edu/sites/cpuc/files/charter-5-13.pdf.

[7] Powers and responsibilities of the board[EB/OL]. [2016-12-20]. http://www.princeton.edu/vpsec/trustees/composition/.

[8] Who we are[EB/OL]. [2016-10-22]. http://www.princeton.edu/president/eisgruber/who/.

[9] Vice president and secretary[EB/OL]. [2016-10-22]. http://www.princeton.edu/vpsec.

[10] Our leadership[EB/OL]. [2016-10-22]. https://www.princeton.edu/meet-princeton/our-leadership.

[11] Office of the provost[EB/OL]. [2017-02-10]. https://www.princeton.edu/provost/what-we-do.

[12] Conversations with the President/Office Hours[EB/OL]. [2016-10-22]. http://www.princeton.edu/president/eisgruber/conversations/.

[13] Facts and figures[EB/OL]. [2016-10-22]. https://www.ox.ac.uk/about/facts-and-figures?wssl=1.

[14] Standing committees[EB/OL]. [2016-10-22]. http://www.princeton.edu/vpsec/cpuc/committees/.

五、其他

[1] 中华人民共和国国家统计局. http://data.stats.gov.cn/easyquery.htm?cn=C01.

[2] University of Oxford. http://www.ox.ac.uk/.

后　　记

　　本书源自我近年来在工作中对有关大学治理问题的一些思考。书稿的完成过程远比预想的要艰难得多。虽然在写本书前我对本书涉及的一些问题有过一些思考和积累，但具体落实到每章每节时，我基本上都需要重新查阅一系列的文献，重新梳理有关的认识与想法。同时，如果没有所在单位给予我诸多学习、思考、锻炼的机会，我对大学治理问题的理解和剖析不会这么深刻。当然，本书仍有很多待改进、提升、凝练的地方。我的每一步成长与收获，均有赖于我的领导和同事们所给予我的关爱与帮助，在此，我对他们表示由衷的感谢。

　　本书的完成得益于我参与的广东省教育厅和广东省教育研究院的几项重要工作和有关课题项目，如有关广东高水平大学建设、广东高水平理工科大学和理工学科建设等重要政策文件的起草，广东省深化教育领域综合改革试点项目"广东高水平大学建设评价指标体系研究与实践""广东省高校分类建设标准与指导"等，这些工作不断促使我对大学治理问题的深入思考。

　　在书稿写作期间，我有机会到华南师范大学教育科学学院访学一年。在这一年里，我有幸聆听了卢晓中、李盛兵、陈伟、郑文等多位教授的精彩授课，并得到了卢晓中教授的悉心指导，还认识了诸多高教研究同仁。这次访学不仅提升了我对高等教育研究的理论认知，而且对于书稿的顺利完成起到了相当大的推动作用。

　　在此，我特别感谢广东省教育研究院院长汤贞敏研究员，他带领我和我所在的高等教育研究室开展了一系列高等教育重要问题研究并取得了丰硕的成果，更为重要的是我从汤院长身上学得如何开展更为严谨的研究，如何提出更有针对性的政策建议，如何将高等教育理论和实践更好地结合；感谢副院长劳汉生教授，他丰富的高等教育管理实践经验和独到的观点，以及宽松、宽容的管理风格，都对我产生了深刻的影响；感谢王志强、贾秀险、鲁巧巧、廖诗艳等小伙伴，他们睿智、友善、敬业，在工作上给予我大力的支持和帮助。

　　此外，我还要感谢编辑李彦，她对我的书稿进行了非常仔细的审校，本书的顺利出版离不开她严谨、认真、高效的工作风格和工作态度。

  最后，感谢我的先生和女儿。由于忙于工作，我难免会疏忽他们，但是他们总是能把事情安排得当、妥帖。就在本书即将付梓之际，一个新的生命正在孕育，这使我对未来更加充满期待。

孙丽昕

2018 年 12 月